JN298441

日本における企業再編の価値向上効果

完全子会社化
事業譲渡
資本参加
の実証分析

矢部 謙介 [著]
Yabe Kensuke

同文舘出版

はしがき

　2000年代に入って十余年,経営戦略の一手段としてのM&Aは,日本企業にすっかり定着した感がある。筆者が駆け出しの経営コンサルタントであった1990年代後半においては,M&Aは大企業を中心とした一部の企業が行うものであった。

　それが現在では,大手企業のみならず,中堅・中小企業もM&Aを戦略実行上でのツールとして認識している。M&A件数の急増に伴って,十数年前にはほとんど使われていなかった割引キャッシュフロー法(DCF法)による企業価値評価も現在では一般的な手法として用いられるようになった。

　日本企業では必ずしも定着しないだろうと言われていたM&Aがこれほどまでに行われるようになった背景には,日本企業の経営を取り巻く環境が大きく変化したことが挙げられる。例えば,2000年代に入り,連結決算が重視されるようになるまでは,日本企業は基本的に親会社中心の経営を行っていた。親会社の業績を良く見せるために,グループ会社への押し込み販売を行っているような会社も少なくなかった。それを一変させたのは,2000年3月期決算から適用されることとなった連結決算中心主義への移行に始まる新たな連結会計制度の導入である。

　新たな連結会計制度の導入により,それまでは従たる位置付けだった連結財務諸表が主たるものとして有価証券報告書に記載されることとなり,連結の範囲も支配力基準により決定されることとなった。従前の連結会計制度の下では,子会社あるいは関連会社を決定する際の基準として持株比率基準が用いられていたため,都合の悪いグループ会社に対する持株比率を意図的に引き下げることで連結対象から外す「連結外し」が横行していた。しかしながら,支配力基準の下では子会社および関連会社を決定する際には実際に支配されているかどうかが問われるようになったため,こうした「連結外し」は閉め出されることになったのである。

　こうした制度改革を受けて,日本企業はグループマネジメントの強化を急ピ

ッチで進めてきた。当時，ある企業の経営トップは筆者に対して「新たな連結範囲の基準（支配力基準）が導入されれば，間違いなく我が社の連結決算は赤字になってしまいます」とコメントしている。この企業は，その後グループ会社全体を巻き込んだ事業構造改革を展開していくこととなったのであるが，そこでまず行われたのはグループ全体の事業の再構築，即ち事業の「選択と集中」であった。自社グループの中核となる事業を中心に据え，経営資源を集中的に配分するとともに，非中核事業から撤退するという事業再編を行ったのである。当時の日本企業の多くが，上述の経営トップのコメントに見られるような危機感の下，グループマネジメントの強化に邁進した結果，日本における企業再編はその件数を大幅に増やすこととなった。

加えて，競争のグローバル化もこうしたグループマネジメントにフォーカスを当てるきっかけとなった。国内市場だけであれば親会社中心の経営でも対応できたところが，国内市場の成熟化に伴い，海外市場での成長を志向しなくてはならなくなった結果，成長戦略の一環としての海外企業のM&Aがクローズアップされるようになったのである。従来，日本企業は時間がかかっても自前での成長を重視すると言われてきた。しかしながら，海外展開を含めて企業経営にスピードが要求される状況においては，自前主義だけでは限界がある。経営の高速化に対応するための「時間を買う」手段として，M&Aが注目されるようになったのである。

また，株主価値が重視されるようになったこともM&Aの増加に大きく関連している。従来の日本における優良企業を表す代表的なキーワードとしては，「豊富な現預金」「無借金」といったものが挙げられてきた。しかしながら，「現預金」そのものの保有はほとんど価値を生まない。現預金を事業に投資し，リターンを上げることで初めて価値が生まれる。また，「無借金」であることは企業の安全性を高めることにはつながるが，「無借金」であることにこだわりすぎて，必要な投資機会を逃すことは，これも株主価値を毀損することにつながる。こうした中，日本企業は戦略上の投資先の1つとしてのM&Aを強く認識するに至ったのである。

このように，M&Aとそれに伴う企業再編は日本企業の経営における存在感

を急速に増したのであるが,果たしてこうした企業再編は価値を生むに至ったのか,というのが本書における大きな問題意識である。言い換えれば,本書の主眼は,日本企業の企業再編が生み出す効果を実証的に検証することにある。

　企業再編の効果を測定するに当たって大きな論点となるのは,どのような指標で価値を測定するのか,ということである。本書では,短期的な株式市場からの評価という視点と中長期的な財務パフォーマンスの向上という2つの視点から企業再編の効果を測定している。M&Aの効果に関する実証分析を行った先行研究は,M&Aの企業価値向上効果をM&Aアナウンスメント時における株式市場からの評価によって測定する手法の研究とM&A実施後の財務業績変動によって測定する研究の2つに大別される。前者（株主価値効果研究）はM&Aアナウンスメントに対する株式市場の反応を測定するものであり,M&A以外のノイズの影響を受けにくいのが特徴である。しかしながら,こうした手法に対しては「市場の予測が正しいか否かは保証がない」（宮島［2007］[1]）という指摘もある。一方,後者（財務業績効果研究）は中長期的な財務業績データを基にM&Aの企業価値向上効果を測定するものであり,M&Aによって実際に企業の利益が増大したのかどうかを検証することができる。しかしながら,アナウンスメント時の株主価値効果を測定する手法と比較するとM&A以外の要因による影響を受けやすく,M&Aそのものの効果のみを測定することが難しいという問題点がある。従って,これら2つの手法はそれぞれメリット・デメリットを有しており,どちらか一方の手法を用いてM&Aの企業価値向上効果を測定すれば十分であるということにはならない。そこで,本書では株式市場による企業再編の短期的な評価と,中長期的な財務パフォーマンスの変動という2つの視点からその効果を測定することとした。

　また,測定の対象とする企業再編の形態として,完全子会社化,事業譲渡,資本参加の3つを取り上げたことも本書の特徴の1つである。なぜこの3つの形態を選択したのかについては第1章において詳述するが,いずれも日本企業のグループ連結経営ならびに企業再編においては重要な位置を占めている。

---

1) 宮島［2007］360頁。

以上を踏まえると，本書における実証分析のフレームワークは，以下の図表Ⅰのように表すことができる。

　本書の構成は以下の通りである。まず，第1章では，経営戦略と企業再編の関わりについて論じるとともに，その中での完全子会社化，事業譲渡および資本参加の重要性について述べることとする。実際の企業における事例を基に，それぞれの形態の企業再編がどのような役割を果たしているのかという点についても検討を加えたい。

　第2章では企業再編の企業価値向上効果に関わる日米の先行研究をレビューし，企業再編の効果を巡る論点を整理する。具体的には，先行研究において論じられている企業再編の株主価値向上効果と財務業績向上効果の実証結果とそれらの効果を左右する要因を取り上げる。

　第3章〜第8章は本書の中核をなす部分であり，それぞれの章において完全子会社化，事業譲渡および資本参加を対象に，株式市場の反応および財務業績の観点からその企業価値向上効果について検証を行っている。これらの章における実証分析の結果は，総じてこうした企業再編が株式市場からポジティブに評価されていることを示している。一方で，財務パフォーマンスに関しては，

図表Ⅰ　本書の実証分析のフレームワーク

		企業再編の手法		
		完全子会社化	事業譲渡	資本参加
効果の測定尺度	株式市場の反応	完全子会社化の株主価値向上効果（第3章）	事業譲渡の株主価値向上効果（第5章）	資本参加の株主価値向上効果（第7章）
	財務業績の変動	完全子会社化の財務業績向上効果（第4章）	事業譲渡の財務業績向上効果（第6章）	資本参加の財務業績向上効果（第8章）

すべての企業再編において向上しているとは言えないものの，多くの場合には業績が改善されている。さらに，各章では，こうした企業再編の効果がどのような要因によって左右されるのかという点についても様々な視点から検証を行っている。

第9章は結びと今後に残された課題であり，本書における分析結果の要約，結論および得られた示唆について論じるとともに，今後研究を進めるに当たって残された課題について述べることとする。

なお，本書の各章は，ジャーナルや学会等で発表した論文を基に加筆修正したものが中心である。その中でも，本書のうち第1章～第6章の多くは筆者が一橋大学大学院博士後期課程在籍時に提出した博士論文を基礎としている。

本書の執筆に当たっては，実に多くの方からの筆舌に尽くせぬご指導やご支援を頂いた。すべての方に対する感謝の意を書き記すことはできないが，特にお世話になった方に感謝を申し上げたい。

まず第1に，一橋大学大学院商学研究科博士後期課程編入学時よりご指導頂いた伊藤邦雄先生に御礼を申し上げたい。伊藤先生から賜ったご指導抜きに本書を語ることはできない。在学時には，研究を進めていく上でのご指導のみならず，研究者としての心構え，さらには健康管理に至るまで先生からご教示頂いたことは数知れない。それらのことを心に刻み，今後も努力を続けることでそのご期待に応えることをお約束したい。

また，博士論文のご指導をお引き受け頂いた加賀谷哲之先生に感謝したい。日頃からの数々のご指導をはじめとして，博士論文の作成に当たってもきめ細やかで鋭いコメントを多数頂いた。研究者としての妥協を許さぬ姿勢は，異業種からの転身であった筆者にとってまさにお手本であった。

博士論文の副査をご担当頂いた福川裕徳先生にも謝意を表したい。論文審査時のみならず，一橋大学在学中を通じて様々なアドバイスを頂いたことは，その後の筆者の研究人生における糧となった。

一橋大学在籍時にお世話になった，安藤英義先生，新田忠誓先生，万代勝信先生，佐々木隆志先生には，講義や論文執筆におけるご指導をはじめとして，暖かい激励の言葉を頂いた。心から感謝の意を申し上げたい。

伊藤ゼミ門下の諸先輩方からは，博士論文の作成や研究会における報告などにおいて，非常に有益なご助言を数多く頂いた。心より御礼を申し上げる。

　また，学会報告においては数多くの先生方から貴重なコメントを頂いたことに感謝したい。本書が対象とするM&Aという研究領域はコーポレート・ファイナンス，経営戦略，財務会計の各分野にまたがっており，先生方の様々な研究を踏まえたコメントは，浅学非才の筆者が研究を進めていく上での道標となった。もちろん，本書における過誤や誤謬はすべて筆者の責として負うべきものであることは言うまでもない。

　本書の研究を進めるに当たって，一橋大学大学院商学研究科を中核拠点とした21世紀COEプログラム『知識・企業・イノベーションのダイナミクス』およびグローバルCOEプログラム『日本企業のイノベーション：実証的経営学の教育研究拠点』より支援を受けた。両プログラムからの経済的支援に対して感謝の意を表したい。

　本書は中京大学経営研究双書の第34巻として刊行される。この出版に際しては，中京大学から助成を受けている。このような環境を提供頂いた中京大学の関係者に感謝したい。また，本書の執筆に当たっては，同文舘出版の角田貴信氏に様々な作業やスケジュール管理などにおいて大変お世話になった。改めて感謝申し上げたい。

　最後に，私事にわたることをお許し頂きたい。経営コンサルティング会社を退職し，研究者の道に進むという無謀な挑戦を応援してくれる家族の存在なしには，本書は完成しなかった。この場を借りて，両親と弟（雄彦・節子・裕亮），妻（真樹），二人の娘（晴恵・鈴恵）に感謝したい。家族の暖かな支えと励ましは，筆者が研究を進める上で必要不可欠なものであった。本当にありがとう。

2013年1月
名古屋キャンパスの研究室にて

矢部謙介

● 目　次 ●

はしがき …………………………………………………………………… i

第1章　経営戦略と企業再編

1 企業再編の現状 ………………………………………………………… 1
2 企業再編増加の背景 …………………………………………………… 2
3 経営戦略上の要請と企業再編 ………………………………………… 4
　3.1　企業再編のグループマネジメント上の役割　　5
　3.2　経営戦略と企業再編：ケーススタディ　　6
　　事例1　日本電産　　6
　　事例2　小林製薬　　10
4 本書で取り上げる企業再編の重要性 ………………………………… 13
　4.1　完全子会社化　　13
　4.2　事業譲渡　　18
　4.3　資本参加　　20
5 まとめ …………………………………………………………………… 22

第2章　企業再編の効果を巡る論点

1 はじめに ………………………………………………………………… 25
2 企業再編の目的と効果 ………………………………………………… 26
3 株主価値効果研究 ……………………………………………………… 30
　3.1　米国における実証研究　　30
　3.2　日本の実証研究と課題　　36

4 財務業績効果研究 40
- 4.1 米国における実証研究　40
- 4.2 日本の実証研究と課題　44

5 効果を左右する主な要因 47
- 5.1 合併・買収時の要因　47
- 5.2 事業売却時における特有の要因　55
- 5.3 資本参加時における特有の要因　56

6 研究上の課題 57
- 6.1 完全子会社化　57
- 6.2 事業譲渡　58
- 6.3 資本参加　59

7 まとめ 60

第3章 完全子会社化と株主価値

1 完全子会社化は株主価値を増大させたか 63

2 先行研究 65

3 サンプルとリサーチ・デザイン 66
- 3.1 サンプルの抽出方法　66
- 3.2 株式の累積超過収益率の測定　68

4 アナウンスメント時の株価変動 69

5 CAR変動に影響を与えた要因 70
- 5.1 完全子会社化の目的と弊害　70
- 5.2 仮説の構築と重回帰分析モデル　72
- 5.3 記述統計量　76

6 重回帰分析の結果 76
- 6.1 両者加重平均　77
- 6.2 買収会社　78

6.3　対象会社　79
7 買収プレミアムに関する追加的検証 …………………………………… 80
8 完全子会社化の株主価値向上効果とその特徴 ………………………… 82

第4章　完全子会社化後の財務業績向上効果

1 財務業績による効果測定 ………………………………………………… 87
2 仮説の構築と説明変数の設定 …………………………………………… 89
3 サンプルとリサーチ・デザイン ………………………………………… 91
　3.1　サンプルの抽出方法　91
　3.2　財務業績の測定指標　92
4 実証結果と考察 …………………………………………………………… 93
　4.1　記述統計量　93
　4.2　超過ROAの推移（全サンプル）　93
　4.3　ROAの上昇に寄与した要因は何か　95
　4.4　重回帰分析の結果（超過修正ROA）　96
　4.5　重回帰分析の結果（超過修正ROS，超過総資産回転率）　97
　4.6　買収プレミアムに関する追加的検証　99
　4.7　株価効果および財務業績効果に対する買収プレミアムの影響　100
5 結果の要約と示唆 ……………………………………………………… 101

第5章　事業譲渡の株主価値向上効果

1 「選択と集中」に対する株式市場の評価 …………………………… 107
2 先行研究 ………………………………………………………………… 109
3 サンプルとリサーチ・デザイン ……………………………………… 111
　3.1　サンプルの抽出方法　111
　3.2　株式の累積超過収益率の測定　112

4 全サンプルにおけるCARの分析結果 …………………………… 114
5 重回帰分析 －CARに影響を与えうる要因－ ………………… 115
 5.1 仮説の構築と説明変数の設定　115
 5.2 重回帰分析モデルと記述統計量　119
 5.3 分析結果　120
6 売却会社の評価に関する追加的検証 …………………………… 123
 6.1 「最適資金配分仮説」の検証　123
 6.2 売却会社の財務的特徴　125
 6.3 当事者間の業績差と売却会社のCAR　126
7 事業譲渡に対する株式市場の反応 ……………………………… 128

第6章　事業譲渡後の財務業績向上効果

1 事業譲渡が収益性に及ぼす影響とは …………………………… 133
2 先行研究 …………………………………………………………… 134
3 サンプルとリサーチ・デザイン ………………………………… 135
4 全サンプルを対象とした実証結果 ……………………………… 136
 4.1 超過ROA　136
 4.2 超過ROS，超過総資産回転率　137
5 売却会社における資金使途の影響 ……………………………… 139
 5.1 分析手法と仮説の構築　139
 5.2 実証結果　140
6 結果の要約と示唆 ………………………………………………… 142

第7章　資本参加と株主価値

1 緩やかなM&Aとしての資本参加 ……………………………… 145
 1.1 本章の目的　145

1.2　先行研究　145
　　　1.3　本章の意義と構成　147
2　資本参加の目的と形態 ……………………………………………… 149
3　仮説の設定 ……………………………………………………………… 150
4　リサーチ・デザイン ………………………………………………… 152
　　　4.1　株主価値の測定　152
　　　4.2　説明変数の設定　154
　　　4.3　重回帰分析モデル　156
5　サンプルとデータ …………………………………………………… 156
6　実証結果 ………………………………………………………………… 158
　　　6.1　記述統計量　158
　　　6.2　CARの分析結果　159
　　　6.3　重回帰分析　164
　　　6.4　ACにおけるトービンのqが高い案件に関する追加的分析　166
7　結論と示唆 …………………………………………………………… 167

第8章　資本参加と財務パフォーマンス

1　資本参加は財務パフォーマンスに貢献しているか ………… 171
　　　1.1　本章の目的　171
　　　1.2　先行研究　172
　　　1.3　本章の構成　173
2　仮説の設定 ……………………………………………………………… 173
3　リサーチ・デザイン ………………………………………………… 174
　　　3.1　財務パフォーマンスの測定　174
　　　3.2　説明変数の設定　174
　　　3.3　重回帰分析モデル　175
4　サンプルとデータ …………………………………………………… 175

5 実証結果 ……………………………………………………………… 176
　5.1｜記述統計量　176
　5.2｜財務パフォーマンスの分析結果　177
　5.3｜重回帰分析　180
　5.4｜ACとTCの過剰投資に関する追加的分析　182

6 結論と示唆 …………………………………………………………… 184

第9章　結びと今後の課題

1 はじめに ……………………………………………………………… 187

2 結果の要約 …………………………………………………………… 189
　2.1｜企業再編の効果を巡る論点　189
　2.2｜完全子会社化の効果　190
　2.3｜事業譲渡の効果　193
　2.4｜資本参加の効果　195

3 本書の結論と示唆 …………………………………………………… 197
　3.1｜本書で取り上げた企業再編の効果　197
　3.2｜株主価値向上効果と財務業績向上効果の異同　199
　3.3｜先行研究との相違点　201
　3.4｜日本における企業再編に対する示唆　202

4 残された課題 ………………………………………………………… 203

参考文献 ……………………………………………………………………… 207
索引 …………………………………………………………………………… 215

第1章

経営戦略と企業再編

1　企業再編の現状

　近年，日本国内における企業再編[1])が活発化している。図表1-1は，（新興市場を除く）上場企業同士のM&A件数の推移を形態別に示したものである。これによると，合併・買収・事業譲渡・資本参加・出資拡大の発表件数は1996年に各々3件，0件，9件，4件，5件であったものが，ピークの2006年には14件，28件，18件，70件，61件となっており，いずれの形態のM&Aも大きく増加してきていることが分かる。2007年以降には若干の件数減少がみられるもの

図表1-1　（新興市場を除く）上場会社同士の形態別M&A件数

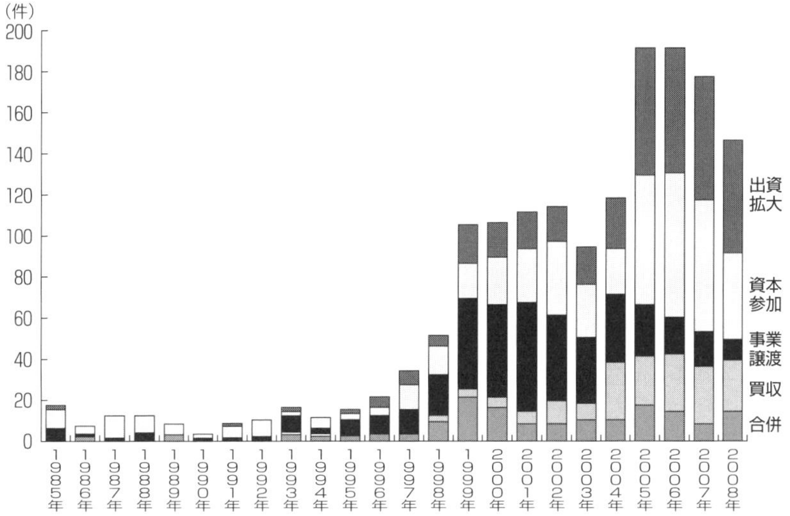

(出所) レコフ社データベースより筆者作成。

の，バブル崩壊後約10年を経て，日本企業が本格的に事業の「選択と集中」に乗り出したことがM&A件数の数値にも表れていると言える。

最も狭義のM&Aである合併・買収もその件数を増やしているが，1990年代以降，件数に占める割合を急増させたのは，事業の一部を売却・譲渡する事業譲渡や，少数株主としての出資を行う資本参加，そしてその出資割合を増加させる出資拡大であった。

1990年代末から2000年代前半において顕著な増加傾向を示していたのは上場会社同士の事業譲渡である。この時期，新たな連結会計制度の導入に合わせ，日本企業はグループ内事業の整理を進めていた。その際，グループ企業を再編し，非中核（ノンコア）事業を切り離す手段として事業譲渡が用いられたと推察される。

2000年代の前半から中盤にかけては資本参加および出資拡大の件数が大きく増加している。1990年代以降，日本企業の金融機関との株式持合いは解消に向かったが，この時期における資本参加および出資拡大の件数増加は，日本企業同士で新たな資本関係が生まれつつあることを示している。

また図表1-1には明示されていないが[2]，株式交換制度を利用した上場会社の完全子会社化についても，その発表件数は1999年の11件から，ピーク時の2003年には37件を数えるに至っている[3]。企業グループの組織再編という観点から見れば，完全子会社化によるグループ会社の経営統合と事業譲渡による事業の切り離しが同時に行われ，その後資本参加による会社間の緩やかな連携が進んでいる状況であると言うことができる。

2　企業再編増加の背景

では，何故日本企業による企業再編が頻発しているのか。伊藤［2007］では，M&A増加の背景として①企業間競争のグローバル化，②会計制度改革，③法制度改革の3つが挙げられている[4]。日本企業がグローバル市場での競争に勝ち抜いていく上で，企業再編を通じた競争力のある企業体質の構築は不可欠な状況になっている。また，有価証券の時価評価に伴う株式持合いの解消は，外

国人投資家および個人投資家の存在感を大きく高めることに寄与した。こうした外国人投資家の多くは資本効率を強く意識していることから，日本企業においてもいかにM&Aを活用しながら経営効率を高めていくかが重要になってきていると伊藤［2007］は指摘している。また，M&Aをスムーズに進めるための法税制改革も進められてきた。例えば，1997年の純粋持株会社制度の解禁，1999年の株式交換・移転制度，2000年の会社分割制度および2001年の種類別株式制度の導入などは，日本における企業再編の自由度を大きく増すことに寄与してきた。

　服部［2004］もほぼ同様の指摘をしており[5]，M&Aが日本で注目されるに至った歴史について，「規制環境の変化」と「株主価値重視の経営」という2つのキーワードから考察できるとしている。これによれば，企業再編を巡る会計制度および法制度の整備が，M&Aを検討する日本の企業経営者を後押ししており，加えて株主価値重視の経営が浸透したことによって，M&Aを重要な戦略オプションと位置付ける企業経営者が増加しつつあることが指摘されている。

　近年の企業再編の増加は，グループ連結経営の進展とも大きく関わっている。企業グループ全体の経営効率を高めるための手段として，企業再編が活用されているのである。日本企業がグループ連結経営に注目するきっかけとなったのは，1999年4月1日以後開始する事業年度から適用された連結決算中心主義への移行であった。

　連結決算中心主義への移行により，それまでは従たる位置付けだった連結財務諸表が主たるものとして有価証券報告書に記載されるようになった。加えて，連結会計手続も大きく変更された。連結決算中心主義に移行する以前は持株比率を基準に連結範囲が決められており，議決権の50%超を有する会社を連結対象子会社，議決権の20%以上を有する会社を持分法適用関連会社としていた。しかしながら，連結決算中心主義に移行した後は，連結範囲の判断に支配力基準，影響力基準が適用されるようになった。このことにより，40%の議決権しか有していなくても，人事・資金取引などの関係により支配力があると認められる場合には連結対象となり，15%以上の議決権を有し営業や事業方針に重要

な影響が与えられると認められる場合には持分法適用の対象とされるようになった。

　従来の連結会計制度の下では，経営不振の子会社を連結の範囲から外すために持株比率を引き下げる「連結外し」が横行していた（小河・矢部［1999］）。企業にとって都合の悪い部分を覆い隠すための隠れ蓑として，「連結外し」という手法が使われていたのである。しかしながら，新たな連結会計制度により，「会計上のテクニックを駆使した『連結外し』は閉め出されることに」（伊藤［1999］）なった[6]。従って，技術的な「連結外し」ではなく実質的な「グループ連結経営」を行うことが日本企業に求められたのである。本格的なグループ連結経営を展開するに当たり，日本企業がまず行ったのはグループ全体の事業再構築，即ち事業の「選択と集中」であった。多くの日本企業が自社グループの核となる事業を中心に据えるとともに，中核とならない事業（非中核事業）を売却するといった事業再編を行った。以上のように，グループ連結経営の進展が日本企業における企業再編を促進することとなったのである。

　以上をまとめると，日本における企業再編の増加の背景には，企業再編を促進する法税制の改革があった。こうした法税制の改革が，企業再編の必要性を高めるとともに，その自由度を高めたと言える。そしてより重要なのは，グローバル化した競争環境の中で，企業の経営戦略上の要請から企業再編が増加したということである。法税制の制度改革はあくまで企業再編の後押しをしたということであり，企業再編が増加した本質的な要因は，それを企業が必要としたからであると考えるべきであろう。

3 経営戦略上の要請と企業再編

　それでは，実際の企業においては，どのような経営戦略上の要請から企業再編が行われているのだろうか。本節では，企業再編が経営戦略上果たしている役割を整理した上で，日本電産と小林製薬の事例を用いて，経営戦略を実現する手段としての企業戦略のあり方について検討を行うこととする。

3.1 企業再編のグループマネジメント上の役割

　企業再編を主導するのは通常グループの本社（あるいはそれに相当する部門）であるから，企業再編が経営戦略上果たしている役割を考える上では，グループ本社の機能について検討しておく必要がある。

　グループ本社の機能は，まずグループ全体をマネジメントする機能とグループの事業や関係会社をサポートする機能に大別される（浜田［2006］）。さらに，グループ全体をマネジメントする機能は，「戦略策定調整機能」「資源配分機能」「戦略管理機能」の3つに大別される。「戦略策定調整機能」とは，経営のビジョンおよびグループミッション，事業部門および関係会社のミッション・目標を策定・伝達する機能のことを指す。「資源配分機能」とは，グループ経営システムの検討および資源配分計画の策定を行う機能である。さらに，「戦略管理機能」は業績評価指標を設定し，その進捗および結果のモニタリング・評価を行う機能とされている。

　では，グループマネジメントにおける企業再編の目的を，グループ本社の機能という視点から見てみよう。これまでの日本企業における企業再編を概観すると，その目的は以下の2つに大別することができると考えられる[7]。

① グループ全体の経営資源配分の実行
② グループマネジメント環境の整備

　1つ目は，グループ全体の経営資源配分そのものとしての企業再編である。例えば，事業買収は多くの場合新規参入や事業拡大を行うための経営資源投入の手段として用いられるし，事業売却は逆に事業撤退を意味することが多い。グループ全体の事業ポートフォリオを組み替えるための企業再編もこうした目的を主眼として行われていると考えられる。通常，グループマネジメントの一環としての企業再編は，この目的を達成するものとして認識されている。いわば，グループ本社の資源配分機能の発現そのものとしての企業再編である。

　一方，2つ目はグループ本社がグループ全体をマネジメントできる環境を整

備するための企業再編と位置付けられる。これは，連結決算中心主義への移行に伴って本格的にグループマネジメントを強化してきた日本企業特有の企業再編であると考えられる。従来の日本企業における企業グループの構造は，必ずしもグループ全体を統合・調整しやすいものであるとは言えなかった。例えば，前述のような子会社上場は，上場子会社社員の士気向上，経営の自主独立化に対しては一定の効果があったと考えられるが，その一方でグループ全体の戦略の統合・調整の足かせともなっていた。なぜなら，上場子会社は親会社以外からの株主（少数株主）からの出資も受け入れていることから，こうした株主に対しても配慮する必要があるためである。こうした傾向が強まると，上場子会社はグループ本社を中心としたグループ全体最適よりも，上場子会社自身の部分最適を志向することとなる。このような状況下では，グループ本社はその機能を十分に発揮することができず，全体最適を目指したグループマネジメントを行うことが難しくなってしまう。例えば，グループ全体としては経営効率を高めるような施策（例えば，グループ内事業の再編）であっても，子会社単体の業績に対して不利に働く場合には，その実行は子会社の少数株主にとっては受け入れがたいということになるだろう。こうした点を考えると，前述したような上場子会社の完全子会社化は，中核事業をグループ内に完全に取り込むことによってグループ本社におけるマネジメント機能を強化し，グループマネジメントをスムーズに行うための環境整備としての役割が大きかったと推測することができる[8]。

3.2 経営戦略と企業再編：ケーススタディ

事例1　日本電産

　日本電産は，「回るもの，動くもの」を中心とした積極的な事業買収を行うことで，大幅な成長を実現してきた。図表1-2に，1985年3月期以降における日本電産の業績概要と主な企業再編をまとめておく。積極的なM&Aも奏功して，1991年3月期に約600億円であった売上高は，2011年3月期には約6,900億円になっており，この20年間で売上高は10倍以上に増加している。また，利益率も変動はありながらも基本的には右肩上がりで伸びており，2011年3月期に

第1章　経営戦略と企業再編

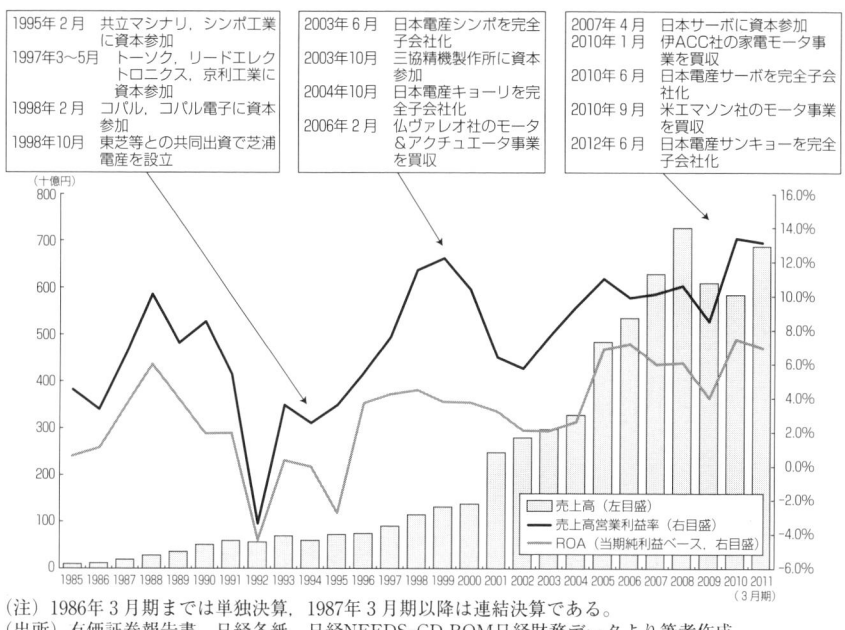

図表1-2　日本電産の業績概要と主な企業再編

1995年2月	共立マシナリ，シンポ工業に資本参加	2003年6月	日本電産シンポを完全子会社化	2007年4月	日本サーボに資本参加
1997年3～5月	トーソク，リードエレクトロニクス，京利工業に資本参加	2003年10月	三協精機製作所に資本参加	2010年1月	伊ACC社の家電モータ事業を買収
1998年2月	コパル，コパル電子に資本参加	2004年10月	日本電産キョーリを完全子会社化	2010年6月	日本電産サーボを完全子会社化
1998年10月	東芝等との共同出資で芝浦電産を設立	2006年2月	仏ヴァレオ社のモータ＆アクチュエータ事業を買収	2010年9月	米エマソン社のモータ事業を買収
				2012年6月	日本電産サンキョーを完全子会社化

(注) 1986年3月期までは単独決算，1987年3月期以降は連結決算である。
(出所) 有価証券報告書，日経各紙，日経NEEDS-CD ROM日経財務データより筆者作成。

は売上高営業利益率で約13％，当期純利益ベースのROAで約7％という高い水準を達成している。

　まず日本電産のM&Aの特徴として挙げられるのは，買収する企業の事業領域をモータおよびモータの応用製品，部品に絞っているところである。日本電産の創業者であり社長である永守重信氏は，買収する会社の条件として「自分の会社の本業をより強くしていける会社を買います。一番良いのはもちろん同業者です。競争相手を買うのが一番良いですね。その次に自社が持っていない技術を持っている会社を買います」[9]と述べている。また，永守氏は，自社のM&Aの方向性を「集中」型と「放射」型の組み合わせであるとも説明している[10]。

　「集中」型とは，競争に打ち勝つために必要な技術を獲得するために，一点集中的にM&Aを行うことを指している。日本電産は，97年から98年にかけて

トーソク，京利工業，コパルといった会社を傘下に収めたが，これがまさに「集中」型のM&Aであった。当時，精密モータはシャフトと軸受の間にボールベアリングを入れる形式のものが主流であったが，ハードディスクの高密度化に伴い，ベアリングの代わりに潤滑油を入れる流体軸受け（FDB）タイプが主流になると言われていた。しかしながら，日本電産はその十分な技術を保有していなかったため，上記3社のM&AによってFDBタイプのモータを生産できる技術を手に入れることを目指した。こうした「集中」型のM&Aに関して，永守氏は「目標を定め，そこに至る道筋で社内にない経営資源のマス目を一つひとつ埋めておくことが大事なのです。そうすれば，変化が急にやってきても，即座に対応できるからです」と述べている。その結果，日本電産はハードディスク用モータで世界的に非常に高いシェアを獲得することに成功したのである。

もう一方の「放射」型とは，日本電産が1990年代末から本格化させた家電，産業用および自動車モータへの多角化を指す。例えば，日本電産は2006年に仏ヴァレオ社の車載モータ部門を，2010年には伊ACC社の家電用モータ部門と米エマソン社の家電・産業用モータ部門を買収しているが，これは，車載用，家電用および産業用モータ事業をグローバルにて展開していこうという姿勢の現れである。こうした「放射」型のM&Aにおいて重視すべきポイントに関して，永守氏は「技術の獲得はもちろん大事ですが，ここでは，業界人脈であり商権と，それを持つ人材を得ることが重要になるのです」と語っている。新市場において最も構築に時間のかかる人脈と商圏をM&Aによって獲得し，短時間で新市場に浸透していくことを目指しているということであろう。

また，日本電産が行うM&Aの特徴として，ムダの多い会社を好んで買収するという点も挙げられる。永守氏は，優れた人材，良い技術，良い市場を持っていることが前提であるが，その上で工場の整理整頓が行き届かず，仕入れ品のコストが高く，従業員の勤務態度が悪い会社を選んで買収すると述べている[11]。ムダが多い分だけ，利益の伸びしろがあるということであり，日本電産が買収することによる経営改善効果が高い企業を選んで買収を行ってきたと解釈することができる。

日本電産のM&Aには，資本政策上の大きな特徴もある。日本電産がこれま

で行ってきたM&Aには救済色が強いものも多いが，こうしたM&Aにおいては，初めから買収によって連結子会社とするのではなく，当初は持分30〜40％の少数株主として資本参加し，その後再建の目処が付いてから連結子会社化するのである。その理由として，三協精機製作所（現日本電産サンキョー）に39.8％の資本参加を決めた際に，永守氏は「再建のメドが見えない段階では連結対象にせず，持ち分法会社にとどめたかった。メドが立てば子会社化する」[12]と語っている。業績が回復する目処が付くまでは持分法適用会社とすることで売上高や営業利益に影響を与えないようにする一方で，経営が改善してきた段階で連結子会社とし，買収した会社の業績を合算していくという方針が伺える。また，1997年に日産自動車系列だったトーソクに対して30％の資本参加を決めた際には，「この比率でも日本電産が主体的に経営に参加できる。日産にも引き続き株式を保有してもらう。日産からの出向者も多く完全買収は不安をあおると考えた」[13]とも語っている。連結子会社でなくても再建は十分可能であり，連結子会社にするのは日本電産流の経営が浸透してからでよいという考えがあると推測できる。

　経営再建後，多くの会社は連結子会社となるが，その後に必ずしも完全子会社化されているわけではなく，むしろ基本的には上場子会社として，連結子会社化後も上場を続けているケースが多い。また，日本電産グループにおいては，買収後も従来の経営陣が残ることが原則とされており，各社が自主独立経営を行うことを目指している[14]。買収前に上場企業だった会社については上場を維持し，経営陣も続投することで，社員の士気を高めたいという意図が見える。

　その中で，2010年には日本電産サーボ（旧日本サーボ）を，2012年には日本電産サンキョー（旧三協精機製作所）を完全子会社化している。これらの2社を完全子会社化するに当たってのキーワードは「グローバル」であった。例えば，日本電産は，日本電産サンキョーを完全子会社化する目的として，「日本電産サンキョーは・・・（中略）・・・グローバルマーケットへ積極的に参入し売上の拡大を図るとともに，製造プロセスにおける生産性の改善などを通じて収益力の向上を図る必要があります。これには，日本電産サンキョーが日本電産の完全子会社となり，両者間の連携をより一層強化し，効率的，かつ，迅速

な意思決定に基づくグループ経営を実現させることが不可欠であると判断しました」[15]とリリースしている。日本電産サーボに関しても，グローバルに製品およびマーケティングを展開していくために，日本電産と日本電産サーボの経営資源を共有化することで，営業力および製品開発力を強化するという目的が提示されている[16]。永守氏は，グループ企業の合併に関して，「グローバル競争を戦うには規模が小さすぎると判断した場合のみ行うことにしています」[17]と語っているが，完全子会社化についても共通した考え方があるように思われる。基本的には各社の自主独立経営を目指しながらも，グローバルなビジネス展開において日本電産との一体経営の方が効率的であると判断される際には，完全子会社化を行う方針をとっていると考えられる。

事例2　小林製薬

　小林製薬は，戦略事業の買収と非中核事業の売却の双方により，効果的な経営資源配分を目指している事例として位置付けられる。図表1-3は，小林製薬の業績概要と事業買収ならびに売却の状況を示している。

　近年に小林製薬が行った企業再編でまず目立つのは，成長を実現するための事業買収を積極的に行っているという点である。代表的なところでは，2001年における桐灰化学の買収，2002年における日立造船からの杜仲茶事業の譲受け，米国コーム社との合弁事業である小林コーム社の完全子会社化および吸収合併，そして米国において使い捨てカイロ事業を展開していたヒートマックス社の買収（2006年）などが挙げられる。小林製薬では，こうしたM&Aを通じた成長以外に，社内で開発した新商品による成長も当然志向しているが，上述のような積極的なM&Aが，同社の成長を実現する上での一翼を担っていると言えるだろう。また，こうしたM&A案件を検討するに当たって，グループ統括本社内にM&Aなどを専門とする「成長戦略室」を設置し，M&Aに対して組織的に取り組んでいるのも同社の大きな特徴と言える。

　一方，小林製薬は2008年1月に医薬品卸売業を手がける販売子会社，コバショウを始めとした卸売事業をメディセオ・パルタックホールディングス（現メディパルホールディングス）に株式交換で譲渡している。小林製薬における

第1章　経営戦略と企業再編

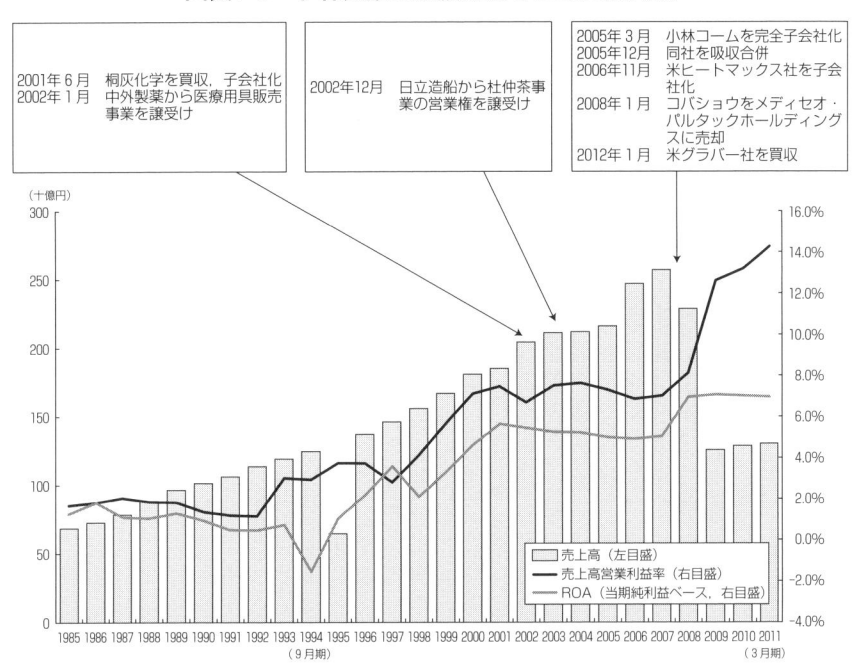

図表1-3　小林製薬の業績概要と主な企業再編

2001年6月	桐灰化学を買収，子会社化
2002年1月	中外製薬から医療用具販売事業を譲受け
2002年12月	日立造船から杜仲茶事業の営業権を譲受け
2005年3月	小林コームを完全子会社化
2005年12月	同社を吸収合併
2006年11月	米ヒートマックス社を子会社化
2008年1月	コバショウをメディセオ・パルタックホールディングスに売却
2012年1月	米グラバー社を買収

（注1）1995年3月期に関しては決算期の変更に伴い決算月数が6ヵ月となっている。
（注2）1997年3月期までは単独決算，1998年3月期以降は連結決算である。
（出所）有価証券報告書，日経各紙，日経NEEDS-CD ROM日経財務データより筆者作成。

2007年3月期における卸売事業の売上高は約1,650億円であるが，同期の連結全体での売上高が約2,290億円であるということを考えれば，業績的なインパクトは非常に大きい。また，医薬品等の卸売業は同社のルーツとも言える事業であり，その売却には心理的な抵抗感もあったと推察される。そのような状況の中，なぜ卸売事業の売却に踏み切ったのか。小林豊社長はコバショウの売却について，「確かに今までの人生の中で最大の決断に近いでしょう・・・（中略）・・・しかし，この規模では卸売業界で未来永劫，生き残ることはできません。利益が十分に出ている間に合併させて規模を大きくして，将来に備えるのが経営者としての責任だと思って判断しました」と述べている[18]。メディセオ・パルタックホールディングスへの事業譲渡は，将来に渡って同社の卸売事

業を生き残らせるために必要不可欠な方策だったと考えられる。しかしながら，卸売事業の売却にはもう1つの大きな目的があった。それが，小林製薬の製造業としての特徴を際立たせるとともに，モノづくりに経営資源を集中させることであった。小林社長はコバショウ売却のもう1つの目的について，「メーカーとしての財務体質をもっと表に出すためです。コバショウは卸ですから，どうしても売上高経常利益率が0.50～0.75％にしかならない。小林製薬の連結対象とすると，メーカー部門がいくら良い業績を上げても経常利益率にすると6～7％まで薄まってしまいます」と語っている。現在の小林製薬にとって卸売事業は非中核事業であり，今後は中核事業である製造業において成長を実現していくのだという社内外へのメッセージがこの事業売却には含まれていると推測される。コバショウの売却後，小林製薬の連結売上高はほぼ半減したが，2011年3月期における売上高営業利益率は約14％，当期純利益ベースのROAは約7％まで増加した。財務的にもメーカーとしての特徴を出したいという小林豊社長の企図は十分に現れたと言ってよいだろう。

　ここまで，日本電産と小林製薬2社の事例を見てきたが，ここで両者の企業再編の特徴をまとめておきたい。
　日本電産は，「回るもの，動くもの」に特化して，成長戦略の一環としての積極的なM&Aを行ってきた点に大きな特徴があると言える。特定の事業領域において，技術獲得を目的としたM&Aとマーケット獲得を目的としたM&Aを状況によって使い分けており，巧みな経営資源配分に関する方針の基にM&Aを行っている状況が見てとれる。また，資本政策に関しても日本電産流の経営が浸透するのに合わせて出資比率を増加させ，一体となった運営による緊密な連携が必要なグループ会社の完全子会社化を行うなど，自主独立経営と一体経営のバランスを取りながらグループマネジメントが効率的に行えるよう工夫している点は特筆に値する。
　小林製薬は，積極的な事業買収を通じた成長戦略を企図する一方で，非中核事業と位置付けた卸売事業については思い切った事業売却を行うなど，企業再編を通じた大胆な経営資源配分を実行している企業であると考えることができ

る。こうした企業再編は，ある意味セオリー通りであるとはいうものの，それを明確な目的意識を持って着実に実行しているという点で注目すべき事例である。

　両社に共通しているのは，自社の経営戦略を明確に描いた上で的確なグループ企業再編を行っているということである。日本電産はこれまで，コア（中核）事業に関係のない会社を買収しておらず，「回るもの，動くもの」で世界一になるために必要な会社だけを買収してきている。小林製薬は創業事業でありながらも，今後厳しい経営環境に置かれると判断した卸売事業をノンコア（非中核）事業と判断し，売却した。自社にとってのコア事業を明確にし，必要な企業再編を行った上で，企業再編の効果を最大限発揮できるよう様々な施策に注力しているからこそ，高い成長と利益を実現できているのだと考えられる。

4　本書で取り上げる企業再編の重要性

　これまでにも述べているように，本書で検討の対象とする企業再編は，完全子会社化，事業譲渡および資本参加である。本節では，なぜこの3つの企業再編を取り上げることが重要なのかという点について詳述したい。

4.1　完全子会社化

　完全子会社化の企業価値向上効果を取り上げた研究を行う重要性・意義としては，以下の3点が挙げられる。

① 日本企業がグループ連結経営を進めていくに当たって重要な施策となったこと。
② それに伴って完全子会社化の実施件数が大きく増加したこと。
③ 完全子会社化が日本特有の現象であり，米国とは異なる独自の研究を行うことができること。

　上述のように，連結決算中心主義の下では従来のように単体の業績のみを追

求するのではなく，企業グループ全体の業績を高めることが求められるようになったことから，日本企業はグループ会社の経営についても強い関心を持つに至った。完全子会社化の増加も，グループ全体として統合された経営戦略を推進したいという日本企業の強い意思の表れであると考えられる。完全子会社化を行う日本企業の狙いとして，伊藤［2002］ではグループ企業の部分最適の緩和，グループ企業間の事業重複の排除，少数株主との利害相反回避およびグループ外への利益流出の防止が指摘されている。完全子会社化は，連結で見たグループ全体の業績を高めていく上での重要な施策として捉えられているのである。

なお，完全子会社化がここまで増加した制度的背景としては，90年代半ば以降の東京証券取引所（以下，東証とする）における子会社上場基準の緩和による上場子会社の増加，その後における東証の上場子会社に対する姿勢の変化，および1999年8月改正商法によって認められた株式交換制度の3点が挙げられる。ここでは，それらの概要についても触れておくことにしよう。

詳細は後述するが，米国において子会社上場は子会社が親会社から独立することを意味するため，上場子会社はほとんど存在しない。その一方で，日本企業においては子会社の「自立化や経営基盤の強化のために」（伊藤［2002］）子会社上場が行われてきた。こうした上場子会社の増加を後押ししたのが，1990年代半ば以降に行われた株式上場基準の緩和である[19]。東京証券取引所は，まず1990年8月にそれまでは明文化されていなかった子会社上場に関する要件をまとめた。丸山［1990］によれば，その概要は以下の6点にまとめられる。

① 上場申請会社の親会社が東京証券取引所に上場していること。
② 上場申請会社の主たる事業が親会社および姉妹会社[20]の主たる事業と競合していないこと。
③ 申請前の直近3期間におけるグループ外への販売比率が原則として30％以上であること。
④ 親子間で常勤取締役の兼任関係が存在しないこと。
⑤ 上場申請会社に親会社からの出向者が存在しないこと。

⑥ 親子会社間に資産の賃貸借関係が原則として存在しないこと。

　その後，「子会社上場ニーズの高まりという情勢に対応し」（亀谷［1996］），1996年1月に上記の②，③および⑥の要件は廃止され，①に関しても親会社が国内の上場会社，店頭登録会社および有価証券報告書提出会社であれば上場が認められるという形に改められた[21]。1999年1月には，親子間での常勤取締役の兼任や親会社からの出向者に関する要件（上記の④および⑤）も廃止され，上場基準の一層の緩和が図られた。

　さらに，1996年1月の上場基準の緩和により，それまでは「少数特定者持株数[22]が上場の時までに上場株式数の70％（当分の間80％，上場後最初の決算期に70％）以下となる見込み」だったものが，「少数特定者持株数が上場の時までに上場株式数の75％（当分の間80％，上場後最初の決算期に75％）以下となる見込み」となり，親子関係があっても子会社を上場しやすい基準に改正され

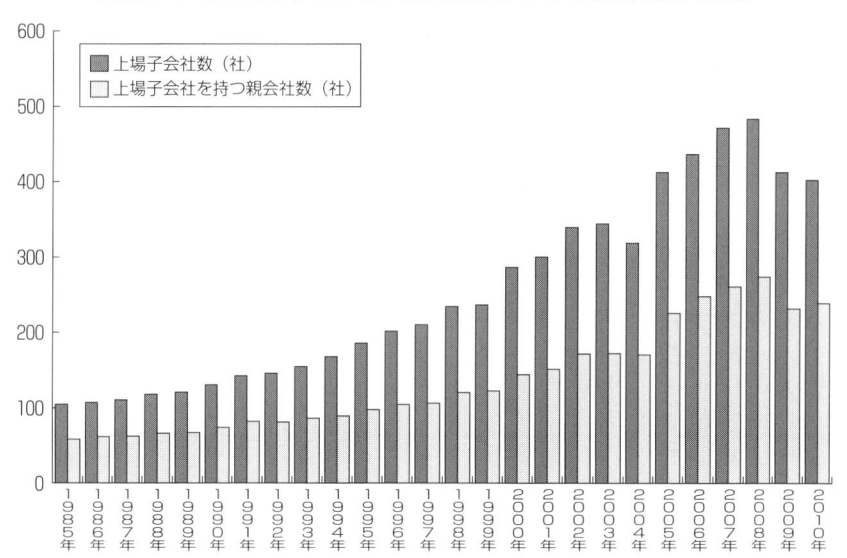

図表1-4　日本国内の上場子会社数およびその親会社数の推移

（注）暦年ベースで各社の決算期末時点での子会社数および親会社数をカウントしている。
（出所）NEEDS-CD ROM日経財務データより筆者作成。

た[23]）。また，この際には設立後の経過年数，利益の額および利益配当についての基準も緩和された。加えて，1999年1月には上場株式数，株主数，株主資本（純資産）の額，利益の額および利益配当に関する基準緩和が行われた。

　こうした基準緩和の後押しを受けて，上場子会社数および上場子会社を持つ親会社数のいずれも大幅に増加している（図表1-4）。80年代後半から90年代にかけての上場子会社数を見てみると，1985年時点での上場子会社数は104社だったものが1999年には236社まで増加している。また，上場子会社を持つ親会社数を見ても1985年時点での58社から，1999年では122社と大幅に増加していることが分かる。また，1990年代半ばから上昇の割合も増加しており，証券取引所の上場基準緩和が上場子会社の増加に大きな影響を及ぼしていることが見てとれる[24]）。

　2002年まで一貫して増加し続けていた上場子会社数は，2003年から2004年にかけて一旦減少傾向を見せている。2005年以降には再度増加しているものの，従来の連結子会社を上場させるという子会社戦略に変化が生じていることが分かる。中核子会社を完全子会社化することでグループ連結経営を強化しようとする日本企業が増加したことで，一時的にではあるが上場子会社数の減少が起こったのである。

　その後，2007年に東京証券取引所が「親会社を有する会社の上場に対する当取引所の考え方について」を公表し，「子会社上場は，その国民経済上の意義及び投資家に多様な投資物件を提供するという証券取引所に期待される役割に照らして，一律的に禁止するのは適当でない反面，投資家をはじめとして多くの市場関係者にとっては必ずしも望ましい資本政策とは言い切れない」旨を表明している[25]）。この流れを受けて，2008年以降において上場子会社数は減少傾向に転じており，日本企業の親子上場に対する姿勢は少しずつ変わりつつあるように見受けられる。

　完全子会社化を行おうとする日本企業の動きを後押ししたのが，1999年8月改正商法で成立した株式交換制度であった。株式交換制度とは，他の株式会社の株式と自社の株式を交換することにより，その会社との間で完全親子会社関係を創設するというものである。原田［2000］が指摘しているように，この改

正以前でも既存の会社の株主から公開買い付け等の方法により株式を取得する「買収方式」や，既存の会社の株主に対して第三者割当増資を行い，既存の会社の株式の現物出資を受ける「第三者割当増資方式」によって完全親子会社関係を創設することは可能であったが，これらの方式の場合公開買い付けに応じない少数株主が残る，あるいは第三者割当に応じない株主が残るなどの問題があった。一方，株式交換制度による完全子会社化であれば，株主総会の特別決議により承認を受ければ，完全子会社となる会社の株式をすべて株式交換により取得できる[26]。米国においては，以前から株式を対価とした公開買い付けで被買収会社の株式の過半数を獲得し，その後三角合併[27]を行うことによって株式を対価とした完全子会社化が可能だったが，日本ではこうした形で少数株主を排除して完全子会社化を行うことができなかったのである。しかしながら，株式交換制度を使用することにより，日本においても企業が完全親子会社関係の創設を簡易かつ円滑に行うことができるようになった。

前述のように，株式交換制度を利用した上場会社の完全子会社化件数は急速

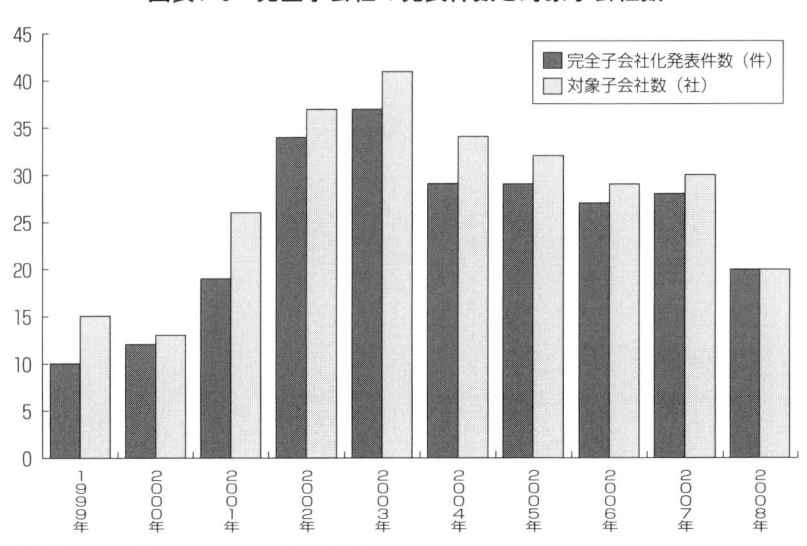

図表1-5　完全子会社の発表件数と対象子会社数

年	完全子会社化発表件数（件）	対象子会社数（社）
1999年	10	15
2000年	12	13
2001年	19	26
2002年	34	37
2003年	37	41
2004年	29	34
2005年	29	32
2006年	27	29
2007年	28	30
2008年	20	20

（出所）レコフ社データベースより筆者作成。

に増加してきている。図表1-5によれば，1999～2000年には発表件数および対象子会社数ともに年間10～15件だったものが，ピークの2003年には40件前後にまで膨らんだ。その後件数は落ち着いたものの，2004～2008年度にかけても年間20～30件前後で推移している。以上のように，日本における事業再構築において重要な位置を占めている完全子会社化を取り上げて企業価値向上効果に関する実証研究を行うことは，日本企業のグループ連結経営の是非を評価する上でも重要であると言えよう。

また完全子会社化を取り上げるもう１つの意義として挙げられるのは，完全子会社化が日本特有の現象であり，米国ではほとんど行われていないという点である。加護野［2004］，小沼［2002］[28]および金融庁［2005］で指摘されているように，米国においても親子会社上場自体は規制されておらず，その例がないわけではない。しかしながら，米国においては子会社を上場するということは子会社が親会社から独立することを意味していることが多く，子会社のまま上場を続けるケースは通常ほとんどない。一方で，日本企業が行ってきた株式交換による完全子会社化はその多くがグループの上場企業に対する持分を100％に引き上げるというものであった。グループ企業を含めた経営統合・強化の一環としての完全子会社化は，通常のM&Aとは異なる効果を生み出す可能性がある。例えば，密接なグループ関係にある会社間での完全子会社化を株式市場はどのように評価するのか，あるいは完全子会社化実施後の財務業績向上のカギは何かという点は完全子会社化の価値向上効果を研究する上で重要な論点になる。こうした点は日米の先行研究においては明らかにされておらず，日本における完全子会社化の企業価値向上効果を取り上げることで，米国における先行研究とは異なる独自の示唆を得ることができると考えられる。

4.2 事業譲渡

事業譲渡の企業価値向上効果を取り上げた研究を行う意義・重要性としては，以下の３点が挙げられる。

① 近年その実施件数が大きく増加していること。

② 事業譲渡という企業再編手段が日本企業のグループ連結経営に対する姿勢の転換を典型的に示していること。
③ 事業譲渡を取り上げた研究は通常のM&Aを取り上げた研究と比較して独自の示唆を得ることができる可能性があること。

　第2節で述べたように，連結決算中心主義に移行する中で日本企業は技術的な「連結外し」を行うことが難しくなった。それまでは業績不振事業を「連結外し」することによって連結財務業績に影響しないような政策が採られてきたが，連結決算中心主義の下ではこうした技術的な手法によって連結財務業績を高めることは難しくなったため，日本企業は実質的に事業をグループ外に切り離す「事業譲渡（事業売却）」を行う必要に迫られることとなった[29]。業績不振の事業や自社グループにおいて中核をなさない事業を売却し，売却によって得た資金を自社グループの中核事業に再投下する，あるいは負債を返済することで企業価値を高めることが事業再構築に当たっての重要な手段となったのである。図表1-1において1999年頃から事業譲渡の件数が飛躍的に伸びていることから見ても，連結決算中心主義への移行が日本企業の事業売却行動に対していかに大きなインパクトを与えたのかを読みとることができる。

　また，中野・蜂谷［2003］でも指摘されているように，従来の日本的感覚では「（事業）撤退＝（事業上の）失敗」と見られていたためか，特に日本の大手企業では事業売却を良しとしない風土があった。しかしながら長期に渡る経済不況の影響とも相まって，事業譲渡は日本における企業再編の有力な手段として定着することとなった。事業譲渡は，自社グループの事業再構築を徹底的に行おうとする日本企業の姿勢の変化を典型的に表す組織再編行動と見ることができるだろう。従って，事業譲渡の企業価値向上効果に関する研究を行うことは，グループ連結経営に対する日本企業の姿勢の転換に対する評価を行うことにつながると言える。

　また，事業譲渡を取り上げる3点目の意義としてはM&Aの一形態として見たときの特殊性が挙げられる。事業譲渡の取引においては，取引後も売却会社が存続するため，売却後の経営行動に関する（特に売却によって得た資金の使

途について）評価を行うことができる。これは通常のM&Aを対象とした実証研究では分析できない点である。こうした観点からすると，事業譲渡を取り上げた実証研究を行うことで従来のM&A研究とは異なる示唆を得ることができると考えられる。また日本における事業譲渡の特徴として，その実施が1990年代末以降に集中している点が挙げられる。この時期は，日本企業が自らの競争力を回復させるために積極的な事業再構築を行った時期と一致している。従って，どのような事業譲渡が株式市場からポジティブに評価され，実施後の財務業績向上につながったのかを分析することは，事業の「選択」の次の一手としてどのような施策をとるべきなのかという経営者の疑問に対する示唆になりうると考えられる。また宮島 [2007] は，1990年代末以降の日本におけるM&Aブームの発生要因に関する特徴として，事業再編成をもたらす負の経済ショックと技術革新や規制緩和などの正のショックが重なった点を挙げ，それが持続的なM&Aブームの進展に寄与したと述べている[30]。事業譲渡は，負のショックに伴う事業売却と正のショックに伴う事業買収が同時に行われることから，1990年代末以降の日本におけるM&Aにおける特徴の一側面を典型的に表していると考えられる。また，事業売却を行う企業だけをとってみても，負の経済ショックによる事業売却と，正のショックに伴う自社事業への再投資が両立している可能性がある。米国における1980年代を中心とした事業売却行動は，主に事業再編成をもたらす負のショックによるものであると考えられるが，負のショックと正のショックが共存する1990年代末以降の日本における事業譲渡の企業価値向上効果を実証的に分析することによって，米国における事業売却に関する先行研究とは異なる示唆を得ることができると考えられる。

4.3 資本参加

資本参加を取り上げる重要性としては，以下の3点が挙げられる。

① 2000年代の前半から中盤にかけて資本参加の件数が大きく増えたこと。
② こうした資本参加は事業会社同士の資本関係の変化を示しており，こうした緩やかなM&Aともいうべき資本参加が価値を生み出しているのか

否かは，今後のM&Aのあり方を検討する上で重要であること。
③ 資本参加のうち業務提携を目的としたもの（いわゆる資本提携）については，その目的が明示されているために，どのような経営資源の相互活用が価値を生み出しているのかを検証できる可能性があること。

胥［2009］が指摘しているように，1980年代までは金融機関による株式持合いにより日本企業の株主構成は安定しており，これが日本企業の長期的視点に立った経営を支えていたと言われている。しかしながら，1990年代以降，金融機関との株主持合いは解消に向かい，日本企業も敵対的買収や物言う株主からの圧力にさらされることとなった。その一方で，1990年代末以降の資本参加の動きは，企業間連携の１つのあり方として，資本参加が活用されるケースが増加してきていることを意味している。

こうした新たな資本関係は，いわば緩やかなM&Aともいうべき性格を有している。資本参加を行った企業は，資本参加を受けた企業の持分の過半数を取得しているわけではないので，経営支配権を有してはいないが，日本電産の事例でも述べたように，相手企業の経営改善等に対する一定の影響力は保有していると考えられる。このような緩やかなM&Aが企業のパフォーマンス向上に寄与しているか否かを検証することで，資本参加のM&Aとしての有効性について検討することができると考えられる。

資本参加は，純粋な投資目的や，取引関係強化を目的としている場合ももちろんあるが，業務提携を行うための，いわゆる資本提携を目的としているものが多い。こうした資本提携の特徴は，どのような協力を行うために資本関係を持つのかが明示されていることが多いことにある。通常のM&Aは包括的な連携を行うことを目的としているが，技術提携であれば両社の技術的資源を相互活用することを目的としているし，マーケティング提携であれば流通チャネルなどのマーケティングに関する経営資源を共有することを目的とするなど，特定の経営資源を相互に活用することが資本提携の前提条件として提示されているケースが散見される。従って，資本提携の目的と提携後のパフォーマンスの間の関係を分析することにより，どのような経営資源の相互活用がパフォーマ

ンス向上につながるのかという点について示唆を得ることができる可能性がある。

5 まとめ

以上で見てきたように，日本における企業再編が増加してきた背景としては，企業がその経営戦略上の要請から企業再編を行うことが必要になったという側面と，企業再編を後押しする制度面での改革が行われたという側面の双方があったものと考えられる。

本章では，日本電産と小林製薬の2社の事例を取り上げて，両社の経営戦略と企業再編がどのように関連しているのかを検討してきた。両社の特徴は，自社の戦略を明確に描いた上で，それに整合する企業再編を行ってきたことにあった。戦略を実行する上で必要な環境整備を行った上で，グループ内に必要な経営資源が適切に配分されるようにグループ企業を再編したことが，両社の財務業績向上に貢献したと考えられる。

本書では，こうした企業再編のうち，1990年代末から2000年代にかけて大きく件数を増加させ，かつグループマネジメント上も重要であると思われる完全子会社化，事業譲渡および資本参加について，その効果を株式市場の評価および財務パフォーマンスの観点から実証的に検証することとしたい。

注

1) 本書における企業再編とは，同一法人内での組織再編ではなく企業グループ内における完全子会社化やグループ外への事業譲渡といった企業間取引を伴う企業再編・事業再編のことを指すものとする。
2) 買収の件数には，株式交換制度を用いた企業買収が含まれているが，既に親子関係にある会社同士による完全子会社化は含まれていない。
3) レコフ社のデータによる。
4) 伊藤［2007］466頁。
5) 服部［2004］23頁。
6) 伊藤［1999］26頁。
7) これら以外にも，企業同士などの対等合併など，グループの構造そのものを大きく変え

ることを目的とした企業再編も存在するが，本章ではグループマネジメントにおける企業再編を検討の対象としていることから，詳細については言及していない。
8）それ以外にも，完全子会社化にはグループ外の少数株主に対する利益流出を防止するといった目的もあったものと考えられるが，本章ではその詳細について触れていない。
9）起業家倶楽部（2012年8月号）9-11頁。
10）「集中」と「放射」に関する永守氏のコメントは日経ビジネス（2012年1月30日号）から引用している。
11）日経ビジネス（1997年11月17日号）104-106頁。
12）日経産業新聞（2003年8月6日）。
13）日経産業新聞（1997年2月25日）。
14）日経ビジネス（2009年1月19日）42-48頁。
15）日本電産ニュースリリース（2012年4月24日）。
16）日本電産ニュースリリース（2010年4月26日）。
17）日経ビジネス（2012年2月6日号）68-71頁。
18）コバショウの売却に関する小林氏のコメントは，日経ビジネス（2008年5月19日号）44-46頁から引用している。
19）ここでは東京証券取引所の基準改正について論じているが，他の地方証券取引所や店頭登録についてもほぼ同様の緩和が行われている。
20）新規上場会社の資本上位者が新規上場申請者以外の会社の発行済株式総数の20％以上を実質的に保有している場合の当該会社のこと。
21）この際，新規上場会社およびその親会社の不利益となる取引行為が強制または誘引されていないこと，新規上場会社と親会社等が通常の取引条件と著しく異なる条件で取引を行っていないこと，新規上場会社が事実上親会社の一事業部門と認められる状況にないこと，といった要件が追加された。
22）少数特定者持株数とは，大株主上位10名および特別利害関係者（役員等）が所有する株式の総数を指す。
23）市場一部銘柄指定基準に関しては「最近2事業年度末日において上場株式数の70％以下」から，「直前事業年度末日において上場株式数の70％以下」に変更された。
24）なお，2000年に上場子会社数が大きく増加した背景には，1999年4月1日以降に開始する事業年度から連結範囲が見直されたことも影響していると推測される。
25）株式事務担当者宛通知「親会社を有する会社の上場に対する当取引所の考え方について」（平成19年6月25日付東証上場第11号）。
26）株式交換に反対する株主は，株主買取請求権を行使することができる。
27）買い手が買収のための特別目的会社（SPC）等を設立し，その会社と被買収会社を合併させ，その際の対価として親会社の株式を支払う手法。なお，日本においても2007年5月から三角合併を行うことが可能となった。

28) 小沼［2002］60頁。
29) ここでは，子会社株式売却などの実質的に事業売却と見られる形態についても事業譲渡として扱っている。
30) 宮島［2007］336頁。

第2章

企業再編の効果を巡る論点

1 はじめに

　本章の目的は，企業再編がもたらす効果を検討する上での論点を，主に日米の先行研究を基に整理することにある。中野・蜂谷［2003］でも指摘されているように，企業再編の効果を検証するに当たっては，以下の3つの論点に留意する必要がある[1]。

　　論点1：企業再編の期待効果および目的はどのようなものか。
　　論点2：企業再編の効果をどのような手法で測定するか。
　　論点3：企業再編の効果を左右する要因は何か。

　論点1は，企業再編の目的，企業再編がもたらす効果に関する論点である。企業再編はいかなる経済的効果を期待して行われるのか，さらに経済的効果以外の目的を持って行われる企業再編とはいかなるものかといった点について整理しておく必要がある。
　論点2は，企業再編の価値向上効果を分析するに当たっての測定手法に関するものである。詳細については後述するが，企業再編の価値向上効果に関する測定手法としては主に企業再編のアナウンスメント時点での株価反応と企業再編実施後の財務業績変動の2つが挙げられる。それぞれの測定手法を用いて企業再編の効果を測定した日米の先行研究においてどのような結果が得られたのかを概観するとともに，測定上の課題についても論じることとする。
　論点3は，企業再編の価値向上効果に影響を与える要因についてである。企業再編の効果を左右する様々な要因に関して，論点1において検討する企業再

編の効果とも関連付けて検討しておく必要がある。

　本章では，上記の3つの論点に基づいて今後日本において解明すべき研究課題について検討していく。検討に当たっては，以下の2点を意識することとする。

　1点目は，米国において提示されている仮説とその仮説に関する日本国内における検証状況と課題を整理しておくことである。企業再編の価値向上効果に関しては米国において既に豊富な研究の蓄積があるものの，日本においては従来M&Aの件数が少なかったこともあり，M&Aに代表される企業再編の効果を測定する実証研究は端緒についたばかりである。従って，現在日本国内の研究ではどこまで検証が進んでいるのかを明らかにしておく必要がある。

　もう1つは，本書が対象とする企業再編の価値向上効果を測定する実証研究を行うに当たって留意すべき点を明らかにしておくことである。一般的なM&Aにおいて提示されている仮説が，完全子会社化，事業譲渡および資本参加の価値向上効果を論じるに当たってどのような影響を及ぼすのかという点についても検討し，研究上の課題を明確にしておくこととする。

　本節以降の本章の構成は，以下の通りである。まず，第2節においては企業再編がもたらす効果および企業再編の目的について論じる。第3節では，企業再編の価値向上効果を測定する際に最もよく用いられている株主価値向上効果に関する日米の実証研究（株主価値効果研究）をレビューする。第4節は，財務業績向上効果をベースに企業再編の効果を測定した研究（財務業績効果研究）についてのレビューである。さらに，第5節においては企業再編の効果を左右する要因について，買収・合併の場合，事業売却の場合，資本参加の場合に分けて論じる。第6節では先行研究を踏まえて完全子会社化，事業譲渡および資本参加の企業価値向上効果研究を進める上での課題を整理する。第7節は本章のまとめである。

2　企業再編の目的と効果

　企業再編を行う目的としてまず挙げられるのが，シナジーである。Barney

[2002] では，シナジーは範囲の経済（Economies of Scope）と言い換えられている。2つ以上の事業が統合して運営される際の価値が，それぞれ別に運営される場合の価値の総和よりも大きくなるような場合に，範囲の経済が存在すると言う。範囲の経済が発揮されるには，一方の事業体では過少にしか活用できないが，双方の事業体では有効に利用できるといった経営資源の補完性が存在する必要がある。Roberts [2004] では，M&Aの場面で追求されるシナジーの多くは，この経営資源の補完性から生まれるものであると指摘している。また，間接部門を統合することによって費用が節約できるケースとして，①規模の経済や不可分性が存在する場合，②統合することによって得られる効率性がアウトソーシング等により得ることができない場合を挙げている。また，青木・伊丹 [1985] では，範囲の経済が存在するならば多角化企業の方が業績上有利であることを指摘し，範囲の経済が発生する理由として「新分野で利用可能な資源が既存分野の事業活動から発生しかつ既存分野では未利用なまま残されている」点を指摘している[2]。また未利用の資源が発生する原因として，①将来の多角化に向けた準備を行っている場合，②資源の不可分性のために既存分野での現在の生産水準では使い切れないほどの過剰資源を持つことが最適である場合[3]および③既存分野の事業活動ゆえに企業が同時多重利用可能な資源を蓄積する場合[4]の3つを挙げている。また，垂直的統合に関しても範囲の経済が働くと指摘している。

一方，複数の事業を同一の事業体が抱えることによって価値が毀損する，いわば「範囲の不経済」が発生することを指摘する研究もある。Berger and Ofek [1995] では，事業セグメントごとの理論価値を算定し，それを積み上げることで多角化企業のパフォーマンスを測定しているが，これによればマルチセグメントの企業においては実際の価値が理論価値を下回るという結果を報告している。しかしながら，関連性の高い事業領域をカバーするマルチセグメント企業では価値毀損が軽減されるとしており，こうした企業では部分的にではあるが，範囲の経済の効果が現れていると推測される。

以上のようなシナジー，即ち範囲の経済の存在は，企業を企業再編に駆り立てる誘因の1つになりうる。多角化のための買収，あるいは水平統合や垂直統

合を行うことによって範囲の経済が発揮されると企業の経営者が考えるならば，その経営者は合併・買収などを経営上の有力な選択肢として検討するであろう。また，グループ企業との経営統合をより進めることで範囲の経済を発揮できると判断すれば，その企業は完全子会社化に踏み切ることになると考えられる。一方，複数の事業を抱えることによって逆に価値が毀損し範囲の不経済が発生するような場合であれば，事業譲渡（事業売却）を行うことが経済的合理性を持つことになる。

　企業再編に当たって期待される効果としてもう1つ挙げられるのが，経営改善効果である。金崎[2001]は，LBOなどのM&Aによる経済的な利益として経営の非効率の排除を挙げており，これは①適切な負債比率への移行，②非効率的な投資案件の中止，③経営陣の入れ替え，によって行われるとしている。経営改善効果に関する実証研究としては，Lang et al.[1989]，Martin and McConnell[1991]などがある。Lang et al.[1989]はトービンのqを経営状態の尺度として用いて株式超過リターンの測定を行った。これによれば，買収企業自身のトービンのqが高く（経営状態が良いと解釈できる），被買収企業のトービンのqが低い（経営状態が悪い）場合に買収企業の株式超過リターンは最も高くなることを示し，これが株式市場からの経営改善期待を表していると論じている。Martin and McConnell[1991]は，経営改善効果の1つである経営者の交代に対してM&Aが果たす役割について実証的に分析している。これによれば，M&A後に経営者が交代した被買収企業のM&A前における株式超過リターンが有意なマイナスとなっており，交代が行われなかった被買収企業ではM&A前の株式超過リターンが有意なプラスになることが示されている。この結果により，Martin and McConnell[1991]ではアンダー・パフォーマンスの企業における経営者の交代に対してM&Aが一定の役割を果たしていることが示唆されるとしている。

　ここまでに挙げた2つの効果はいずれも経済的合理性を持つものであったが，それ以外の誘因の存在も指摘されている。

　その1つが，経営者の自己利益を実現するためにM&Aが行われるケースである。Jensen[1986]は，M&Aの動機の1つとして，経営者の経営可能資産

の最大化に対する私的欲求があると述べている。また，Shleifer and Vishny ［1989］は，経営者の保身（Entrenchment，エントレンチメント）について指摘している。これによれば，企業の成長そのものが経営者報酬を増加させるわけではないが，経営者のスキルに特化した領域における成長は，経営者のエントレンチメントを通じて経営者にベネフィットを与えるとされている。従って，M&Aに関しても，現在の経営者の得意領域への多角化を図ることが，経営者のエントレンチメントにつながると考えることができる。

　もう1つの誘因として挙げられるのが，株価維持を目的としたM&Aである。Shleifer and Vishny ［2003］は，株価が過大評価されている企業の経営者は，自社の株価を高く維持するために，株価が過小評価されている企業を株式交換で買収する傾向にあるという理論的分析を展開している。Rhodes-Kropf et al. ［2005］は，買収を行う企業はターゲット企業よりも株式が高く評価されているとともに，株式を対価とする買収を行う企業は現金買収を行う企業より株価が高めに評価される傾向が強いとして，Shleifer and Vishny ［2003］の見方を支持する実証結果を得ている。また，伊藤［2007］では1960年代に頻発したコングロマリット型M&Aが進展した背景として，高PER（株価収益率）企業が他業界の低PER企業を自社の株式で買収する手法の存在を挙げている。高PER企業が低PER企業を株式で買収する場合，純利益の絶対額に対して発行済株式総数をそれほど増加させる必要がないため，他の条件が変わらなければ買収後の全社EPS（1株当たり当期純利益）が上昇する。従って，EPSの上昇を市場が好感すれば，株価が上昇する可能性が高いということで，多くの企業が異業種の低PER企業の買収に走ったと述べられている。また，金崎［2001］においても同様の指摘をした上で「このような錯覚をいつまでも投資家に与え続けることは不可能である・・・（中略）・・・単に1株当たり利益を上昇させるためだけにPERの低い企業を合併することは，経済的な利益を生み出すことはなく，合併の合理的な理由とはならない」[5]と主張している。

　以上の議論を踏まえると，本書における課題の1つは本書が検証の対象とする企業再編が経済合理性を持つ取引であると言えるかどうか，実質的な企業価値向上を生み出したかどうかを検証することにあると考えられる。企業再編を

通じて取引当事者の企業価値が向上するならば，その取引は経済的合理性を有しており，上述のシナジーないしは経営改善効果が発揮されたと推測することができるだろう。

3 株主価値効果研究

3.1 米国における実証研究

M&Aのアナウンスメント時における株式市場からの評価を超過リターンで測定する手法（イベント・スタディ）は，M&Aの価値向上効果を測定する上で利用される最も一般的な実証分析の方法である。ここでは，そうした手法を用いた米国での実証研究についてレビューするとともに，長期間の株価効果を測定した研究とその問題点についても検討する。対象とするイベントとしては，まず通常のM&Aを取り上げた後，本書で検討対象としている企業再編の形態に近いと思われる，親子間合併，事業売却（Divestiture），第三者割当増資および戦略的提携に関する実証研究をレビューする。

短期の株主価値効果研究においては，イベントのあった企業の株式リターンをその企業の過去のリターンと比較して超過リターンを算出する固定平均リターンモデル，当該企業の株式リターンとマーケット・インデックスのリターンとの差分を超過リターンとする市場調整リターンモデル，過去の当該企業の株式リターンとマーケット・インデックスとの間で最小二乗法を用いて回帰分析を行い，その回帰式を適用して算出される理論的リターンと実際のリターンの差分を超過リターンとする市場モデルなどが用いられる。Sirower［1997］によれば，短期の株価効果に関してはいずれのモデルを用いても実証結果に大きな違いが表れないとされている[6]。また，超過リターンを求めるに当たって市場だけではなく産業指数なども考慮するマルチファクターモデルが用いられることもある。しかしながら，Campbell et al.［1997］によれば，市場ファクターに追加されるファクターの限界的説明力は小さく，超過リターンの分散がほとんど減少しないために，マルチファクターモデルを用いるメリットは限定的

であると述べられている。

　Jensen and Ruback［1983］では，1980年代初頭までのイベント・スタディに関する広範なレビューを行っている[7]。これによれば，取引が成立したM&Aの発表前後の短期間において被買収企業の株式には大きな超過リターン（TOB＋30％，合併＋20％）が発生しているのに対し，買収企業側の株式では，有意な超過リターンが見られなかった（TOB＋4％，合併0％）としており，案件全体としては企業価値を増大させる傾向があると述べている。

　これ以外の短期株主価値効果を分析した研究においても，米国における通常のM&Aを対象としたイベント・スタディについては，Jensen and Ruback［1983］と類似した結果が得られている。被買収企業サイドの株式には大きな超過リターンが発生する一方で，買収企業サイドには有意な超過リターンが発生しないか，あるいはややマイナスの傾向を示すことが，これまでの多くの研究で示されている。

　例えば，Andrade et al.［2001］では1970年代～1990年代のM&Aについて，被買収企業のアナウンスメント日前後3日間の株式超過リターンは＋16.0％で有意なプラス，買収企業の株式超過リターンは統計的に有意ではないがマイナス（－0.7％）であり，両者を時価総額で加重平均した値は＋1.8％で有意なプラスになることを示している。

　また，Sirower［1997］では1979～1990年にかけて行われた米国企業のM&Aにおける買収企業の株式超過リターンにフォーカスを当てている。この研究では，M&Aアナウンスメント日前後3日間の買収企業における株式超過リターンが統計的にも有意な負の値（－2.3％）となると報告されている[8]。このような結果が得られた理由として，M&Aによって得られるシナジー，経営改善効果には限界があるのに対して，買収に当たって支払うプレミアムが相対的に高い水準にあることが挙げられている。

　以上の研究はM&Aアナウンスメント日前後の株式超過リターンを測定するものであったが，より長期間の株式リターンを測定することで，M&Aの中長期的成果を測定しようとする研究も存在する。

　Franks et al.［1991］では，会社の規模（時価総額），配当利回り，過去の

図表2-1　米国における主な株主価値効果研究

研究	種別	サンプル期間	測定期間	株価効果(CARまたはAAR)
Andrade et al.[2001]	合併, 買収	1973-1998年	−1〜+1日	買収会社: −0.7% 被買収会社: +16.0%** 加重平均: +1.8%**
Sirower[1997]		1979-1990年	−1〜+1日	買収会社: −2.3%***
Franks et al.[1991]		1975-1984年	3年	買収会社: +0.29%*** (月次リターン)
Agrawal et al.[1992]		1955-1987年	5年	買収会社: −10.3%**
Rau and Vermaelen[1998]		1980-1991年	3年	合併: −4.04%*** TOB: +8.85%***
Slovin and Sushka[1998]	親子間合併	1970-1993年	−1〜0日	親会社: +2.13%*** 子会社: +18.53%***
Gleason et al.[2006]	全株式の再取得	1981-2001年	−1〜+1日	買収会社:1.52%** 被買収会社:12.21%***
Jain[1985]	事業売却	1976-1978年	−1日	売却会社: +0.44%*** 買収会社: +0.34%**
Mulherin and Boone[2000]		1990-1999年	−1〜+1日	会社分割: +4.51%*** 子会社上場: +2.27%*** 事業譲渡: +2.60%*** 売却会社全体: +3.04%***
Hite et al.[1987]		1963-1978年	−1〜0日	売却会社: +1.66%** 買収会社: +0.83%**
Lang et al.[1995]		1984-1989年	−1〜0日	負債返済G: +3.92%*** 再投資G: −0.48% 売却会社全体: +1.41%***
Wruck[1989]	第三者割当増資	1979-1985年	−1〜0日	増資会社: +1.89%*
Krishnamurthy et al.[2005]		1983-1992年	−1〜0日	増資会社: +1.43%***
Barclay et al.[2007]		1979-1997年	−1〜0日	増資会社: +1.7%***
Chan et al.[1997]	戦略的提携	1983-1992年	0日	提携会社: +0.64%***
Das et al.[1998]		1987-1991年	0〜+1日	提携会社: +0.5%*

(注1) *は10％水準で，**は5％水準で，***は1％水準で有意であることを示している。
(注2) 長期株主価値効果研究に関しては買収会社サイドの株式リターンを示す。

株式リターンを考慮したモデルを用い，ベンチマーク・インデックスとしてCRSP加重平均インデックスを用いることで，買収企業の長期株式月次平均超過リターン（3年間）が有意なプラスになるとしている。

Agrawal et al.［1992］では，会社の規模の効果を考慮したモデルでM&A後60ヵ月後までの買収企業の長期株価パフォーマンスを測定している。これによれば，M&A後13ヵ月以降において買収企業の株式累積超過リターンが統計的に有意なマイナスになると報告されている。

また，より最近の研究であるRau and Vermaelen［1998］では，1980年1月～1991年12月に行われたM&Aに関して，企業規模とPBRをコントロールしたインデックスとの間における長期（3年間）の株式超過リターンを測定している。サンプル全体を対象とした実証結果において，合併実施企業に関してはマイナス（−4.04％），TOB実施企業に関してはプラス（＋8.85％）の有意な超過リターンが発生するという結果を得ている。

　短期の株主価値効果を測定する研究とは違い，長期の株主価値効果を測定する研究では一貫性のある結果が得られていない。Fama［1998］は，過去に行われた長期の株主価値効果研究をレビューした上で，この種の研究は分析モデル上の問題が多く，その頑健性は低いと論じている。またAndrade et al.［2001］も，株式超過リターンの測定期間が長くなるほど期待収益率の算定が難しくなるために，長期的な株式超過リターンを測定する研究には実証上大きな問題があると指摘している。以上の先行研究を踏まえると，長期の株式超過リターンを測定する研究には，M&Aのイベント以外のノイズの影響が大きくなりすぎるために，様々な要因をコントロールしたとしてもM&Aそのものの効果を抽出することが難しいという問題点が存在していると考えられる。

　前述のように，米国ではそもそも上場子会社がほとんど存在しないため，完全子会社化に類するイベントに関する実証研究は非常に少ない。その中で，日本における完全子会社化に近いイベントにおける短期の株価効果研究を行ったのが，Slovin and Sushka［1998］である。これは，米国における親子会社間合併を対象とした研究であり，親会社の持株比率が50％超の子会社と親会社が合併した場合の株価効果について実証している。1970～1993年に親会社が子会社を合併した案件についてアナウンスメント日前日から当日の2日間における株式累積超過リターンを測定すると，子会社株式には統計的に有意な正の累積超過リターン（＋18.53％）が，親会社株式にもわずかではあるが統計的に有意な正の累積超過リターン（＋2.13％）がもたらされていると述べており，親子間合併は株主価値を増加させていると報告している。また，親子間の経営統合のメリットとして，規模の経済性，範囲の経済性，管理機能重複の除去およびガバナンス構造の統合・強化が考えられるとしている。

また，Gleason et al.［2006］では，上場した元子会社の全株式の再取得の公表が，買収会社および被買収会社の株価に対してポジティブなインパクトを与えることを報告している。

日本における事業譲渡に対応する米国の研究としては，事業売却（Divestiture, ダイベスティチャー）に関する実証研究が挙げられる。

Jain［1985］は，1976～1978年に行われた自発的事業売却の株主価値効果を測定している。これによれば，アナウンスメント日の前日に売り手企業で＋0.44％，買い手企業で＋0.34％といずれも統計的に有意なプラスの超過リターンが発生していると報告している。

Mulherin and Boone［2000］では，1990年代に行われた様々な形態のダイベスティチャー（事業売却）について，アナウンスメント日前後3日間の株主価値効果を測定している。ダイベスティチャーを会社分割（Spinoffs），子会社上場（Carve-outs），事業譲渡（Asset Sales）に分けて売り手企業の株主価値効果を分析した結果，会社分割では＋4.51％，子会社上場では＋2.27％，事業譲渡では＋2.60％，全体としては＋3.04％のいずれも統計的に1％水準で有意なプラスの超過リターンが得られたと報告している。また，米国国内企業同士の事業譲渡のみに絞って売り手側と買い手側の株主に対する株式累積超過リターンを測定すると，売り手側で＋1.75％，買い手側で＋1.34％，両者の加重平均値は＋1.18％となり，それぞれ統計的に有意な値となることが報告された。

Hite et al.［1987］は，1963～1978年に行われた自発的事業売却に関して短期の株主価値効果を測定した研究である。この研究においても，アナウンスメント日前日と当日の2日間における株式累積超過リターンは売り手企業で＋1.66％，買い手企業で＋0.83％となり，それぞれ統計的に有意であるという結果が報告されている。また両者の株式超過リターンがプラスとなったことの理由として，会社の部分売却（Partial Selloffs）が経営資源の効率的配置に貢献していることを挙げている（効率的配置仮説）。

事業売却の動機に関して別の視点を提示しているのが，Lang et al.［1995］であり，1984～1989年の間に米国企業が実施した大規模な事業売却の動機と株式市場からの評価を分析している。この研究では，まず事業売却を行った企業

群の特徴を分析し，事業売却の動機を探っている。これによれば，事業売却を行った企業群の財務状況および収益性が悪く，事業売却発表以前の株式リターンも有意なマイナスを示すとされている。即ち，企業は単純に資産の効率的配置を目的に事業を売却するのではなく，自社の財務状況が事業売却という経営行動に影響を与えていることを報告している。この結果を基に，企業の経営者は資源の効率的配置を目的に事業売却を実施するのではなく，負債の返済などのための資金調達の必要性に迫られて初めて事業売却を行うという「資金調達仮説」が支持されると主張している。また，事業売却に対する株式市場の反応も分析しており，事業売却によって調達した資金を負債返済に用いたサンプル企業に対して市場は統計的に有意なプラスの評価（アナウンスメント日前日から当日にかけての2日間累積株式超過リターンが＋3.92％，アナウンスメント日前後10日間で同＋5.65％）をするのに対して，自社の事業に再投資するサンプル企業に対して市場は有意な反応を示さない（同2日間で－0.48％，同10日間で＋0.65％）ことを明らかにした。この結果から，Lang et al.［1995］では株式市場が「資金調達仮説」に基づく経営者の行動を支持していると論じている。

　資本参加の一形態である第三者割当増資については，総じて1～2％のプラスのリターンが得られているとしているものが多い。例えば，Wruck［1989］では，1979～1985年にかけて行われた第三者割当増資について，増資を行った会社におけるアナウンスメント前日から当日にかけての累積株式超過リターンが＋1.89％であるという結果を報告している（10％水準で統計的に有意）。さらに，Krishnamurthy et al.［2005］やBarclay et al.［2007］においてもプラスで統計的に有意な株式超過リターンを観測している。

　資本参加は，多くの場合戦略的提携関係の創設を伴うことが多いことから，戦略的提携に関する先行研究についても取り上げておく。Chan et al.［1997］は，1983～1992年に行われた戦略的提携を取り上げ，その公表当日に＋0.64％の株式超過リターンが観測され，この超過リターンは統計的に有意なプラスであることを報告している。また，Das et al.［1998］では，1987～1991年にかけて行われた戦略的提携の公表当日から1日後にかけての累積株式超過リターンが＋0.5％であるとの結果を示している。リターンのプラスの幅は第三者割

当増資に比べて小さいものの，概ねプラスの傾向であることが示されていると言えるだろう。

3.2 日本の実証研究と課題

　日本においては従来M&A案件の数が少なかったこともあり，米国と比較して実証研究の蓄積は非常に少ない状況ではあるが，伊藤［1992］以降，日次の株式超過リターンを用いてM&Aの効果を測定する研究が進められつつある。ここでは，そうした日本における短期株価効果研究に焦点を当ててレビューを行い，米国における実証研究も勘案して完全子会社化，事業譲渡および資本参加に関する研究を進めていく上での課題を抽出する。

　日本国内における先駆的な研究として，上述の伊藤［1992］が挙げられる。この研究では，1971〜1987年の間の合併のうち買収企業および被買収企業の双方が上場している案件を対象に，市場モデルを用いて短期間の株式超過リターンを測定している。これによるとアナウンスメント日前日の株式平均超過リターンは，被買収企業では有意な正の値（＋2.63％）をとる一方で，買収企業では有意な値をとらない（−0.09％）ことが示されている。

　また，日本国内を対象に銀行によるモニタリング効果に着目して株価効果を分析した研究としては，Kang et al. ［2000］がある。この研究では，1977〜1993年の間に行われた合併を対象に，アナウンスメント前1日〜アナウンスメント当日の2日間における買収企業サイドの株式超過リターンを測定している。この研究では，サンプル全体では平均累積超過リターンが1％水準で有意な正の値（＋1.17％）となるという結果を得ており，さらに有力都市銀行グループに属する企業においては平均累積超過リターンが有意な正の値（＋1.2％）をとる一方で，そうでない買収企業における累積超過リターンは有意にならない（＋0.5％）という結果が示された。これは，有力銀行によるモニタリング機能が，有効なリストラクチャリングを促進していると株式市場が評価するとの見方を支持するものである。

　薄井［2001］では，1989〜1999年にかけて行われた上場企業同士のM&Aについて株式超過リターンを測定している。これによれば，米国における多くの

図表2-2　日本における主な株主価値効果研究

研究	種別	サンプル期間	測定期間	株価効果（CARまたはAAR）
伊藤[1992]	合併	1971-1987年	−1日	買収会社：−0.09%
				被買収会社：+2.63%***
Kang et al.[2000]		1977-1993年	−1〜0日	買収会社全体：+1.17%***
				都市銀G：+1.2%***
				非都市銀G：+0.5%
薄井[2001]	合併,買収,資本提携,事業譲渡	1989-1999年	−1〜+1日	買収会社：+1.621%***
				被買収会社：+4.078%***
井上・加藤[2006]	合併,買収	1990-2002年	−1〜+1日	買収会社：+1.51%*
				被買収会社：+4.37%***
飛田[2005b]	完全子会社化	1999-2003年	−1〜+1日	親会社：−0.69%
				子会社：+7.96%**
志馬[2006]		2002-2005年	−1〜+1日	親会社：−0.28%
				子会社：+0.10%
大坪[2011]		1999-2004年	−1〜0日	親会社：0.72%*
				子会社：2.50%***
村松・宮本[1999]	事業譲渡	1991-1996年	0日	売却会社：−0.70%
宮本[2001]		1991-1998年	0日	売却会社：−0.57%
				買収会社：+0.73%***
小本[2001]	子会社公開	1996-1999年	−1〜+1日	親会社：+3.1%***
大坪[2011]		1985-2005年	−1〜0日	親会社：1.47%***
阿萬[2003]	第三者割当増資	1990-1999年	0〜+1日	増資会社：+5.63%***
鈴木[2008]		2001-2005年	0日	増資会社：0.98%***
保田[2011a]		1990-2008年	−1〜+1日	増資会社：4.6%***

（注1）*は10％水準で，**は5％水準で，***は1％水準で有意であることを示している。

　先行研究と同様に，被買収企業の株主は買収企業の株主と比較してより大きなリターンを得ており，t=−1〜+1（取引日ベース）のイベントウィンドウで累積超過リターン（CAR）を測定すると，買収企業では+1.62%，被買収企業では+4.08%であり，いずれも統計的に有意であることが示されている[9]。

　井上・加藤[2006]は，1990年4月〜2002年4月1日の間に行われた上場企業間のM&Aをサンプルとし，M&Aアナウンスメント日前後3日間をイベントウィンドウで市場調整リターンモデルに基づくCAR（株式累積超過収益率）を測定している。これによれば，買収企業では+1.51%（10％水準で有意），対象企業では+4.37%（1％水準で有意）のCARが観測されると報告されている[10]。また，取引完了時期別の分析によれば，1999年3月以前の取引におけるCARは買収企業で−1.19%，被買収企業で+1.08%と，双方ともに統計的に有

意な値でなかったのに対し，1999年4月以降に行われた取引に関しては買収企業で＋3.01％，被買収企業では＋5.97％となり，いずれも統計的に有意なプラスの値となることが示された[11]。このことから，日本国内において，より最近に行われたM&A取引の短期的な株主価値効果が大きい一方，1999年3月以前の取引は株主価値の増加に貢献していないと論じている。

近年になり，日本における完全子会社化の株主価値効果を測定する研究も少しずつではあるが行われてきている。ここでは，完全子会社化の株主価値効果に関する実証研究として，飛田［2005b］，志馬［2006］および大坪［2011］についてレビューする。

飛田［2005b］は，1999～2003年にかけて行われた東証1部，2部上場企業を対象とした完全子会社化の短期的な株主価値効果を測定した。これによれば，アナウンスメント日前後3日間のイベントウィンドウで測定したCARは，子会社（被買収企業）で＋7.96％，親会社（買収企業）で－0.69％となり，子会社のCARのみ統計的に有意であるという結果を得ている。他のイベントウィンドウについても傾向は同様であり，子会社ではプラスの超過リターンが発生する一方で，親会社の株式超過リターンはどちらかといえばマイナスの傾向を示すとされている。

志馬［2006］は，東証1部，2部に上場されている企業を対象に，2002～2005年の間に株式交換によって完全子会社化された事例について，株主価値効果を測定した。これによれば，アナウンスメント日前後3日間のイベントウィンドウでCARを測定すると，子会社で＋0.10％，親会社では－0.28％と変動幅が非常に小さく，いずれも統計的には有意な結果が得られていない。この点で，志馬［2006］によって得られた結果と飛田［2005b］の結果は整合的ではない。

大坪［2011］では，1999～2004年度における子会社化の完全子会社化を対象として，親会社ならびに子会社の株価反応を分析している。この研究では，アナウンスメント前日から当日にかけてのCARは，親会社で＋0.72％（10％水準で統計的に有意），子会社で＋2.50％（1％水準で統計的に有意）となることを報告している[12]。

事業譲渡の株価効果を分析した研究も，日本ではその数が非常に少なく，筆

者がサーベイする限り，村松・宮本［1999］および宮本［2001］と，子会社上場・公開（カーブアウト）に関する小本［2001］および大坪［2011］があるのみである。

村松・宮本［1999］では，1991年10月〜1996年9月の間に東証上場企業が事業譲渡を行った案件について売却会社サイドの株主価値効果を測定したが，統計的に有意な結果は見られなかった[13]。

また，宮本［2001］では1991年10月〜1998年10月までに東証上場企業が事業譲渡を行った案件の株価効果を，売却会社サイドと買収会社サイドの双方から分析している。これによると，売却会社サイドにおける株式超過リターンはややマイナスの傾向を示し，買収会社サイドの株式超過リターンは有意なプラスの傾向を示すとされている。しかしながら，アナウンスメント前後の日次リターンの傾向が一貫しておらず，明確な結果は得られていない。

小本［2001］は，子会社上場・公開（カーブアウト）について親会社の株主に対する株式超過リターンを測定した研究である。1996〜1999年の4年間に子会社を上場させた70件のサンプルについて株式超過リターンを測定した結果，アナウンスメント前後3日間（$t=-1〜+1$）における株式累積超過リターンは＋3.1％であり，統計的にも有意な値となった。また，株式累積超過リターンは，親会社のROAが高く，子会社公開後の親会社の持株比率が高く，（公開時における）親会社の持株比率の低下幅が大きいほど高くなる傾向にあることを報告している。

また，1985〜2005年にかけて行われた子会社上場における親会社の株価反応を分析した大坪［2011］では，アナウンスメント前日から当日にかけてのCARが＋1.47％となり，統計的にも1％水準で有意であることを示している。

資本参加全体についてイベント・スタディを行った研究は筆者がサーベイする限り見当たらないが，資本参加の一形態である第三者割当増資についてはいくつかの研究成果が報告されている。阿萬［2003］は，1990〜1999年にかけて行われた日本国内における第三者割当増資において，増資を行った会社の株式超過リターンが＋5.63％であることを報告している。また，鈴木［2008］および保田［2011a］においても，第三者割当増資は概ね増資を行った会社に対し

てプラスの株価効果をもたらすと報告されている。

　以上の先行研究を勘案すると，日本国内における企業再編の株主価値効果研究は米国と比較すると未だ十分に蓄積されているとは言い難い状況にある。それでも，通常のM&Aに関する実証研究は徐々に結果が蓄積されてきており，それらの研究ではほぼ整合的な結果が得られている。

　一方で，完全子会社化および事業譲渡を対象とした実証研究についてはその数も非常に少なく，そこで得られている結果が必ずしも整合的であるとは言えない。また，事業譲渡に関しては，日本における事業譲渡が活発化した1990年代末以降のサンプルを含めた分析は未だ行われておらず，近年の事業譲渡による「選択と集中」が日本の株式市場からどのように評価されているのかを特定することはできない。また，資本参加については，その一形態である第三者割当増資がプラスの株価効果をもたらすことが先行研究において示されている。しかしながら，資本参加の形態としては第三者割当増資の他，自己株式の処分や相対での譲渡，市場での買い付けなど様々な形態が考えられる中，資本参加全体として株主価値が増加したか否かについては筆者がサーベイした限り検証した研究は現在のところ見当たらない。部分買収とも言える資本参加が株価に与える影響についても研究課題として残されていると考えられる。今後も日本国内での実証研究を積み上げ，以上のような点を明らかにしていくことは，日本における企業再編の株主価値効果研究を進める上での課題と言えるだろう。

4　財務業績効果研究

4.1　米国における実証研究

　米国においてM&Aの企業価値向上効果を測定する研究としては，第3節でレビューした株主価値効果研究が数多く行われている。しかしながら宮島[2007]でも指摘されているように，市場の反応は企業価値の向上以外の要因によっても変わってくる可能性があるため，実際にM&Aが企業の組織効率を高めたか否かを確認するには長期的な観点での分析が必要とされる[14]。こうし

図表2-3　米国における主な財務業績効果研究

研究	種別	サンプル期間	測定期間	測定指標と結果
Ravenscraft and Scherer [1987a]	合併,買収	1950-1977年	−1y, +9y	・セグメント別業種平均値調整済ROAを使用 ・M&A前と比較して，M&A後のROAが有意に低いことを示す
Healy et al.[1992]		1979-1984年	−5〜+5y	・営業CFを時価ベース総資産で除した指標を用いる ・M&A前の財務業績は有意な値ではなかったが，M&A後は有意な正
Clark and Ofek[1994]		1981-1988年	−3〜+3y	・営業CFを売上高で除した指標を用いる ・M&A前に比べてM&A後の財務業績が低下
Parrino and Harris[1999]		1982-1987年	+1〜+5y	・Healy et al.[1992]と同様の指標を使用 ・合併後の財務業績は有意なプラス
Montgomery and Thomas[1988]	事業売却	1976-1979年	−1〜+1y	・ROA,流動比率,ICR,負債比率 ・実施前に比べて実施後においてはコントロール企業との差が縮まったものの，依然として財務業績はコントロール企業を下回る
Cho and Cohen[1997]		1983-1987年	−4〜+4y	・Healy et al.[1992]と同様の指標を使用 ・実施前に財務業績が急速に低下するが，実施後には回復に転ずる
Hertzel et al.[2002]	第三者割当増資	1980-1996年	−3〜+3y	・ROA(営業利益,当期純利益ベース) ・増資実施前後の財務業績は統計的に有意なマイナス
Chou et al.[2009]		1980-2000年	−3〜+3y	・Hertzel et al.[2002]と同様の指標を使用 ・増資実施前後の財務業績は統計的に有意なマイナスである年が多い

た点が，米国において財務業績効果研究が進展した背景となっていると推測される。

　ここでは，まず合併および買取の財務業績効果についての研究をレビューした後，事業売却および第三者割当増資の効果を測定した研究を見ていくことにする。なお，完全子会社化に類する企業再編について財務業績効果を測定した先行研究は筆者がサーベイする限り見当たらない。

　Ravenscraft and Scherer [1987a] は，1950〜1977年に行われたM&A案件

について，事業セグメント別の会計データを用いてM&Aの効果を検証した。測定指標としては，業種平均値調整済ROAを使用している。この研究によれば，M&A前と比較してM&A後の当該事業セグメントのROAが低下しており，この低下は統計的にも有意であると報告している。

　Healy et al.［1992］はROAやROEといった伝統的な指標が経営者の会計政策による影響を受けやすいことを指摘し，営業キャッシュフローを時価ベース総資産（負債簿価＋株式時価総額）で除した指標（営業キャッシュフローリターン）を用いてM&A前後の買収企業および被買収企業を合算したパフォーマンスを測定した（なお，営業キャッシュフローリターンについては業種中央値を差し引いて調整している）。サンプルは，1979年1月～1984年6月までの大規模なM&A上位50件である。これによると，営業キャッシュフローリターンは，M&A前ではゼロとの間で有意な差が見られなかったが，M&A後には有意な正の値をとっていると報告されている。また，M&A前営業キャッシュフローリターンとアナウンスメント前後の株式累積超過リターンを説明変数とし，M&A後営業キャッシュフローリターンを被説明変数とする回帰分析を行ったところ，株式累積超過リターンの係数は有意な正の値となっており，短期の株価効果はキャッシュフローの改善効果を概ね正しく反映しているという結果を得ている。

　Clark and Ofek［1994］では，1981～1988年の間に行われた業績不振企業を被買収企業とする買収38件のパフォーマンスを，財務業績指標を用いて検証している。この研究では，Healy et al.［1992］が用いた営業キャッシュフローリターンは会社業績に対する株式市場からの期待の影響を受けやすい点を指摘し，営業CFを売上高で除した指標を用いて分析を行っている。これによれば，M&A前後各3年間の財務業績を測定した結果，M&A前の財務業績は業種水準より高かったのに対してM&A後の財務業績はマイナスになっており，M&A後に財務業績がやや低下していることを示した。同じサンプルでのアナウンスメント日前後（－5～＋1日）におけるCARは，被買収企業で＋24.6％（5％水準で有意），買収企業では－1.4％（統計的に有意ではない），両者の加重平均値では＋4.8％（5％水準で有意）となり被買収企業および加重平均では

有意な正の値となっていたが，上記の財務業績変動の結果はアナウンスメント時における株式市場の反応とは食い違うものとなっている。

　Parrino and Harris［1999］は，Healy et al.［1992］と同様の手法を用いて1982〜1987年のM&A案件197件についてM&A効果の実証を行った。これによると，サンプル全体ではM&A後の営業キャッシュフローリターン（5年間の平均値）は有意な正の値（+2.1％）をとるという結果を報告している。さらに，この研究ではM&Aのタイプ別に「経営陣の交代（経営改善効果を狙いとしたM&A）」「産業内統合（規模の拡大を狙ったM&A）」「成長のための資金調達（親会社・合併会社からの資金調達強化を目的としたM&A）」「その他」といったサブグループに分けた分析も行っている。その結果，「経営陣の交代」はM&A後の財務業績向上効果に対して正の関係性があり，「成長のための資金調達」は負の関係性を持つということが報告されている。

　事業売却（Divestiture）に関して財務業績効果を測定した研究としては，Montgomery and Thomas［1988］やCho and Cohen［1997］がある。ここでは，その2つの研究についてレビューする。

　Montgomery and Thomas［1988］は，1976〜1979年に行われた，Fortune500の企業による自発的事業売却68件を抽出し，その財務業績効果を測定した研究である。測定指標としては総資産利益率（ROA），流動比率（CR），インタレスト・カバレッジ・レシオ（ICR），負債比率（DR）を使用し，事業売却実施前にはすべての指標においてサンプル企業の数値がコントロール企業の数値に比べて低かったものが，事業売却実施後にはその差が縮まる傾向にあることを報告した。しかしながら，事業売却後に関してもCRを除いてはサンプル企業の数値はコントロール企業と比較して有意に低い状況であった。

　Cho and Cohen［1997］では，前述のHealy et al.［1992］の手法を用いて事業売却を行う企業の動機と事業売却後のパフォーマンスを分析している。測定の結果，事業売却以前において売却企業の営業キャッシュフローリターン（業種中央値調整後）はプラスで推移してきたが，事業売却の直前になって急速に低下して事業売却発表年度にはマイナスにまで落ち込んでおり，事業売却は会社全体のパフォーマンスの急速な低下によって引き起こされていると報告して

いる。さらに，事業売却後には営業キャッシュフローリターンに改善がみられ，その値が業界水準並まで回復することが示されている。

第三者割当増資を行った企業の財務業績について分析したHertzel et al. [2002] ならびにChou et al. [2009] では，増資の実施前後において，営業利益ベースおよび当期純利益ベースのROAがいずれも増資を行わなかった企業と比較して低いことを明らかにしている。そもそも増資前の財務業績が低い企業が第三者割当増資を行っていることと，増資後も決して業績は改善されていないことを示していると考えられる。

4.2 日本の実証研究と課題

日本国内においても，M&Aの財務業績を測定する研究が行われている。ただし，完全子会社化および事業譲渡の効果を上記の手法で検証した研究は筆者の知る限り存在しない。そこで，ここでは合併，買取および第三者割当増資を対象とした財務業績効果研究に関するレビューを行うこととする。

Odagiri and Hase [1989] は，日本国内を対象として財務業績効果を測定している。この研究では1980～1987年に行われたM&Aを対象に，ROAと売上高成長率（それぞれM&A非実施企業の数値で調整）によりパフォーマンスを測定している。その結果，M&A後にはROAおよび売上高成長率が低下傾向を示しており，M&Aによって経営成果が改善したという事実は見られないと結論付けている。また，M&Aの目的を製品拡張型，水平型（同業種の会社同士のM&A），マーケティング強化型に分類し，それぞれに該当する場合には1を，該当しない場合には0の値をとるダミー変数を説明変数とし，ROAおよび売上高成長率のM&A前後における変化を被説明変数とする重回帰分析を行った結果，ROAの変動に対しては製品拡張型M&Aがプラスの影響を及ぼす一方で水平型M&Aがマイナスの影響を与えており，売上高成長率の変動に対してはマーケティング強化型M&Aがプラスの影響を与えていることが明らかになった。

Yeh and Hoshino [2002] は，1970～1994年に日本国内で合併を行った企業の財務業績変動をROA，ROE，売上高成長率などを基に分析している。これによれば，合併後にはROA，ROE，売上高成長率の低下が見られ，合併後に

図表2-4　日本における主な財務業績効果研究

研究	種別	サンプル期間	測定期間	測定指標と結果
Odagiri and Hase[1989]	合併, 買収, 資本参加	1980-1987年	$-3\sim +3y$	・ROAおよび売上高成長率を使用 ・M&A後にROAおよび売上高成長率が低下
Yeh and Hoshino[2002]	合併	1970-1994年	$-4\sim +4y$	・ROA, ROE, 売上高成長率など ・合併後にROA, ROE, 売上高成長率に低下傾向が見られる
小本[2002]		1981-1995年	$-5\sim +5y$	・ライバル企業と比較した相対的ROAを使用 ・ROAは合併直前に低下し, 合併直後やや回復するもののその傾向は統計的に有意でない
Kruse et al.[2007]		1969-1999年	$-5\sim +5y$	・Healy et al.[1992]と同様の指標を使用 ・M&A後に財務業績が上昇しており, その上昇は統計的に有意
長岡[2005]		1985-2003年	-	・パネルデータを用いて合併の効果を売上成長率, 雇用成長率, 総資産営業利益率に基づき測定 ・合併により, 売上高成長率は有意に上昇するが, それ以外の指標に関しては有意な変動は見られない
保田[2011b]	第三者割当増資	1990-2008年	$-3\sim +3y$	・Hertzel et al.[2002]に沿った指標（ROA）を使用 ・実施年度およびその翌期において実施企業の財務業績が有意に低い。その後は未実施企業と比較しても業績に差はない

財務業績が悪化する傾向にあることを報告している。特にROAおよび売上高成長率に関しては，同一系列内での合併がその数値を悪化させることが明らかとなった。

小本［2002］では，1981～1995年に実施された日本国内での合併48件を対象に，ROAを測定指標とした財務業績効果研究を行っている。これによると，ライバル企業との比較による「相対的ROA」は，合併直前に低下し，合併直後には若干の改善が見られているが，統計的には有意な結果が得られていない。

Kruse et al.［2007］は，Healy et al.［1992］の手法に基づき，1969～1999年の間に東証に上場している日本企業同士で合併を行った69件の事例について実証研究を行ったものである。M&A前にマイナスだった営業キャッシュフローリターンは，M&A後には有意ではないものの正の値になっており，前後の

比較では統計的に有意なパフォーマンスの改善が見られると報告している。また，特に多角化合併はM&A後の営業キャッシュフローリターンに対する改善効果が大きいこと，合併企業の財務レバレッジが営業キャッシュフローリターンにマイナスの影響を及ぼす一方で，被合併企業の財務レバレッジはプラスの影響を及ぼすことが示されている。

長岡［2005］では，1985〜2003年に合併を行った上場企業（日本国内）の総資産営業利益率，売上成長率，雇用成長率を分析している。分析の結果としては，合併・買収によって売上成長率は上昇するものの，対等合併の場合にはマイナスに転じることが示されており，雇用成長率に関しても対等合併の場合にはマイナスになることが報告されている。また，総資産営業利益率は合併の前後で有意な変動を示さないと論じている。

保田［2011b］では，第三者割当増資を行った企業において，増資実施年度およびその翌期において増資を行わなかった企業と比較して有意に財務業績が低いことを明らかにしている。その一方，実施前および実施後翌々年度以降では実施企業と未実施企業の間に業績の差がないことを報告している。この点は，米国における先行研究とは傾向を異にしている。

以上の先行研究を概観すると，日本におけるM&A後の財務業績変動はどちらかといえばマイナスの方向に振れていると見られる。しかしながら，比較的最近までのサンプルを抽出しているKruse et al.［2007］では，日本企業の合併が財務業績に対してプラスの効果をもたらすという結果を得ている。従って，特に近年日本国内で行われたM&Aが財務業績に対してどのような効果をもたらしたのかを特定することは，今後の日本国内における研究の課題と言えるだろう。

また，日本において完全子会社化，事業譲渡，資本参加といった企業再編が財務業績の改善につながったかどうかについては，蓄積された証拠が少なく，未だ判然としない。これらの企業再編の重要性に鑑みれば，今後研究を進めるべき分野であると考えられる。

5 効果を左右する主な要因

　前述のような株主価値効果ならびに財務業績効果に対して影響を及ぼしうる要因に関しては，先行研究においてもすべてが明らかになっているわけではない。Jensen and Ruback［1983］は，株主価値効果に影響を与える要因は複数であり，1つの要因に特定することは難しいと述べている。しかしながらその後行われた研究によって，企業再編の企業価値向上効果に影響を及ぼしうる要因に関するいくつかの仮説が構築されるに至っている。ここではその要因について，合併・買収を行う場合の要因および事業売却や資本参加時における特有な要因という視点から代表的なものについて検討していく。

5.1 合併・買収時の要因

　合併・買収の際の企業価値向上効果を左右する主な要因についての仮説として，①経営効率，②事業の関連性，③株主構成，④買収プレミアム，⑤支払対価，⑥競合性および敵対性の6つが挙げられる。ここでは，それぞれの要因に関する先行研究を検討する。

①　経営効率

　企業買収後の企業価値向上を裏付ける効果の1つが，第2節でも述べた経営改善効果である。経営効率という要因は，この経営改善効果と密接に関連している。

　前述のように，Lang et al.［1989］はトービンのqを経営効率の代理変数として用いて株式超過リターンの測定を行った。これによれば，買収企業自身のトービンのqが高く（経営効率が高い），被買収企業のトービンのqが低い（経営効率が低い）場合に買収企業の株式超過リターンは最も高くなると述べており，経営効率の高い企業による低い企業の買収は，高い株主価値効果を生み出すと結論付けている。同時期に行われた研究であるServaes［1991］も，Lang et al.［1989］と整合的な実証結果を得ている。また，日本国内においても薄

井［2001］がこれらの研究と整合的な実証結果を報告している。

Morck et al. ［1990］は，買収企業の経営効率を測る指標として利益成長率および過去の株式リターンを用いてM&Aアナウンスメント時の株価価値効果を測定した結果，買収企業の経営効率が高いほどアナウンスメント時の買収企業の株式超過リターンが高くなるという結果を報告している。またKang et al. ［2000］は，日本国内における1977～1993年までの合併をサンプルとした実証研究において，買収企業のM&Aアナウンスメント以前の（産業別補正後）株式超過リターンと合併アナウンスメント時の株式超過リターンとの間には正の関係があると報告しており，Morck et al. ［1990］を支持する結果を得ている。

一方，Rau and Vermaelen ［1998］の結果は，トービンのqを用いたLang et al. ［1989］やServaes ［1991］の報告に疑問を投げかけるものである。これによれば，M&A後の買収企業における長期の株主価値効果は低PBR企業群（トービンのqが低い企業群）ほど高くなる傾向があり，高PBR企業群（トービンのqが高い企業群）では低くなるとされている。低PBR企業が買収を行った際に株式市場が短期的には悲観的な見方をしており，その後評価が上方修正される一方で，高PBR企業の場合には短期的には株式市場がそのM&Aを過大評価している傾向があることを示す結果であると，Rau and Vermaelen ［1998］は指摘している。Shleifer and Vishny ［2003］の見方に従うならばトービンのqは経営効率の代理変数ではなく株価の過大評価・過小評価の代理変数であり，トービンのqが高い企業群の経営者は過大評価された株価の維持のために株価が過小評価されている企業を買収する傾向にあると解釈できる。こうした観点からすると，トービンのqを経営効率の代理変数として用いることには疑問が生じることとなる。

以上の先行研究のいくつかは，買収企業の経営効率が高い場合には買収後の企業価値向上効果が高くなることを示しているが，一方で経営効率の代理変数として，トービンのqを用いる是非については検討の余地が残されている。また，上述の先行研究はいずれも株主価値効果に対して与える影響について述べられているが，財務業績効果との間にどのような関係があるのかという点については先行研究では明らかにされていない。こうした点は，経営効率が企業再

編効果にどのような効果を与えるのかを検討する上での課題であると考えられる。

② 事業の関連性

事業の関連性も，企業再編の効果に大きな影響を及ぼしうる。企業再編に当たって想定される大きな効果の1つがシナジー（範囲の経済）であることは既に述べたが，異業種間の多角化型M&Aに比べ，同業種間での水平統合を目的とした水平型M&Aの方が未利用資源の有効利用を促進するならば，水平型M&Aの方が企業価値向上に貢献しうることになる。Berger and Ofek [1995] は，多角化企業（マルチ・セグメント企業）の価値はそうでない企業（シングル・セグメント企業）と比較して価値毀損を来していると報告しているが，こうした結果は上記の見方を裏付けているものと言える。

同業種間の企業再編の効果について，Eckbo [1983] は別の視点から仮説を提示している。これによれば，同業種間の水平型合併は業界内での競争を回避するための活動であると位置付けており，この競争回避が株主価値を生み出している可能性があると述べられている。即ち，同業者間合併の効果は規模の拡大等による生産性向上が生み出すのではなく，競争環境の改善が価値向上の源泉であるとの主張である。しかしながら，Eckbo [1983] においてはこの仮説を支持する検証結果は得られていない。

Morck et al. [1990] は，特に1980年代の同業種間合併が，同時期の異業種間合併と比較して買収企業にとっての短期的な株主価値向上効果が高いことを示している。また，日本国内の合併について調査したKang et al. [2000] においても，同業種間合併の買収企業サイドにおける短期の株式超過リターンが統計的に有意な正の値になっているのに対し，異業種間合併では有意な結果とならないことを報告しており，薄井 [2001] も同様の結果を得ている。また，米国における1962～2001年のTOBに関する実証研究であるBhagat et al. [2005] では，同業種間のTOBが買収企業の株主価値に対してプラスの効果をもたらすと述べている。

Agrawal et al. [1992] は，買収企業における長期の株主価値効果に関して

水平取引(同業種間取引)の方が多角化取引(異業種間取引)に比べて株式超過リターンのマイナス幅が大きくなることを示している。また,Sirower[1997]は事業の関連性は買収企業の短期の株主価値向上に対して大きな影響を及ぼさないと報告する一方,長期的には統計的有意性はやや低いものの事業の関連性と株主価値向上の間には正の関係性があるとしている。

　上述のように,株主価値に対して事業の関連性が及ぼす影響に関しては一貫した傾向が見られていないが,短期の株価効果については概ね事業の関連性がプラスに影響すると報告する研究が多い。では,財務業績効果についてはどうだろうか。Healy et al. [1992]では,合併企業と被合併企業の業種が同じ場合,そうでない場合と比べて合併後の営業キャッシュフローリターンが高くなることを示している。一方,同様の測定指標を用いて日本企業同士の合併が財務業績に及ぼす影響を測定したKruse et al. [2007]では,異業種間合併の方が同業種間合併に比べて財務業績向上効果が高いことを報告している。従って,財務業績効果研究においても,事業の関連性が及ぼす影響は必ずしも一貫していない。

　事業の関連性が株主価値効果に及ぼす影響と財務業績効果に及ぼす影響が食い違う可能性もある。株主価値効果研究および財務業績効果研究の双方をサーベイしたCaves [1989]によれば,M&Aアナウンスメント時の株主価値は買収企業,被買収企業ともに増加しているものの,M&A後の市場シェアおよび収益性は逆に低下傾向にあり,株式市場が期待したようなシナジーの効果が得られていないと述べられている。こうした見方を踏まえると,株式市場がシナジーの効果を期待して同業種間の企業再編をプラスに評価する一方で,同業種間の企業再編が財務業績効果に対してはマイナスに作用する可能性も考えられる。

　以上のように,事業の関連性が株主価値効果および財務業績効果に対して及ぼす影響は先行研究間で一貫していない。しかしながら,類似業種間の合従連衡による経営効率改善がM&Aの主要な目的の1つであることも踏まえると,事業の関連性が株主価値効果あるいは財務業績効果に対してどのような影響を及ぼすのかは重要な研究テーマであると言えよう。

③ 株主構成

3つ目の要因は，被買収企業，被合併企業の株主構成である。

Shleifer and Vishny［1986］は，大株主（Large Shareholder）が企業のコントロールに対して及ぼす影響に関する理論的研究であるが，これによれば大株主が存在する企業においては株主が分散している企業に比べて，非効率な経営を行っている企業の経営陣の交代が速やかに行われると指摘している。また，非効率な経営を効率化するために，外部の買収者に対して大株主が協力することから，第三者による買収の可能性もあると述べている。同様の主張は，コーポレートガバナンスに関してグローバルな文献の広範なレビューを行っているShleifer and Vishny［1997］においても見られる。

親子間合併に関して株主価値効果を分析したSlovin and Sushka［1998］においては，買収会社（親会社）および被買収会社（子会社）の双方でプラスの株式超過リターンが観測されたと報告されているが，これは上記のような速やかな経営改善が期待されたためであると見ることもできる。

こうした観点からすると，（親会社という）大株主を持つ企業の完全子会社化が，速やかな経営改善を促すと株式市場が評価しているか否かを検証することは，日本における研究課題であると考えられる。

④ 買収プレミアム

買収プレミアムとは，被買収企業の株式買収に当たってつけられる価格の上乗せ部分である。通常，買収プレミアムはM&Aのアナウンスメントが行われる直前の株価と買収価格の差額部分として計算される。鈴木［2005］では，買収プレミアムは，買収企業が被買収企業を統合することで得られる価値（シナジーおよび経営改善効果の合計）と，企業経営に参加することによって企業から大株主（買収者）に対してもたらされる個人的便益とで構成されると指摘している。前者は，経営改善等に伴うキャッシュフローの増加に買収プレミアムの源泉を求める考え方であり，後者は大株主が所有している別の企業に有利な取引条件を設定することによる富の移転や，非金銭的な便益の存在が挙げられている[15]。Andrade et al.［2001］によれば，1973〜1998年に行われた米国の

企業買収における買収プレミアムは中央値で37.9%であったと報告されており，こうした大きな買収プレミアムがM&Aアナウンスメント時における被買収会社の株価上昇の大きな理由となっている。

　一方，買収プレミアムは買収企業の株価に対しても影響を与えているとされる。Bradley et al. [1988] では，1960年代から1980年代にかけて，TOB時の買収企業の株式超過リターンが減少傾向を示した理由として，買収企業が被買収企業を過大評価するようになったことを挙げている。また，Sirower [1997] においても買収プレミアムは買収企業の株主価値に対してマイナスの影響を及ぼすと結論付けられている。このような結果が得られた理由として，M&Aによるシナジーの実際の効果には一定の限界があるのに対し，買収企業の経営陣はシナジーを過大評価し，実際の効果以上の買収プレミアムを支払っているという点が挙げられている。また，買収プレミアムは事業の関連性がある場合および複数の買収者が競合する場合の方が高く設定されており，TOBと合併の比較ではTOBの場合に買収プレミアムが高く設定されることも示されている。

　こうした買収プレミアムの過大設定が起こる原因としては，Roll [1986] が提示している傲慢仮説（Hubris Hypothesis）がよく知られている。これは，買収企業の経営陣がM&Aによるシナジー効果を大きく見積もりすぎているか，あるいは自らの株価評価を市場からの評価よりも正しいと考えていることが，買収プレミアムの発生原因となっているというものである。

　これらの研究からは，買収プレミアムが被買収企業の株主価値を増加させる一方，買収企業の株主価値を低下させるため，買収プレミアムは買収企業から被買収企業への価値の移転を引き起こしているに過ぎないとの見方もできる。井上・加藤 [2006] では，これを「価値移転仮説」と呼んでいる。しかし，伊藤 [2007] が指摘するように，買収プレミアムに適正なシナジーや経営改善効果の情報が織り込まれている可能性も否定はできない。特に，取引当事者同士が密接なグループ企業である場合にはなおさらである。従って，本書で取り扱うような完全子会社化など，密接なグループ関係にある会社同士の取引において買収プレミアムがどのような役割を果たしているのかという点についてはより研究を深めていく必要があるだろう。

⑤　支払対価

　前述のように，日本においては株式交換による企業買収が認められる以前は基本的に現金による株式取得による買収であったため，支払対価の違いが企業価値向上効果に対して与える影響に関する先行研究は少なく，筆者の知る限り井上・加藤［2006］のみである。この研究においても，TOBのサンプル数が限られており買収対価の支払手段について明確な結果は得られていない。しかしながら，米国においては買収の対価として株式を用いるのか，あるいは現金を用いるのかが株主価値効果に影響するという検証結果が出ている。

　Servaes［1991］は，買収企業の株式に関して，現金買収の場合には有意なプラスの株式超過リターンが発生するのに対し，株式を対価とした買収の場合には株式超過リターンが統計的に有意なマイナスとなることを報告している。また，Sirower［1997］においても株式を対価とした買収は現金買収と比較して買収企業の株主価値に対してマイナスの効果を持つという実証結果が示されている。買収企業における長期の株価効果研究を行ったLoughran and Vijh［1997］，Franks et al.［1991］においても，現金買収の方が高いパフォーマンスを示すとされている。

　このように，株式を対価とする買収が現金買収と比べて株価を押し下げる効果がある理由としては，株式を対価とする買収を行うこと自体が，買収企業の株価が過大評価されていると経営者が認識していることの証左であると市場が捉えている可能性が挙げられる。本章第2節で述べたように，自社の株価が過大評価されているという認識を持つ企業は株式を対価とした買収を行う傾向にある。しかし，こうした傾向を証券市場が見抜いているとすれば，株式を対価とした買収を行うというアナウンスメントは買収企業の株価が過大評価であるとの経営者の認識を裏付けるシグナルとして市場から捉えられる。その結果，株式を対価とした買収のアナウンスメント時の株主価値効果は現金買収時に比べて低くなると考えられる。

　日本においても株式を対価とした買収を行う場合，買収企業が証券市場から低い評価を受けているのかどうかという点は，今後の研究上の課題の1つとして挙げられよう。

⑥ 競合性および敵対性

米国においては，TOBの敵対性および買収者同士の競合性が株主価値効果に与える影響も重要な研究対象となっているが，従来日本においてはまだこのような事例は少なかったこともあり[16]，これまでは敵対性が企業価値向上効果に及ぼす影響に関する実証研究は行われてこなかった。しかしながら，今後敵対的買収の増加に伴って日本においてもこうした研究の重要性が増加することが予想される。そこで，ここでは米国の先行研究において競合性および敵対性が株主価値にどのような影響を及ぼしているとされているのかについて概観しておくこととする。

Andrade et al.［2001］によれば，1973～1998年において成立したM&Aのうち敵対的買収によるものは4.4％であり，1取引に対して1.1社の買い手が現れている。井上・加藤［2006］が指摘するように，敵対的買収においてはそれに対抗するホワイトナイトが出現する可能性が高くなるため，競合性のあるTOBになりやすい[17]。

Sirower［1997］は複数の買収者が競合した場合には買収プレミアムが大きくなることを指摘している。米国においては1985年に出されたレブロン判決により，会社が競売状態となった時点で自社（被買収会社）の株主の利益が最大化される買収者に会社を売却されることが求められる。従って，複数の競合買収者が出現した場合には買収プレミアムが大きくなりやすい傾向にある。こうした点を踏まえると，競合性がある場合には，ない場合に比べて買収会社の株式超過リターンが小さくなり，被買収会社の株式超過リターンが大きくなることが予想される。

Bradley et al.［1988］においては，複数の買収者が現れた場合には被買収企業の株式超過リターンは大きくなり，買収企業のリターンが小さくなること，買い手が単独の場合には逆に被買収企業の株式超過リターンが小さく，買収企業のそれは大きくなることが示されており，上記の見方を裏付ける結果となっている。また，Servaes［1991］も同様の結果を報告している。

TOBに関して調査したLang et al.［1989］では，敵対的買収は買収会社と被買収会社トータルの株主価値を増大させることを報告しているが，友好的買収

と比較するとその増大幅は小さいとしている。一方，Bhagat et al. [2005] は敵対的買収がトータルとしての株主価値にプラスの影響があると報告している。

上述のように，現在の所日本においてはM&Aにおける競合性および敵対性に関して実証研究を行うことは難しい。しかしながら，王子製紙が北越製紙に対して2006年に敵対的TOBを行った事例などを考慮すると，今後はこうしたM&Aが日本でも増加していく可能性もある。従って，こうした競合性・敵対性が企業価値向上に対して及ぼす影響については，中長期的視点で見れば今後の重要な研究テーマとなりうると考えられる。

5.2 事業売却時における特有の要因

5.1においては，主に事業を合併・買収する場合に企業価値に対して影響を及ぼしうる要因について分析してきた。本書において取り扱う事業譲渡では，事業買収側から見た場合には5.1における議論を援用することが可能である。しかしながら，事業売却側から見た場合には違う視点からの議論が必要となる。ここでは，その点について触れておくこととする。

第1章においても述べたように，事業譲渡の形態上の特徴はその取引後も売却側の会社（売却企業）が存続することである。従って，売却企業は売却によって得た資金を自社のために使用することが可能である。

Hite et al. [1987] は，事業売却が売却側，買収側の双方の株主に対して富の増大をもたらす理由として，「効率的配置仮説」を提示した。これは，売却会社よりも効率的に資産を活用できる会社に資産を売却することで経営資源の効率的な配置が実現され，売り手の株主はそれによる利益の一部を受け取ることができるというものであった。

しかしながら，Lang et al. [1995] の研究によれば，資産の効率的な配置が事業売却の動機になっているのではなく，負債の返済などのために資金調達を行う必要があるものの，他の資金調達源のコストが高いためにやむを得ず売却企業が事業資産を手放すという「資金調達仮説」を提示し，それを支持する実証結果を得ている。また，Lang et al. [1995] では事業売却行動に対する株式市場の反応も分析しており，売却によって得た資金を負債返済に充てた売却企

業に対して有意なプラスの反応がある一方，自社事業に再投資する売却企業に対しては統計的に有意ではないがマイナスの反応を示すと報告している。

以上の研究から，事業譲渡における売却企業サイドにおいては，売却によって得た資金の使途が売却企業の企業価値に対してどのような影響を及ぼすのかが大きな論点となることが分かる。しかしながら，先行研究においてはどのような場合には負債を返済すべきで，どのような場合には自社事業に売却によって得た資金を再投資すべきなのか，あるいはどのような事業に資金を再投資すると財務業績が高まるのかという点については考慮されていない。こうした点は，事業譲渡（事業売却）に焦点を当てた研究を進めていく上での大きな課題と言えるだろう。

5.3 資本参加時における特有の要因

資本参加において着目すべき要因としては，5.1で触れた各項目のほか，特定の経営資源の相互活用が企業のパフォーマンスにどう影響するかという点が挙げられる。第1章において前述したように，資本参加は多くの場合，業務提携を目的とした資本提携の形態をとる。資本提携では，技術提携やマーケティング提携など，ある特定の業務における連携を前提として行う旨がニュースリリースや新聞報道等で伝えられることが多い。従って，包括的な連携を目指す通常のM&Aとは違い，特定の経営資源の相互活用が株式市場からどう評価され，企業のパフォーマンスにどう影響するのかを検証することが可能となると考えられる。

戦略的提携の株価効果について検証したDas et al. [1998] は，技術提携の株式超過リターンが有意なプラスになる一方，マーケティング提携では株式超過リターンは有意な値をとらないとしている。この研究は，技術提携の方がマーケティング提携に比べて株主価値向上効果が高く，株式市場は技術提携の方がより高い価値を生み出すことを期待していることを示している。

Chan et al. [1997] では，（資本関係が生ずるものを除く）戦略的提携がもたらす価値創造効果を市場モデルに基づく株式リターンから分析している。この研究では，同業種対異業種と技術的提携対非技術的提携（販売，マーケティ

ング提携など）の2軸でマトリクスを切った分析を行った結果，"同業－技術"セグメントの超過収益率が最も大きく（＋3.54％），次いで"異業種－非技術"の超過収益率が大きく（＋1.45％）なり，これらの値はいずれも統計的に有意なプラスであるという結果を得ている。Chan et al.［1997］は，こうした結果が得られた理由として，同業同士では技術の共有・移転が効果を発揮を期待する一方，異業種では販売機会の増大を株式市場が期待している点を挙げている。

これらの研究では，戦略的提携の目的とそこで相互活用される経営資源の違いによって，提携のパフォーマンスが異なるのかどうかについて検証を行っている。筆者がサーベイする限り，こうした点についてはこれまで日本国内における先行研究では明らかにされていないことから，今後の研究で検証を進めていくべき課題の1つであると考えられる。

6　研究上の課題

ここまで，本章では企業再編の持つ株主価値効果および財務業績効果について先行研究をレビューするとともに，その効果を左右する要因に関する先行研究について整理してきた。本節では以上の議論を踏まえ，完全子会社化，事業譲渡および資本参加が企業価値に与える効果を検証するに当たって課題となっている点を整理しておく。

6.1　完全子会社化

まず，完全子会社化に関しては企業価値向上効果を検証した研究自体が少ない状況にある。特に，財務業績向上効果を測定した研究は筆者が知る限り行われていない。また，株主価値効果に関してもいくつかの先行研究が行われているものの，整合的な結果は得られていない状況にある。従って，完全子会社化の企業価値向上効果を測定する研究を蓄積していくことで，その効果を特定する必要があると言える。

さらに，完全子会社化の企業価値向上効果を左右する要因を特定する必要がある。詳細は第3章および第4章において後述するが，本章第5節において整

理した要因のうち，経営効率，事業の関連性および買収プレミアムは完全子会社化の企業価値向上効果に影響を与える可能性がある。しかしながら，先行研究においてはこうした要因が完全子会社化の価値向上効果に対してどのような影響を及ぼしたのかという点についての検証は行われていない。

さらに，完全子会社化の企業価値向上効果に対しては，先行研究では取り上げられていない特有の要因が影響を与えている可能性がある。こうした要因に対する新たな仮説を構築し，分析を深めていくことも必要とされる。例えば，先行研究においては買収プレミアムが主に買収会社と被買収会社の間での価値移転にのみ関連すると考えられているが，密接な関係を持つグループ会社間の取引である完全子会社化においては買収プレミアムが別の働きをすることも考えられる。完全子会社の取引においては，買収プレミアムに統合効果に関する内部情報が反映されていると株式市場が判断すれば，買収プレミアムと案件全体の株主価値効果は正の関係性を持つであろう。また，買収プレミアムに取引当事者間における元々の力関係が表れているとすれば，完全子会社化後のマネジメントおよび財務業績向上効果と買収プレミアムの間に因果関係が存在することも考えられる。こうした要因について先行研究とは異なる仮説を構築し検証していくことは，完全子会社化に関する企業価値向上効果研究を進めるに当たっての課題である。

6.2 事業譲渡

事業譲渡に関しても，日本における企業価値向上効果を検証した研究は少ない。株主価値効果を測定したいくつかの先行研究においても明確な結果は得られていないし，財務業績効果については筆者が知る限り日本において測定した先行研究は未だ行われていない状況にある。従って，日本においてこれらの効果を検証した研究を蓄積していくことが求められていると言えよう。

また，これまでの先行研究で提示された企業価値向上効果を左右する要因のうち，事業譲渡に関して影響を与えると考えられるものに関する検証を行う必要がある。例えば事業譲渡の買収会社サイドにおいては，買収会社の経営効率等が企業価値向上効果に影響を与える可能性がある。また，売却会社に関して

は売却事業のプライシングの他，事業売却によって得た資金の使途が企業価値向上効果に影響を与えると考えられる。米国において検証されているように，売却によって得た資金を負債の返済に回すのか，あるいは自社事業に再投下するのかによって企業価値向上効果がどのような影響を受けるのかという点は日本においても検証を行うべきであると考えられる。

また，売却によって得た資金をどのように使うべきかという点に関しては，日本独自の状況も勘案した上で先行研究の仮説をさらに深堀した分析を行っていく必要がある。例えば，売却によって得た資金を負債返済に充てるべき状況はどのような場合か，あるいは自社事業に資金を再投下すべき状況とはどのようなものかという点についても留意する必要があると考えられる。第1章において述べたように，日本における事業売却行動には事業再編成をもたらす負の経済ショックと技術革新や規制緩和による正のショックの双方が影響していると考えられることから，日本における事業譲渡の企業価値向上効果を分析するに当たっては，米国の先行研究とは異なる新たな仮説を立てる必要がある。そして，こうした分析を行うことによって従来の研究とは異なる示唆を得ることができる可能性がある。

6.3 資本参加

資本参加については，その一形態である第三者割当増資の株価効果について検証した研究は国内でも散見されるものの，M&Aとしての側面に焦点を当て，どのような資本参加が株式市場から評価されているのかを明らかにした研究は非常に少ない。また，技術提携，マーケティング提携などその提携の目的が企業のパフォーマンスに与える影響について検証した研究に関しては，米国における先行研究はあるものの，日本国内ではこのような検証はほとんど行われていない状況であるため，今後研究の蓄積が必要な分野である。

こうした中で，第三者割当増資に限らず，日本国内における資本参加が株式市場からどのように評価されているのかという点について検証を行う必要がある。特に，資本参加の場合，資本参加を受ける企業にとっての新たな資金調達を伴う場合（第三者割当増資および自己株式の処分）と，新たな資金調達を伴

わない場合（大株主からの相対での譲渡ないしは市場での買い付け）が混在している状況であるため，これらを分けて分析することで，資金調達がもたらす効果と資本提携がもたらす効果がそれぞれどのようなものかを検証することができる。資本参加は増資という側面とM&Aとしての企業間連携の側面の双方を併せ持つことから，それぞれの側面が企業のパフォーマンスにどう影響するのかを検討することは非常に重要であると考えられる。

その上で，M&Aとしての企業間連携の側面については，どのような目的での資本参加が特にパフォーマンスを高めることになるのかという点について検証を行う必要があるだろう。資本提携の目的としては，先に述べたような技術提携やマーケティング提携のほか，生産提携なども考えられるが，これらの目的の違いが提携のパフォーマンスにどう影響しているのかを日本国内でも検証することで，今後の日本企業における資本提携のあり方に対する示唆を与えることができる可能性がある。

7 まとめ

本章では，M&Aに代表される企業再編の効果を測定した実証研究を中心にレビューし，その論点を整理した。これらの研究を踏まえると，本書では，完全子会社化，事業譲渡および資本参加に関して以下の3点を明らかにすべきであると考えられる。

① 経済的に合理的な効果を生み出したか。
② 株主価値および財務業績を測定尺度として，再編の効果が測定できるか。
③ 再編の効果に影響を与える要因は何か。

まず第1に，完全子会社化，事業譲渡および資本参加が経済的に合理的な効果（企業価値）を生み出したかどうかについての検証である。本章においては，必ずしも経済的合理性に基づかないM&Aの目的についても言及したが，日本国内において行われてきた企業再編が経済的合理性を持つ効果の発揮を目的と

しているならば，その効果は企業価値という形で現れると考えられる。

ただし，その効果を測定するためには評価指標が必要である。本書では，その尺度として先行研究でも頻繁に用いられてきた株主価値および財務業績という2つの測定指標を用いて，その効果を検証する。なお，日本国内における完全子会社化，事業譲渡および（第三者割当増資を除く）資本参加に関して，特に財務業績の観点でどのような効果を持つのかはこれまでの研究では明らかにされていない。

さらに，企業再編の効果を左右する要因についても検討を加える。本章では，主な要因として事業の関連性，経営効率，株主構成，買収プレミアム，支払対価，競合性・敵対性，（事業売却における）売却資金の使途，（資本提携における）提携の目的といった要因を挙げた。これらのうち，完全子会社化，事業譲渡および資本参加の企業価値向上効果に密接に関連すると考えられるものについては，その要因の有効性に関する検証を行い，どのような要因が企業再編の効果を高めうるのかという点について検討する。また，これらの企業再編において企業価値向上効果に影響しうる特有の要因については新たな仮説を構築し，それを検証していくことも必要であると考えられる。

注

1) 中野・蜂谷［2003］においてはM&A研究における論点として，M&Aの動機，M&Aの効果に影響を与える要因，およびM&Aの効果の測定手法の3つを挙げている。
2) 青木・伊丹［1985］66頁。
3) 青木・伊丹［1985］では，例として最新技術のための大型機械導入の例が挙げられている。
4) 技術やブランドといった新分野でも利用可能な資源が例として挙げられる。
5) 金崎［2001］23頁。
6) Sirower［1997］における結果によれば，アナウンスメント日前後3日間においては市場モデル，市場調整リターンモデル，固定平均リターンモデルの間の結果に大きな差異がないことが示されている。
7) 米国企業を対象としたイベント・スタディのレビューである。
8) 市場調整リターンモデルでは－2.34％，市場モデルでは－2.30％，固定平均リターンモデルでは－2.45％であり，いずれも1％水準で有意な負の値であることが示されている。
9) 薄井［2001］84頁。

10) 井上・加藤［2006］111頁。
11) 井上・加藤［2006］113頁。
12) これは，上場子会社の親会社と上場子会社の株価反応についての結果である。
13) 村松・宮本［1999］90頁。
14) 宮島［2007］360頁。
15) 鈴木［2005］では，非金銭的便益として個人的に社用車を乗り回す，高級なオフィスに社長室を構えるといった例示がなされている。
16) 日本の事業会社による買収において競合性が存在した事例としては，2004年のUFJホールディングスとの経営統合に当たっての三菱東京フィナンシャル・グループと三井住友フィナンシャルグループの競合関係，2006年におけるオリジン東秀買収におけるイオンとドン・キホーテの競合が挙げられる。また，敵対的買収の事例としては，2005年のライブドアによるニッポン放送買収，2006年における王子製紙による北越製紙への敵対的TOBなどが挙げられる。
17) 日本において，オリジン東秀の買収を巡り，敵対的買収を仕掛けたドン・キホーテに対してイオンがホワイトナイトとして対抗した事例はその好例と言える。

第3章

完全子会社化と株主価値

1 完全子会社化は株主価値を増大させたか

　本章の目的は，株式交換による完全子会社化が株式市場からどのように評価されているのか，そしてどのような要因がその評価に影響を与えているのかを実証的に検証することである。こうした研究を行う意義は大きく2つある。

　1つは，日本におけるグループ連結経営において上場子会社等の完全子会社化は非常に重要な施策の1つと位置付けられており，その効果を検証することは日本企業のグループ再編のあり方を検討する上で有用であるという点である。第1章でも述べたように，1999年8月改正商法により株式交換での完全子会社化が認められて以来，それを実施する企業数は着実に増加する傾向にある。経営主体を一本化することによる意思決定の迅速化や，重複事業分野の解消による経営効率の向上などを狙いとした完全子会社化が，相次いで実施されているのである。2000年3月期より，日本のディスクロージャー制度が連結決算中心主義へと転換する中で，日本企業はグループ連結経営重視へと大きく舵を切った。完全子会社化は，事業の「選択と集中」の一環としてグループ会社の経営を統合し，企業グループ全体としての価値を高める取組みの1つであると解することができるだろう。また，伊藤［2002］においても指摘されているように，従来から日本企業が行ってきた子会社上場政策は，事業分野の重複などを招き，経営が非効率になる危険性を孕んでいる。この結果，上場子会社の存在自体が資本市場からネガティブな評価をされていた可能性がある。近年進展した完全子会社化は，そのようなネガティブな評価を解消しようとする動きであるとも言える。

　以上のように，株式交換による完全子会社化は，日本企業における経営上の

大きな命題であるグループ連結経営において重要な施策の1つとして位置付けられている。しかしながら伊藤［2002］においても指摘されているように，子会社上場はグループ会社間の「健全な競争」を促進させるという側面も持っている。つまり，完全子会社化にはメリット・デメリットの双方が存在しており，株式市場からポジティブな評価を受けるのか，ネガティブな評価を受けるのかが論理的には明確ではない。従って，日本企業が実施した完全子会社化がグループ全体としての企業価値向上に貢献しているのか，そしてどのような完全子会社化が株式市場から評価されているのかを検証することは，今後の日本におけるグループ連結経営のあり方に対して重要な示唆を与えるものと考えられる。

本章のもう1つの意義としては，海外の先行研究では必ずしも明らかにされなかった視角からM&Aの実態を明らかにできるという点が挙げられる。これは，完全子会社化という日本特有の現象を調査対象としていることが関係している。

株式交換による完全子会社化の大きな特徴の1つは，その多くが元々親子関係にある会社間で行われるという点にある。親子会社間の取引では，通常のM&A取引に比べて取引当事者間においてより多くの内部情報が共有されており，取引当事者と投資家の間での情報の非対称性[1]が大きくなっていると想定される。こうした状況において，当事者同士のみが知りうる内部情報が反映されていると考えられるのは，取引に当たって設定される買収プレミアムである。買収プレミアムとは，取引に当たって市場での株価に上乗せされるプレミアムのことを指すが，これに対する株式市場からの反応は，情報の非対称性の大小によって変化する可能性がある。井上・加藤［2006］が指摘するように，買収プレミアムは買収会社の株主から被買収会社の株主への価値移転を引き起こすものの，M&Aが生み出す付加価値そのものには関連しないと考えられている。しかしながら，こうしたグループ内M&Aにおいては買収プレミアムが価値移転以外の効果を持っている可能性も考えられる。本章では，情報の非対称性の大小という観点から，買収プレミアムが完全子会社化に当たって株主価値に与える影響を検証する。

また，本章では買収会社と対象会社[2]それぞれの株価効果に加え，両者の総

体としての価値創造効果と，その変動に影響を与える要因について実証的に分析していくこととする。

以下，第2節では先行研究，第3節ではサンプルとリサーチ・デザイン，第4節で全サンプルを対象としたアナウンスメント時の超過収益率の実証結果について述べる。その後に，第5節で超過収益率へ影響を与える要因に関する仮説および多変量解析モデルを構築し，第6節ではその結果を報告する。さらに，第7節では買収プレミアムに関する追加的検証を実施する。第8節では，完全子会社化の株主価値向上効果とその特徴についてまとめる。

2 先行研究

一般的な買収や合併などM&Aアナウンスメント時の株価を取り扱った研究としては，Jensen and Ruback［1983］をはじめとした数多くの論文が発表されているが，子会社の完全子会社化や合併といった形態での経営統合に絞った研究は非常に少なく，米国ではSlovin and Sushka［1998］，Gleason et al.［2006］，日本では飛田［2005b］，志馬［2006］，大坪［2011］が報告されているのみである。

Slovin and Sushka［1998］は，米国における親子会社間合併を対象とした研究であり，親会社の持株比率が50％超の子会社と親会社を合併させた場合の株価効果について実証している。1970～1993年に親会社が子会社を合併した案件について株価効果を測定すると，子会社株式には大きな正の超過収益が，親会社株式にもわずかではあるが正の超過収益がもたらされていると述べており，親子間合併は株主価値を増加させていると報告している。また，親子間の経営統合のメリットとして，規模の経済性，範囲の経済性，管理機能重複の除去，ガバナンス構造の統合・強化が考えられるとしている。

Gleason et al.［2006］は，子会社の上場を行った後に株式を再取得した際の買収会社と被買収会社の株価反応について調査している。これによれば，全株式の再取得を行った場合には買収会社，被買収会社共にプラスの株価反応を示すことが報告されている。

飛田［2005b］では，株式交換を用いた上場子会社の完全子会社化アナウンスメント時の株価効果について市場モデルを用いて分析している。この研究では，1999年から2003年にかけて日本企業が行った上場子会社の完全子会社化を対象として公表日前後の株価変動を検証している。これによれば，上場子会社の株式の累積超過収益率（CAR）は有意な正の値を，親会社の株式のCARは有意な負の値を示すと報告されており，こうした結果が得られた要因の1つとして株式交換比率に乗せられた買収プレミアムが影響しているのではないかと指摘している。

　志馬［2006］は，東証1部，2部に上場されている企業を対象に，2002～2005年の間に株式交換によって完全子会社化された事例について，株主価値効果を測定した。この研究におけるアナウンスメント日前後3日間の累積株式超過収益率（CAR）の測定結果は，子会社で＋0.10％，親会社では－0.28％となっており，いずれも統計的には有意な結果が得られていない。

　大坪［2011］では，1999～2004年度において公表された子会社の完全子会社化における株価反応を調査しており，上場子会社の親会社および上場子会社の双方でアナウンスメント前日から当日にかけての株式の累積超過収益率が統計的に有意なプラスになっていることを示している。

　これらの研究では，日米における親子会社間の経営統合が株式市場からどのように評価されたかを把握することに成功している。しかしながら，完全子会社化がグループ全体としての価値創造に貢献したのかどうかについての検証，さらには日本企業が完全子会社化を実施する際の株主価値変動に対してどのような要因が影響を及ぼしたのかという点についての検証は未だ十分には行われておらず，研究上の課題として残されていると言える。

3　サンプルとリサーチ・デザイン

3.1　サンプルの抽出方法

　株式交換による完全子会社化のサンプル抽出に当たっては，レコフ社のデー

タ（M&A CD-ROMおよびレコフ社データベース）を使用し，1999年1月から2006年3月までにアナウンスされた上場会社[3]同士の株式交換による完全子会社化の案件を抽出した。対象業種は製造業および非製造業であり，証券・銀行などの金融業は除外している。さらに，「株式交換の実施に先立ってTOB等を実施する」といったアナウンスがなされた案件に関しては，今回の分析からは除外した。上記のような条件で案件抽出を行った結果，169件（買収会社169社，対象会社199社）が今回の分析対象となった。また，分析に当たってのイベント発生日（完全子会社化のアナウンスメント日）に関しては，基本的にレコフ社のデータベースにおける発表日データ[4]を使用している。

抽出した買収会社の対象会社に対する持株比率および買収会社の業種構成を図表3-1に示す[5]。図表3-1のパネルAによれば，サンプルとなっている対象会社の約55％が持株比率50％超であり，持株比率20％以上の対象会社が約85％を占めている。従って，今回抽出した案件の大半がグループ内での完全子会社化である。また，業種ごとの買収会社数（図表3-1のパネルB）を見ると，サンプルには業種ごとの大きな偏りはないことが分かる[6]。

図表3-1　サンプルの特徴

パネルA：持株比率

持株比率	該当社数	構成比
0～10％	26	13.1％
10～20％	5	2.5％
20～30％	8	4.0％
30～40％	18	9.0％
40～50％	33	16.6％
50～60％	54	27.1％
60～70％	38	19.1％
70～80％	12	6.0％
80～90％	4	2.0％
90～100％	1	0.5％
合計	199	100.0％

パネルB：買収会社の業種

業種	該当社数	構成比	業種	該当社数	構成比
食品	8	4.7％	精密機器	4	2.4％
繊維	4	2.4％	その他製造	3	1.8％
パルプ・紙	5	3.0％	建設	5	3.0％
化学	12	7.1％	商社	16	9.5％
石油	1	0.6％	小売業	15	8.9％
窯業	4	2.4％	不動産	2	1.2％
鉄鋼	8	4.7％	鉄道・バス	10	5.9％
非鉄・金属	12	7.1％	陸運	2	1.2％
機械	4	2.4％	海運	3	1.8％
電気機器	27	16.0％	空運	1	0.6％
造船	1	0.6％	電力	1	0.6％
自動車	5	3.0％	サービス	16	9.5％
			合計	169	100.0％

（注）持株比率の実数が不明であっても，10％以下であることが確認された会社については0～10％の区分に分類している。

3.2 株式の累積超過収益率の測定

今回の分析期間はアナウンスメント日周辺の短期間であることに加え，市場モデルを採用した場合のパラメータの安定性に対する懸念があることから，株式リターンの測定指標として市場調整リターンモデルに基づく市場調整収益率を採用した[7]。市場調整収益率は，以下の（3.1）式のように求められる。

$$AR_{i,t} = R_{i,t} - R_{m,t} \tag{3.1}$$

ただし，$AR_{i,t}$は証券iのt日における株式超過収益率，$R_{i,t}$は証券iのt日における原収益率，$R_{m,t}$はTOPIXのt日の原収益率である[8]。

次に，$AR_{i,t}$をサンプル平均した平均超過収益率（AAR：Average Abnormal Return）を次の（3.2）式で算出した。

$$AAR_t = \frac{1}{N}\sum_{i=1}^{N} AR_{i,t} \tag{3.2}$$

ただし，Nはサンプル数である。

また，累積超過収益率（CAR：Cumulative Abnormal Return）については，以下の（3.3）式で算出している。

$$CAR = \sum_{t=1}^{T} AAR_t \tag{3.3}$$

なお，今回分析対象とする超過収益率としては，買収会社，対象会社に加えて，案件ごとに買収会社と対象会社の超過収益率を株式時価総額で加重平均した値[9]（以下，両者加重平均）を採用している。両者加重平均を用いた理由は，買収会社と対象会社間の価値移転の影響を取り除いた株主価値の変動を測定するためである。

4 アナウンスメント時の株価変動

　図表3-2はアナウンスメント前後21日間（取引日ベース）におけるCARの推移を示したものである。これによれば，アナウンスメントの前後21日間において，買収会社では＋1.53%，対象会社では＋8.69%，両者加重平均では＋1.67%の正の超過収益を得ていることが分かる[10]。

　また，図表3-3は買収会社／対象会社／両者加重平均のCARを，アナウンスメント日を中心としたいくつかの期間で区切り，検定値0との間でt検定を行った結果を示している。これによると，買収会社および加重平均においてはt＝－1～＋1日のCARが5%水準で有意となっており，それ以外はすべて1%水準で有意となっている。従って，完全子会社化のアナウンスメント日の前後において，買収会社，対象会社双方の株主の富が増大し，結果としてトータルとしての株主価値も増大することが示されている。

　これらの結果は，Slovin and Sushka［1998］の結果と整合的である。株式

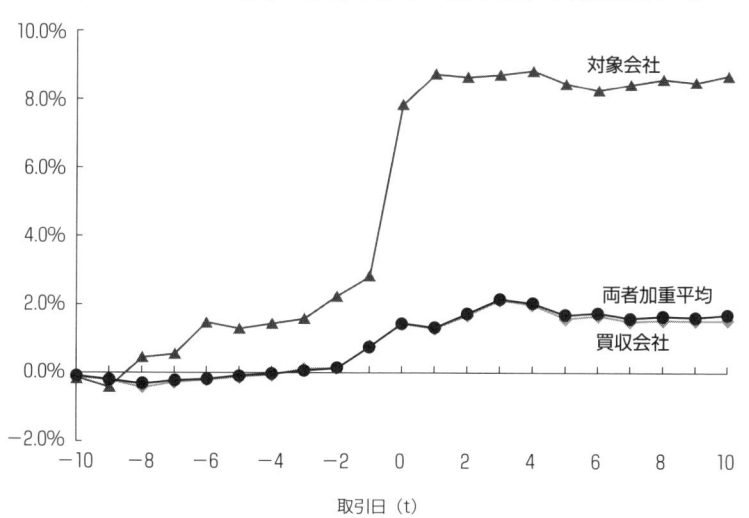

図表3-2　CARの推移（買収会社，対象会社，両者加重平均）

図表3-3　アナウンスメント日を中心としたCAR

分析ウィンドウ (日)	買収会社CAR (N=169)		対象会社CAR (N=199)		両者加重平均CAR (N=169)	
	平均	t値	平均	t値	平均	t値
t=−1～+1	1.15%	2.496**	6.53%	5.201***	1.18%	2.544**
t=−2～+2	1.56%	3.042***	7.08%	5.431***	1.68%	3.257***
t=−3～+3	2.17%	4.174***	7.30%	5.416***	2.17%	4.112***
t=−5～+5	1.80%	3.127***	6.99%	5.368***	1.87%	3.127***

(注)　**は5％有意水準を，***は1％有意水準を満たしている。

市場が，完全子会社化によるシナジー効果，管理機能や事業領域の重複除去およびガバナンス構造の統合・強化等に伴って経営効率が向上することを期待しているためであると考えられる。

一方，飛田［2005b］における結果は，対象会社側のCARに関しては概ね本章と整合的であるが，買収会社側のCARに関しては，t=−3～+3日，t=−5～+5日では有意な負の値をとっており，本章で得られた結果とは異なっている（ただし，有意水準はいずれも10％であり，統計的な有意性はあまり高くない）。このような結果の差異が生じた原因としては，飛田［2005b］のサンプル抽出期間が1999～2003年と短く，また東証1部・2部に上場している子会社の完全子会社化のみをサンプルの対象としており，本章とはサンプルが異なる[11]ことなどが考えられる。

5　CAR変動に影響を与えた要因

本節では，完全子会社化の目的および弊害について検討した後に，完全子会社化株主価値効果に影響を与える要因についての仮説を構築する。

5.1　完全子会社化の目的と弊害

伊藤［2002］において指摘されている完全子会社化実施の狙いは，親会社による支配的影響力の強化とグループ外への利益流出の回避に集約できる[12]。

前者は，親会社による子会社の経営に対する影響力を高めることを主眼としている。伊藤［2002］では，事業領域の重複がグループ会社間の過度な競争を

生み出し，グループ各社の経営が「部分最適」に陥ること，そして事業領域の重複が経営資源の重複投資につながり経営効率を低下させることを指摘している。従って，親会社と子会社の事業領域が重複しており経営を統合することでグループ全体の経営効率を向上できる場合に企業は完全子会社化を行おうとすると考えられる[13]。また菊谷・齋藤［2006a］は，子会社の業績が不振であるが故に親会社主導でその経営改善を図ろうとする場合にも親会社は子会社の経営に対する影響力を高める必要を感じると指摘している。

　一方，後者は配当の外部流出を抑えることを主眼としている。少数株主が存在する場合，子会社からの配当の一部はグループ外部に流出してしまう。従って，親会社が子会社から配当を吸い上げ，その資金を他のグループ会社に再投資しようとする場合などにおいて，その資金の一部がグループ外部に漏れてしまうため，親会社によるグループ経営資源配分の柔軟性が損なわれることになる。伊藤［2002］では，完全子会社化を行うことによって利益の外部流出を回避することができると述べられている[14]。この点に関しては完全子会社化による企業価値向上のドライバーになっている可能性がある。しかしこの効果は完全子会社化を行う場合であればほぼ共通して発現するために，企業価値変動の差異を生み出す要因にはなりにくいと考えられる。

　以上の議論を踏まえると，完全子会社化の企業価値向上効果の差異を生み出すのは，主に親会社による支配力の強化の影響ではないかと考えられる。例えば，どのような場合に事業領域重複の排除効果が大きくなるのか，あるいはどういった条件の下で経営改善効果が大きくなるのかといった点について検討を行う必要がある。

　一方で，完全子会社化が業績を低下させる可能性もある。例えば親会社による経営改善の逆のパターンとして，親会社が経営に関与することで子会社の経営が悪化するケースが挙げられる。また，完全子会社化に伴う上場廃止によって子会社独自の資金調達機会が失われるという点も業績低下につながる可能性がある[15]。さらに，完全子会社化が親会社の業績の足を引っ張るという業績破壊効果が企業価値を低下させるということも考えられる。次の5.2における仮説の構築に当たっては，こうした点にも考慮する必要がある。

5.2 仮説の構築と重回帰分析モデル

では,どのような完全子会社化がより株式市場から評価されるのか。5.1の検討を踏まえると,以下の7つの要因が影響を与える可能性があると考えられる[16]。

第1の要因は,完全子会社化に伴う買収会社の影響力増大の程度である。完全子会社化による買収会社からの影響力増大が市場から好感を持たれているならば,増大の程度が高くなるほど株主価値向上効果は大きくなると考えられる。この要因に関する代理変数としては,株式交換アナウンスメント時の対象会社に対する買収会社の持株比率(STOCK)[17]を使用する。アナウンスメント時の持株比率が低いほど完全子会社化された際の買収会社の影響力増大の程度は高くなるため,この係数の符号はマイナスになると考えられる。

株式交換比率により設定された買収プレミアム(PREMIUM)[18]が第2の要因である。買収プレミアムは,以下の(3.4)式で算出される。

$$PREMIUM = (P_A \times r - P_T) \div P_T \quad (3.4)$$

ただし,P_Aはアナウンスメント日前日末の買収会社の株価,P_Tはアナウンスメント日前日末の対象会社の株価,rは株式交換比率である[19]。

Bradley et al. [1988] やSirower [1997] といった先行研究においては,対象会社の株主が買収プレミアムの影響で大きな超過収益を得ている一方,買収プレミアムの大きさは買収会社の株価に対して負の効果を持つと報告されている。また,Roll [1986] は,買収会社の経営陣がM&Aによるシナジー効果を大きく見積もりすぎているか,自らの株価評価を市場からの評価より正しいと考えることが,買収プレミアムの発生原因となっているという「傲慢仮説」(Hubris Hypothesis)を提示している。これらの研究では,買収プレミアムはM&A自体の付加価値に影響を与えるものではなく,買収会社と対象会社の価値配分に影響を与える要因と考えられている。このような考え方を,井上・加

藤［2006］では「価値移転仮説」と呼んでいる。「価値移転仮説」においては，買収会社および対象会社における株主価値の増減は，概念的に以下の（3.5），（3.6）式で表されると考えられる。

$$株主価値増減（買収会社）= VALUE(A) - PREMIUM \quad (3.5)$$
$$株主価値増減（対象会社）= VALUE(T) + PREMIUM \quad (3.6)$$

ただし，$VALUE(A)$はM&A自体によって生じる買収会社サイドの付加価値，$VALUE(T)$はM&A自体によって生じる対象会社サイドの付加価値である。

従って，両者を合計した株主価値の増減は，（3.7）式に示す通りとなる。

$$株主価値増減（両者合計）= VALUE(A) + VALUE(T) \quad (3.7)$$

このとき，買収プレミアムは（3.7）式には算入されないため，価値移転仮説において買収プレミアムは両者合計の株主価値増減に影響を及ぼさないということになる。これは，M&A自体の付加価値に買収プレミアムが影響を及ぼさないという仮定の下に成り立っている。「価値移転仮説」に従うならば，買収プレミアムの係数の符号は，買収会社ではマイナス，対象会社ではプラスになると考えられ，両者加重平均では係数が有意な値とならないことが期待される。

しかしながら，取引当事者と投資家の間での情報の非対称性が大きく，買収プレミアム自体に当事者同士でしか知り得ない内部情報が多く含まれていると株式市場が判断するならば，株主価値増減（両者合計）は買収プレミアムに影響を受けることになる。情報の非対称性が大きいケースとしては，緊密な関係にあるグループ会社を完全子会社化する場合が考えられる。このとき，取引当事者は（通常のデューデリジェンスでは明らかにならないような）内部情報に基づいて経営統合効果を見積もった上で買収プレミアムを設定しており，その統合効果の実現可能性が高いと株式市場が判断するならば，株主価値増減（両

者合計）は買収プレミアムと正の関係性を持つことになる。本章では，これを「内部情報反映仮説」と呼ぶことにする。「内部情報反映仮説」に従うならば，買収プレミアムの係数の符号は両者加重平均および対象会社でプラスになることが予想される。また，買収会社に関しては買収会社から対象会社への価値移転が起こることによる買収プレミアムと株主価値の間の負の関係と，内部情報が買収プレミアムに含まれることによる買収プレミアムと株主価値との正の関係が相殺されると考えられることから，係数の符号を予想することは難しい。

　第3の要因として挙げられるのは，買収会社と対象会社の事業の関連性である。対象会社が買収会社と同じ事業を営んでいる場合，重複事業分野の解消による経営の効率化の効果が大きくなることを期待することができる。また，同じ業種であれば範囲の経済性を働かせやすくなることも考えられる。従って，両者が同業の場合を1とするダミー変数（IND）[20]に対する係数の符号はプラスになることが予想される。

　また，買収会社の収益性も完全子会社化に対する株式市場からの評価に影響する可能性がある。これが第4の要因である。5.1で述べたように，完全子会社化を行う目的の1つには買収会社の経営手腕によって対象会社の業績を改善する効果が挙げられる。このような場合，買収会社の収益性が高ければその業績を実現した経営手腕を子会社でも発揮することが期待される。一方で，グループの親会社の業績が悪く，グループ全体としての経営効率を追求することで株主価値を高めることを期待されている場合であれば，収益性が低いほど完全子会社化が好感される可能性もある。完全子会社化公表時の親会社の業績は悪いものの，完全子会社化の実施がグループ連結経営改革を断行するという経営姿勢を象徴しており，今後グループ全体の経営効率が向上する可能性が高いと株式市場が期待するようなケースがこれに当てはまる。また，買収会社の業績が良い場合に，対象会社を完全子会社化することで買収会社の業績が破壊されてしまうのではないかとの懸念を株式市場が抱く場合も，収益性が高いほどCARが低くなるという結果になる。収益性の代理変数としては買収会社単独の業種平均値調整済ROA（総資産事業利益率）[21]を用いる。係数の符号はプラスとマイナスの双方が考えられるため，符号の予想は行わない。

買収会社の財務体質が第5の要因として挙げられる。完全子会社化は，対象会社の資金調達手段が制約され，買収会社に依存する割合が増大することも意味している。その中で，買収会社の財務体質が脆弱であると，対象会社の資金調達が制限され，成長機会を失うことにつながる。財務体質の代理変数としては，買収会社の自己資本比率（CAP）[22]を用いる。対応する係数の符号はプラスになることが期待される。

第6の要因として挙げられるのが，対象会社の買収会社に対する相対的な規模である。Slovin and Sushka [1998] では，経営統合のメリットの1つとして，管理機能の重複除去が挙げられているが，対象会社の相対的規模が大きいほどこういった経営効率の向上が見込めると判断されている可能性がある。その一方，対象会社の相対的規模が大きくなる場合には，その形態が対等合併に近くなることも想定される。長岡 [2005] では，対等合併は売上成長を阻害するという結果を報告している。対象会社の買収会社に対する規模の代理変数として，アナウンスメント日の10日前[23]における買収会社の時価総額に対する対象会社の時価総額の比率（MVRATIO）を用いる。係数の符号はプラスとマイナスの双方が想定されるため，符号の予想は行わないこととする。

最後の要因は，対象会社の成長性である。対象会社が高成長企業の場合，成長機会を捉えるためには対象会社が独自で機動的な資金調達を行うことが可能である方が望ましいと考えられるが，完全子会社化によってそういった資金調達機会が制限されることが想定される。対象会社の成長性の代理変数としては，アナウンスメントがなされた直前の期から3期分の対象会社の単独売上高平均成長率（GROWTH）[24]を使用した。この変数に対応する係数の符号はマイナスになると考えられる。

以上の仮説を反映させた重回帰分析モデルは，以下の（3.8）式で表される（添字iは証券iに関する値であることを示している）。

$$CAR_i = \alpha_0 + \alpha_1 STOCK_i + \alpha_2 PREMIUM_i + \alpha_3 IND_i + \alpha_4 ROA_i + \alpha_5 CAP_i \\ + \alpha_6 MVRARIO_i + \alpha_7 GROWTH_i + \varepsilon_i \quad (3.8)$$

5.3 記述統計量

重回帰分析を行うに当たっては,説明変数のいずれかが欠損値となっているサンプルを除外した結果,買収会社114社,対象会社143社が分析対象となった。

CARおよび説明変数の記述統計量を図表3-4に示す。CARについては,サンプルの変動により若干の相違はあるものの,概ね第4節と同様の傾向を示している。また,買収プレミアムの平均値は約5.4%であり,米国のM&Aにおける買収プレミアムの水準に比べれば低いものの,平均的にプラスの買収プレミアムが支払われていることが分かる。

図表3-4 記述統計量

	変数	N	平均値	標準偏差	最小値	1Q	中央値	3Q	最大値
両者加重平均	CAR[-1,+1]	114	0.006	0.060	-0.307	-0.016	0.006	0.030	0.283
	CAR[-2,+2]	114	0.010	0.066	-0.213	-0.023	0.002	0.036	0.289
	CAR[-3,+3]	114	0.016	0.068	-0.168	-0.017	0.008	0.053	0.321
買収会社	CAR[-1,+1]	114	0.005	0.059	-0.308	-0.018	0.006	0.030	0.269
	CAR[-2,+2]	114	0.009	0.065	-0.215	-0.026	-0.001	0.031	0.271
	CAR[-3,+3]	114	0.015	0.067	-0.172	-0.017	0.008	0.054	0.300
対象会社	CAR[-1,+1]	143	0.065	0.181	-0.472	-0.035	0.043	0.186	0.761
	CAR[-2,+2]	143	0.075	0.189	-0.592	-0.040	0.056	0.189	0.943
	CAR[-3,+3]	143	0.077	0.192	-0.558	-0.039	0.061	0.199	0.852
	STOCK	114	-0.783	0.537	-3.781	-0.888	-0.638	-0.495	-0.222
	PREMIUM	114	0.054	0.173	-0.454	-0.046	0.036	0.165	0.474
	IND	114	0.535	0.501	0.000	0.000	1.000	1.000	1.000
	ROA	114	0.001	0.045	-0.129	-0.022	-0.003	0.017	0.268
	CAP	114	-0.981	0.607	-2.592	-1.447	-0.885	-0.494	0.000
	MVRATIO	114	0.066	0.089	0.001	0.012	0.032	0.080	0.498
	GROWTH	114	-0.007	0.115	-0.306	-0.070	-0.016	0.040	0.499

6 重回帰分析の結果

本節では,第5節で説明した多変量解析モデルに基づいて,両者加重平均,買収会社,対象会社のそれぞれのCARを被説明変数とした場合の重回帰分析

の結果を報告する[25]。

6.1 両者加重平均

　両者加重平均のCARを被説明変数とした重回帰分析の結果を図表3-5に示す。

　PREMIUMの係数はいずれもプラスで，統計的にも有意となった。価値移転仮説に従うならば，この係数は統計的に有意な値とはならないはずである。しかしながら，本章で得られた結果は，「価値移転仮説」における想定とは異なり，買収会社が買収プレミアムを支払うような完全子会社化はトータルとしての株主価値を増加させるというものである。従って，これは「内部情報反映仮説」と整合的であると言える。「内部情報反映仮説」については，第7節においてさらに追加的な分析を試みることとする。

　またINDの係数もプラスで，$t=-1\sim+1$日のモデルでは10％水準（t値＝1.925）で有意に，$t=-2\sim+2$日では1％水準（t値＝2.680）で，$t=-3\sim+3$日では5％水準（t値＝2.451）で有意となった。従って，同業間での完全子会社化は，株主価値の増大に貢献していると言える。

　ROAの係数はマイナスで，いずれのモデルでも5％水準（t値＝$-2.367\sim-2.070$）で有意という結果になった。これは，親会社の業績が悪い（即ち，グループ全体での経営効率化が期待されている）企業であるほど，完全子会社化が株主価値の増大につながっていることを示している。

図表3-5　重回帰分析の結果（両者加重平均）

	期待符号	CAR($t=-1\sim+1$)		CAR($t=-2\sim+2$)		CAR($t=-3\sim+3$)	
		係数	t値	係数	t値	係数	t値
定数項		−0.024	−1.453	−0.038	−2.157**	−0.038	−2.141**
STOCK	−	−0.012	−1.132	−0.017	−1.564	−0.015	−1.316
PREMIUM	?	0.062	1.887*	0.067	1.908*	0.083	2.335**
IND	＋	0.021	1.925*	0.031	2.680***	0.029	2.451**
ROA	?	−0.258	−2.070**	−0.315	−2.367**	−0.312	−2.295**
CAP	＋	−0.005	−0.555	−0.010	−0.954	−0.011	−1.095
MVRATIO	?	0.003	0.045	0.060	0.848	0.158	2.174**
GROWTH	−	−0.127	−2.532**	−0.113	−2.110**	−0.134	−2.438**
Obs.		114		114		114	
Adj. R^2		0.119		0.145		0.168	

（注）*は10％有意水準を，**は5％有意水準を，***は1％有意水準を満たしている。

MVRATIOの係数は，t＝−1〜＋1および2〜＋2のモデルでは有意にならなかったものの，t＝−3〜＋3のモデルでは5％水準（t値＝2.174）で有意なプラスとなった。対象会社の規模が大きいほど経営効率が向上するとの期待から，株主価値が増加したものと推測される。

　GROWTHの係数は，いずれもマイナスの符号をとっており5％水準で統計的にも有意となった（t値＝−2.532〜−2.110）。これは，Morck et al.［1990］の結果と整合的である。対象会社の成長性が高いほど，完全子会社化は株価にとってマイナスの影響があることを示している。

　なお，STOCKおよびCAPに関しては，いずれのモデルでも統計的に有意な値とはならなかった。

6.2 買収会社

　買収会社のCARを被説明変数とした回帰分析の結果が図表3-6である。結果を見ると，統計的有意性の強い係数が現れているのは，IND, ROA, MVRATIO, GROWTHである。これらの係数の符号はいずれも両者加重平均のCARを被説明変数とした場合と同じである。

　両者加重平均のCARを被説明変数とした場合には統計的に有意となったPREMIUMについては，t＝−3〜＋3のモデルでのみ10％水準で有意（t値＝1.787）であるという結果となった。両者加重平均と比較して統計的有意性が

図表3-6　重回帰分析の結果（買収会社）

	期待符号	CAR(t=−1〜+1)		CAR(t=−2〜+2)		CAR(t=−3〜+3)	
		係数	t値	係数	t値	係数	t値
定数項		−0.022	−1.347	−0.035	−1.969*	−0.037	−2.082**
STOCK	−	−0.008	−0.789	−0.015	−1.303	−0.012	−1.101
PREMIUM	?	0.045	1.393	0.049	1.370	0.063	1.787*
IND	＋	0.020	1.921*	0.029	2.436**	0.027	2.328**
ROA	?	−0.245	−1.994**	−0.308	−2.279**	−0.299	−2.220**
CAP	＋	−0.004	−0.476	−0.011	−1.064	−0.012	−1.177
MVRATIO	?	0.036	0.551	0.047	0.647	0.177	2.457**
GROWTH	−	−0.141	−2.856***	−0.107	−1.963*	−0.137	−2.518**
Obs.		114		114		114	
Adj. R^2		0.112		0.117		0.159	

（注）*は10％有意水準を，**は5％有意水準を，***は1％有意水準を満たしている。

弱くなったのは，買収プレミアムの支払いによって買収会社から対象会社への価値移転がある程度起こっているためではないかと考えられる。しかしながら，係数が有意な負の値となるという価値移転仮説と整合的な結果は得られなかった。

また，STOCKおよびCAPに関しては，CARの両者加重平均を被説明変数にした場合と同様，統計的には有意にならなかった。

6.3 対象会社

対象会社のCARを被説明変数とした場合の重回帰分析の結果を図表3-7に示す。このモデルでは，PREMIUMの係数がプラスの符号，ROAの係数がマイナスの符号をとり，それぞれ1％水準で統計的に有意となった。また，GROWTHの係数はマイナスで，いずれのモデルにおいても1％水準あるいは5％水準で有意となっている。

当然のことながら，対象会社の株価は株式交換時の買収プレミアムに大きな影響を受けている。しかしながらその影響を考慮しても，買収会社のROAが低い方が完全子会社化した場合の対象会社の株主価値を増加させ，対象会社の成長性が高い場合には完全子会社化が株主価値を減少させるという結果が得られた。

一方，STOCK，IND，CAP，MVRATIOに関しては，対象会社のCARを被

図表3-7 重回帰分析の結果（対象会社）

	期待符号	CAR(t=-1〜+1)		CAR(t=-2〜+2)		CAR(t=-3〜+3)	
		係数	t値	係数	t値	係数	t値
定数項		-0.008	-0.318	-0.008	-0.302	-0.012	-0.480
STOCK	-	-0.009	-0.544	-0.014	-0.775	-0.010	-0.609
PREMIUM	+	0.897	19.681***	0.910	17.599***	0.946	19.231***
IND	+	-0.003	-0.214	0.015	0.838	0.013	0.766
ROA	?	-0.567	-2.946***	-0.631	-2.890***	-0.648	-3.117***
CAP	+	-0.005	-0.336	0.003	0.168	-0.004	-0.276
MVRATIO	?	-0.012	-0.205	0.024	0.353	0.028	0.441
GROWTH	-	-0.186	-2.441**	-0.238	-2.751***	-0.234	-2.841***
Obs.		143		143		143	
Adj. R^2		0.740		0.696		0.732	

（注）**は5％有意水準を，***は1％有意水準を満たしている。

説明変数としたモデルでは統計的に有意とならなかった。

7 買収プレミアムに関する追加的検証

　第6節で述べたように，両者加重平均のCARを被説明変数とする重回帰分析において，買収プレミアム（PREMIUM）の係数は有意なプラスの値となった。これは，買収プレミアムはM&A自体の付加価値には影響を及ぼさないとする「価値移転仮説」とは反する結果であり，「内部情報反映仮説」を支持するものである。

　本節では，「内部情報反映仮説」について追加的検証を行う。買収プレミアムに内部情報が反映されるのは取引当事者と投資家の間で情報の非対称性が大きく，買収プレミアム自体に当事者同士でしか知り得ない有力な内部情報が多く含まれている場合であると考えられる。従って，取引当事者同士が緊密なグループ関係にある場合には株式市場は買収プレミアムに内部情報が反映していると推測する一方で，取引当事者同士の関係が緊密でない場合には買収プレミアムにはそうした情報は含まれていないと捉える可能性が高い。従って「内部情報反映仮説」に従うならば，取引当事者同士が緊密なグループ関係にある場合には買収プレミアムが株主価値変動と正の関係を持つのに対し，そうでない場合には両者の間に関係性が生じないということになる。

　本節では，上記のような想定に基づいて「内部情報反映仮説」に関する追加的な検証を行う。具体的には，買収会社の対象会社に対する持株比率が50％超の場合と50％以下の場合のケースに分け，両者加重平均のCARを被説明変数とした第6節と同様の回帰分析を行うこととする。

　図表3-8によれば，持株比率50％超のケースにおいてはt＝－1～＋1日および2～＋2日のモデルでPREMIUMの係数が10％水準（t値＝1.839および1.766）ではあるが統計的に有意な正の値になっているのに対し，持株比率50％以下のケースではその係数はいずれも統計上有意な値にはなっていない。この結果は，持株比率が50％を超えるような緊密なグループ関係がある場合には，株式市場が完全子会社化に当たっての買収プレミアムをプラスに評価している一方，持

図表3-8　持株比率別の重回帰分析の結果（両者加重平均）

	CAR(t=−1〜+1)		CAR(t=−2〜+2)		CAR(t=−3〜+3)	
	持株比率 50%超	持株比率 50%以下	持株比率 50%超	持株比率 50%以下	持株比率 50%超	持株比率 50%以下
定数項	0.044 (1.740)*	−0.076 (−2.254)**	−0.004 (−0.141)	−0.074 (−2.026)**	−0.060 (−1.668)	−0.034 (−0.924)
STOCK	0.080 (1.904)*	−0.017 (−1.064)	0.023 (0.434)	−0.021 (−1.220)	−0.046 (−0.780)	−0.012 (−0.719)
PREMIUM	0.056 (1.839)*	0.087 (1.408)	0.068 (1.766)*	0.073 (1.100)	0.071 (1.619)	0.105 (1.581)
IND	0.006 (0.568)	0.049 (2.494)**	0.021 (1.609)	0.052 (2.487)**	0.029 (1.976)*	0.032 (1.522)
ROA	−0.003 (−0.015)	−0.281 (−1.589)	−0.014 (−0.066)	−0.378 (−1.987)*	−0.044 (−0.184)	−0.376 (−1.975)*
CAP	0.001 (0.102)	−0.020 (−1.080)	−0.006 (−0.579)	−0.022 (−1.084)	−0.018 (−1.467)	−0.003 (−0.148)
MVRATIO	−0.121 (−1.796)*	0.259 (2.192)**	−0.022 (−0.258)	0.222 (1.745)*	0.132 (1.379)	0.211 (1.659)
GROWTH	−0.019 (−0.356)	−0.286 (−3.200)***	−0.031 (−0.455)	−0.213 (−2.220)**	−0.074 (−0.974)	−0.199 (−2.075)**
Obs.	68	46	68	46	68	46
Adj. R^2	0.082	0.326	−0.011	0.262	0.065	0.169

（注）（　）内の数値はt値である。*は10%有意水準を，**は5%有意水準を，***は1%有意水準を満たしている。

株比率が50%以下の場合には，買収プレミアムはトータルとしての株主価値には影響を及ぼさないことを示唆している。これは，内部情報反映仮説と整合的な結果であると言える。

　一方，持株比率50%以下のサンプルでは，PREMIUMの係数が有意にならなかったが，IND，ROAおよびGROWTHの係数はそれぞれ正，負および負の値をとり，統計的にも有意となった。これは，買収会社の持株比率が50%以下であるが故に買収会社が対象会社の情報をそれほど保有していないと判断される状況において，株式市場は外見上の形式的な情報を基にその評価を行っていることを示唆している。このような状況では，買収会社と対象会社が同業であればシナジー効果の実現を期待してプラスの評価を，買収会社のROAが高ければ完全子会社化が買収会社の強みを破壊してしまうのではないかと懸念してマイナスの評価を，対象会社の成長性が高い場合には完全子会社化後の成長鈍化を懸念してマイナスの評価をするというように，株式市場は（少なくとも短期

的には）外見上の形式的な情報をベースにその効果に関する評価を行っていると考えられる。

8 完全子会社化の株主価値向上効果とその特徴

　本章では，株式交換による完全子会社化が株主価値に及ぼす影響について分析した。また，併せて株主価値の増減に影響を与える要因についても実証を行った。

　その結果，株式交換による完全子会社化は買収会社，対象会社双方の株主価値に対してプラスの効果があるという実証結果を得た。また，対象会社と買収会社のCARを株式時価総額で加重平均した値を用いて分析し，トータルとしても株主価値が増加しているという証拠を得た。

　さらに，両者加重平均のCARに影響を与える要因について，複数の説明変数を持つ回帰式で分析した結果，①対象会社の株式に対する買収プレミアムが高い，②買収会社と対象会社の業種が同一である，③買収会社のROAが低い，④対象会社の相対的規模が大きい，⑤対象会社の成長率が低い場合ほど，完全子会社化アナウンスメント時におけるトータルとしての株主価値が増加することが示された。また，この結果は買収会社，対象会社のCARに分解して見た場合でも，概ね整合的であった。

　以上の結果から見ると，株式交換による完全子会社化は総じて投資家から評価されていると言える。また，買収会社の収益性が低く，対象会社の相対的規模が大きく，買収会社と対象会社の業種が類似している場合には株主価値に対してプラスの影響を及ぼすが，対象会社の成長性が高い場合には完全子会社化が株主価値を減少させる方向に働くことが示された。従って，グループとしてのリストラクチャリングの必要性が高く，その期待効果が大きい場合の完全子会社化が高く評価される一方で，対象会社の自主性・機動性を重視しなければならない局面での完全子会社化は株主価値を損なうと推測される。このことは，完全子会社化をはじめとした日本企業におけるグループ企業再編のあるべき姿について，一定の示唆を与えるものと考えられる。

併せて，本章では買収プレミアムと案件全体としての株主価値効果の間に正の関係性が生じるという結果を得た。これは，完全子会社化に当たって設定される買収プレミアムに経営統合効果に関する内部情報が含まれていると株式市場が評価するという「内部情報反映仮説」を支持する結果である。さらに，対象会社に対する持株比率が50％を超えるような場合にだけ取引当事者のみが知りうる内部情報が買収プレミアムに含まれていると株式市場が評価することによって，CARと買収プレミアムの間に正の関係性が生じるという仮説をある程度支持する証拠を得た。これは，取引当事者と投資家の間における情報の非対称性の大小によって，買収プレミアムに対する株式市場の反応が異なることを示している。また，持株比率が50％以下の場合には，買収会社と対象会社の業種や買収会社の業績といった，表から見える形式的な情報に基づいて株式市場が完全子会社化を評価している可能性も示唆されている。

注
1) 情報の非対称性については，Akerlof［1970］を参照。
2) 本章では，買収会社とは完全親会社となる会社のことを，対象会社とは完全子会社となる会社（完全子会社のターゲットとなっている会社）を示すこととする。
3) 新興市場を含めた全市場を対象とした。
4) レコフ社データベース上の発表日は新聞発表日がベースとなっている。なお，新聞発表日データに関しては日経テレコン21を使用して，日経4紙による確認作業を行っている。
5) 持株比率に関しては，新聞等で発表直前の持株比率が掲載されている場合はその値を，それ以外については直前期末における持株比率（間接保有を含む）を使用した。また，業種については日経業種コードの上3桁により分類した。
6) 2005年における上場企業全体の業種構成との比較による。
7) 井上・加藤［2003］においては，分析期間をアナウンスメント日周辺の短期間としたことの他，取引企業の一方または双方について，取引日直前100日（取引日ベース）のうち売買成立日が80日以下であるという条件に該当する取引がサンプルの4分の1近くを占めるため，こうしたサンプルに市場モデルを使用した場合のパラメータの安定性が懸念されることが，市場調整リターンモデルを採用した理由であるとしている。本章におけるサンプルでは，172件の完全子会社化の案件のうち，上記の条件に該当するケースが67件（39.0％）を占めており（会社数ベースでは買収会社172社中1社，対象会社202社中73社が該当），市場モデルを使用した場合のパラメータの安定性に対する懸念は井上・加藤［2003］におけるものより高くなると考えられることから，市場調整リターンモデルを採用した。

8）各社の株価およびTOPIXのデータに関しては，日経NEEDS -Financial Questより取得した。
9）時価総額のデータは日経NEEDS -Financial Questより取得した。両者加重平均算出に当たっては，当日末の株式時価総額を用いているが，前日末と当日末の平均株式時価総額を用いた場合でも本章で行った分析の結果には大きな影響を与えないことを確認している。なお，両者加重平均は次の式で算出される。対象会社株式時価総額に外部持株比率（親会社以外の持株比率）を乗じているのは，グループ外の持分についての株主価値増減を測定するためである。

両者加重平均AAR＝（買収会社株式時価総額×買収会社AAR＋対象会社株式時価総額×外部持株比率×対象会社AAR）／（買収会社株式時価総額＋対象会社株式時価総額×外部持株比率）

10）本章中では報告していないが，日次のAARについて検定値0との間でt検定を行った場合，5％水準（ないしは1％水準）で有意な値となっているのは，買収会社で－1～0日，＋3日，＋5日，対象会社で－8日，－6日，－2日，0日，＋5日，両者加重平均では－1～0日，＋3日となっている。対象会社のAARはアナウンスメント日の1週間程度前から有意な正の値をとっており，買収会社および両者加重平均においてはアナウンスメント日前後11日間の間に主要な株価変動が起こっていることが確認されている。また，買収会社と両者加重平均のCARがほぼ一致しているのは，対象会社の外部持分時価総額に比べて買収会社の時価総額が大きいことによる。
11）飛田［2005b］では，このようなCARの結果になったことについて，買収プレミアムの存在を指摘している。飛田［2005b］におけるサンプルにおける買収プレミアムが今回のサンプルのものより大きければ，本章の結果と整合的であると言えるが，飛田［2005b］で使用したサンプルにおける買収プレミアムの実数が示されていないため，本章で用いたサンプルとの間で買収プレミアムの大小を比較することはできない。
12）完全子会社化の案件の多くでは，元々買収会社の持株比率が高く，経営支配権を有しているケースが多いが，伊藤［2002］ではそのような状況下でもグループ各社が自社の最適化に走ってしまうと指摘している。
13）事業領域の重複を排除することによる資産効率の向上については菊谷・齋藤［2006a］においても同様の指摘がなされている。
14）菊谷・齋藤［2006a］においても，これと同様の指摘がなされている。
15）伊藤［2002］および子会社公開に際しての株価効果を分析した小本［2001］においては，日本企業がこれまで子会社公開を行ってきた目的の1つとして，子会社が自力で資本市場から資金を調達することが可能になる点を挙げている。
16）7つの要因は，両者加重平均，買収会社，対象会社のCARを被説明変数とした3つのモデルに共通して影響を与えるものとして仮説を構築している。ただし，買収プレミアムについてはそれぞれのモデルに対して及ぼす影響が異なるため，3つのモデルにおける期

待符号を分けて記述している。
17）本章注5と同様の方法で算出。なお，分析に当たってはその効果を線形化するために，持株比率を対数変換した値を用いている。
18）発表日時点でプレスリリースにより株式交換比率が公表された案件を対象にプレミアムを算定した。
19）厳密には，株式交換比率算定に用いた期間の株価を用いてプレミアムを算定すべきであるが，算定期間は必ずしも公表されていない点も考慮し，井上・加藤［2006］と同様に取引発表日前日の株価を用いることとした。
20）日経業種分類における中分類コードが同じ場合は1，異なる場合は0とした。
21）ROAの数値は，アナウンスメント直前の期末のものを日経NEEDS財務データより取得した。また，業界平均値での調整に当たっては，当該企業のROAから当該年の同業種上場会社平均値を差し引いて算出している。
22）自己資本比率の数値は，アナウンスメント直前の期末のものを日経NEEDS財務データより取得した。なお，分析に当たってはその効果を線形化するために，自己資本比率を対数変換した値を用いた。
23）完全子会社化のアナウンスメントによる株価変動の影響を軽減するため，10日前の時価総額を使用した。時価総額のデータは日経NEEDS -Financial Questより取得している。
24）単独売上高の数値は日経NEEDS財務データから取得した。
25）多重共線性の統計量であるVIF（分散拡大係数）の値を確認したところ，いずれのモデルにおいても1.643以下に収まっており，多重共線性が発生する可能性が低いことを確認している。

第4章

完全子会社化後の財務業績向上効果

1 財務業績による効果測定

　本章の目的は，株式交換による完全子会社化が中長期的な財務業績の向上に寄与したか否か，そして完全子会社化後の財務業績変動に影響を与える要因について検証することにある。本章の持つ意義は大きく3つあると考えられる。

　1つは，第3章で述べたように日本におけるグループ連結経営において上場子会社等の完全子会社化は非常に重要な施策の1つと位置付けられており[1]，その効果を検証することは日本企業のグループ再編のあり方を検討する上で有用であるという点である。

　海外を含めた先行研究では必ずしも明らかにならなかった視角からM&Aの効果を明らかにできる点が2つ目の意義である。第3章でも指摘しているように，日本における株式交換での完全子会社化の大きな特徴の1つは，その多くがグループ会社間で行われることにある。従って，完全親会社となる会社は完全子会社となる会社に対して元々支配力を持っているケースが多いため，完全子会社化事前における支配力の強さが事後の財務業績に対してどのような影響を及ぼすのかを検討することが可能となる。これは，M&Aの一形態としての完全子会社化を取り上げた研究を実施する意義の1つである。米国においては上場子会社が一般的ではなく，完全子会社化に関する実証研究を行うことが難しいことと併せて考えると，日本独自の研究を展開することができる可能性があると言える。

　3つ目の意義としては，完全子会社化実施前後における株式市場の評価と財務業績の間の関係性を分析することが可能になる点が挙げられる。米国では，Healy et al.［1992］においてM&A後の業種中央値調整済営業キャッシュフロ

一向上効果と短期の株式超過リターンの間に有意な正の相関があることが報告されているが，井上・加藤［2006］でも指摘されているように日本においてはこうした短期の株価効果と長期の財務業績向上効果との間の関係性を定量的あるいは定性的に検討したM&A研究はこれまで行われておらず，重要な研究課題となっている。

　米国および日本を対象とした完全子会社化の株主価値向上効果に関連する先行研究としては，Slovin and Sushka ［1998］，飛田［2005b］，志馬［2006］などがある。また，本書の第3章においても，完全子会社化の株主価値向上効果を検証して，買収会社および完全子会社化のターゲット企業の双方の株式について，CARは有意な正の値となることを報告しており，さらに買収プレミアムや取引当事者の事業関連性，買収会社のROA，ターゲット企業の成長性等がCARに影響を及ぼすことを明らかにした。

　これらの研究は，株式市場からの評価という観点で完全子会社化あるいは親子会社間合併の価値創造効果を測定した研究であるが，完全子会社化が財務業績に与える影響については言及されていない。そこで，本章では完全子会社化が中長期的な財務業績に及ぼした影響とそれを左右する要因の分析を行うこととする。これは，株式市場から概ねポジティブな評価を受けている完全子会社化が財務業績という観点からしても業績を向上させているのかどうかを検証するという意味で，完全子会社化のパフォーマンスを多角的に分析することに寄与すると考えられる。

　以下，第2節では完全子会社化の財務業績効果に対して影響を与えうる要因についての仮説を構築する。第3節ではサンプルおよびリサーチ・デザインについて述べる。第4節は実証結果であり，まず全サンプルについての財務業績向上効果について検討した後，財務業績の改善効果を被説明変数とした重回帰分析の結果等を報告する。第5節では本章で得られた結果および示唆について要約する。

2 仮説の構築と説明変数の設定

　第2章および第3章における議論を踏まえると，完全子会社化に伴う連結ベースでの財務業績向上に影響を与える要因として，以下の7つが考えられる。

① 買収会社と完全子会社となる会社（以下，対象会社）の事業関連性
② 買収プレミアム
③ 買収会社の業績
④ 買収会社の財務体質
⑤ 対象会社の成長性
⑥ 買収会社の対象会社に対する持株比率
⑦ 対象会社の相対的規模

　第1の要因は，買収会社と対象会社の事業関連性である。買収会社と対象会社が同じ事業を営んでいる場合，重複事業分野の解消が期待でき，事業資産の効率化が図られると考えられる。また，事業の規模が大きくなるために，シナジー効果による収益性の向上も期待できる。一方で，双方の事業が共通でない場合に，異なる事業同士が相乗効果を生み出す可能性もある。これらの仮説を表す代理変数としては，取引を行う両者の業種が同じ場合には1，異なる場合には0の値をとるダミー変数（IND[2]）を用いる。この代理変数が財務業績変動に対して与える影響は，プラスおよびマイナスの双方が考えられることから，符号の予想は行わない。

　買収に当たって設定される買収プレミアムが第2の要因である。第3章では，取引当事者同士が密接な関係にある場合，買収プレミアムにシナジー効果や経営改善効果等に対する内部情報に基づく見積もりが反映されていると株式市場が評価するために，買収プレミアムと株式超過リターンの間に正の関係性があるという「内部情報反映仮説」が支持されると述べた。このような株式市場の評価が，完全子会社化後の業績向上を正しく見通しているとするならば，買収

プレミアム（PREMIUM[3]）は財務業績変動に対してプラスの効果があると予想される。また，PREMIUMに関しては別の見方もできる。詳細は第5章にて後述するが，事業譲渡に際しての売却価格は買収会社と売却会社の力関係に影響を受けている可能性が高い。完全子会社化に当たっての買収プレミアムも買収会社と対象会社の間の力関係に影響を受けているとするならば，買収会社の交渉力が強い場合には買収プレミアムが低く抑えられることになる。この場合，買収会社の対象会社に対する元々の支配的影響力が強く，その結果完全子会社化後の経営改善が速やかに行われることから，財務業績の改善も早まることが予想される。逆に，対象会社の独立性および交渉力が強いために高めの買収プレミアムが設定されている場合には，財務業績の改善は遅れるということになる。本章では，上記の仮説を「交渉力反映仮説」と呼ぶことにする。「交渉力反映仮説」に従うならば，買収プレミアムが低いほど財務業績が向上すると考えられる。以上の仮説を踏まえ，PREMIUMの係数の符号の予想は行わないこととする。

　第3の要因としては，買収会社の業績が挙げられる。第3章で得られた結果を踏まえると，完全子会社化前の買収会社の業績が好調である場合には完全子会社化を行うことでかえってその好業績が破壊されてしまう可能性がある。この仮説の代理変数としては，買収会社の完全子会社化前における総資産利益率（BROA[4]）を用いる。この場合，BROAの係数の符号はマイナスになることが予想される。

　第4の要因である買収会社の財務体質は，資金調達手段の制約に関係する。買収会社の負債依存度が大きい等の理由により資金調達コストが高い場合には，完全子会社化実施後に子会社において資金需要が発生しても十分な資金調達を行えない可能性がある。その結果，子会社サイドでは事業機会を失ってしまうことになる。代理変数としては親会社の自己資本比率（BCAP[5]）を用いる。財務業績変動に対するBCAPの係数の符号はプラスになると予想される。

　同じく資金調達手段が制約されることと関連する要因として，対象会社の成長性が挙げられる。これが第5の要因である。成長性の高い対象会社が成長機会を捉えるには，機動的な資金調達が必要となるが，完全子会社化することに

よってそうした資金調達機会が制約を受ける可能性がある。代理変数には対象会社の3年間年平均売上高成長率（SGROWTH[6]）を用いる。SGROWTHが高いほど，財務業績は低下することが予想される。従って，係数の予想符号はマイナスである。

　第6の要因および第7の要因は完全子会社化トータルとしての効果の規模に影響を与えるファクターである。第6の要因である買収会社の持株比率は，完全子会社化に伴って買収会社の影響力がどれだけ増加するかに関係している。完全子会社化前の対象会社に対する買収会社の持株比率（STOCK[7]）が低いほど，買収会社の影響力は完全子会社化によって強まると考えられることから，完全子会社化が総じて業績向上に寄与しているとすれば，STOCKが低いほど財務業績変動はプラスに振れると想定される。従って，係数の期待符号はマイナスである。第7の要因は，対象会社の相対的な規模である。買収会社に対する対象会社の相対的な規模が大きいほど，完全子会社によって得られる効果の規模は大きくなると考えられる。また，規模の大きな対象会社を完全子会社化した場合，完全子会社化の成果に対する市場の注目が集まるため，経営統合効果を早期に実現させたいという経営者の動機が強まり財務業績向上効果が大きくなる可能性もある。代理変数としては，対象会社の買収会社に対する時価総額の比率（MVRATIO[8]）を用いる。完全子会社化が総じて業績に対してプラスに作用するならば，MVRATIOが大きいほど財務業績変動はプラスになると考えられる。従って，係数の期待符号はプラスとなる。

3　サンプルとリサーチ・デザイン

3.1　サンプルの抽出方法

　株式交換による完全子会社化のサンプル抽出に当たっては，レコフ社のデータ（M&A CD-ROMおよびレコフ社データベース）を使用し，2000年1月から2004年3月までに実施された上場会社[9]同士の株式交換による完全子会社化の案件を抽出した。対象業種は製造業および非製造業であり，証券・銀行などの

金融業は除外している。さらに，本章での分析対象は完全子会社化前後での企業業績の変化であることから，最低でも完全子会社化実施前1期分，実施後2期分[10]の指標が日経NEEDSから算出可能な企業に絞り込んでいる。その結果，98件の完全子会社化が本章における分析対象となった。

3.2 財務業績の測定指標

本章では，完全子会社前後の長期的な企業業績を測定する指標として，先行研究でもしばしば使用されている総資産利益率ベースの指標を使用することとする[11]。具体的には，連結ベースでの総資産営業利益率（以下，ROA）および，総資産のれん償却差引前営業利益率（以下，修正ROA）で企業業績を測定する[12]。営業利益ベースでのROAに加え，修正ROAを採用しているのは，完全子会社化によって生じるのれんの償却が，完全子会社化実施後の営業利益に及ぼす影響を排除するためである[13]。ROA，修正ROAについては，それぞれ業種平均値[14]を差し引いて調整した超過ROAを用いる。また，同様の手法を用いて調整した超過売上高利益率（超過ROSおよび超過修正ROS），超過総資産回転率も分析に用いることとする。

観測期間は完全子会社化を実施する1期前（t=−1），1期後〜3期後[15]（t=+1〜+3）とする。また，完全子会社化以前に対象会社が連結対象となっていなかった案件に関しては，t=−1の数値算出を行う際に買収会社と対象会社の総資産，売上および利益を単純合計し，擬似的な連結処理を行っている。

また，第2節で構築した仮説に基づく重回帰分析モデル（被説明変数を超過修正ROA差分とした場合）は以下の（4.1）式で表される。なお被説明変数としては，t=+3対−1，+2対−1，+3対+1，+2対+1における超過修正ROA差分，超過修正ROS差分および超過総資産回転率差分の3変数を使用することとする。

$$超過修正ROA差分_i = \alpha_0 + \alpha_1 IND_i + \alpha_2 PREMIUM_i + \alpha_2 BROA_i \\ + \alpha_3 BCAP_i + \alpha_4 SGROWTH_i + \alpha_5 STOCK_i \quad (4.1) \\ + \alpha_6 MVRATIO_i + \varepsilon_i$$

4 実証結果と考察

4.1 記述統計量

ROAおよび説明変数の記述統計量を図表4-1に示す[16]。ここからは，ROAおよび修正ROAともに業界平均値を上回っていることが分かる。また，t＝－1時点でROAの平均値は0.002（中央値は0.001）だったものが，t＝＋2の時点では平均値0.009（中央値0.010），t＝＋3の時点では平均値0.015（中央値0.013）となっており，完全子会社化してから後の期ほど業績が向上していることが見てとれる。

図表4-1　記述統計量

	N	平均値	標準偏差	最小値	1Q	中央値	3Q	最大値
ROA[t＝－1]	71	0.002	0.036	－0.124	－0.016	0.001	0.017	0.157
ROA[t＝＋1]	71	0.004	0.030	－0.068	－0.016	0.003	0.018	0.111
ROA[t＝＋2]	71	0.009	0.032	－0.056	－0.017	0.010	0.020	0.104
ROA[t＝＋3]	40	0.015	0.033	－0.041	－0.012	0.013	0.025	0.111
修正ROA[t＝－1]	71	0.002	0.037	－0.125	－0.016	0.001	0.017	0.157
修正ROA[t＝＋1]	71	0.004	0.030	－0.068	－0.017	0.003	0.018	0.111
修正ROA[t＝＋2]	71	0.009	0.032	－0.056	－0.017	0.010	0.022	0.104
修正ROA[t＝＋3]	40	0.015	0.034	－0.041	－0.013	0.014	0.027	0.111
IND	71	0.563	0.499	0.000	0.000	1.000	1.000	1.000
PREMIUM	71	0.073	0.182	－0.338	－0.037	0.047	0.207	0.474
BROA	71	0.003	0.049	－0.129	－0.022	－0.003	0.014	0.268
BCAP	71	－0.982	0.617	－2.390	－1.494	－0.910	－0.423	0.000
SGROWTH	71	－0.028	0.112	－0.306	－0.085	－0.039	0.014	0.499
STOCK	71	－0.723	0.333	－1.790	－0.849	－0.667	－0.490	－0.222
MVRATIO	71	0.053	0.078	0.001	0.009	0.025	0.065	0.483

4.2 超過ROAの推移（全サンプル）

図表4-2は完全子会社化実施前後（t＝－1，＋1～＋3期）の超過ROAおよび超過修正ROAの推移と，検定値0との間でt検定を行った結果を示している。これによれば，t＝－1および＋1の時点ではROA，修正ROAともに統計的に有

図表4-2　超過ROAおよび超過修正ROAの推移

t（期）	N	ROA	t値	修正ROA	t値
−1	98	0.13%	0.383	0.16%	0.468
+1	98	0.22%	0.739	0.23%	0.753
+2	98	0.71%	2.277**	0.71%	2.251**
+3	59	0.84%	2.120**	0.83%	2.079**
+2対−1	98	0.58%	1.942*	0.54%	1.825*
+3対−1	59	0.78%	1.653	0.75%	1.579
+2対+1	98	0.49%	3.214***	0.48%	3.168***
+3対+1	59	0.97%	3.618***	0.95%	3.553***

（注）*は10％有意水準を，**は5％有意水準を，***は1％有意水準を満たしている。

意な値ではないが，t＝＋2および＋3では統計的に有意な正の値をとっていることが分かる（各々5％水準で有意）。また，t＝＋2または＋3対t＝−1または＋1の差分を検定すると，ROAおよび修正ROAともに，t＝＋2対−1，＋2対＋1および＋3対＋1で統計的に有意となった。また，t＝＋2対−1における超過ROA上昇幅上位10件（超過ROAの平均上昇幅6.18％）の特徴を見ると，買収会社に対する対象会社の時価総額の比率が0.114となっており，全サンプルの平均値（0.067）の1.70倍となっている。大規模な完全子会社化の実施が，大きな業績改善効果を生み出している状況が示唆される。

　上記の結果は，完全子会社化を実施した企業群において財務業績が向上していることを示している。また，完全子会社化の収益性改善効果は完全子会社化実施1期後（t＝＋1）の時点では現れず，2期後以降に現れることが明らかとなった。これは，完全子会社化の財務業績向上効果が現れるまでには若干のタイムラグがあることを示している。

　完全子会社化が企業の財務業績を改善する効果があるという上記の結果は，第3章において述べた株式市場からのポジティブな評価と整合的であると言える。一方，1981〜1995年の合併が財務業績に与えた影響を調査した小本［2002］では合併の前後でROAの上昇が確認されておらず，1980〜1987年の日本でのM&Aについて調査した小田切［1992］ではむしろROAがやや低下する傾向が報告されており，本章で得られた結果はこれらとは異なっていることが分かる。また，日本国内におけるM&A前後の営業キャッシュフローリターンを測定したKruse et al.［2007］においては，測定指標が合併前に有意なマイナス，合

併後は有意な値にならず，両者の平均値の差は統計的に有意であるとしている。今回の実証結果は，完全子会社化前における収益性は業界平均並だが完全子会社化実施後は収益性が業界他社を上回るというものであり，業界他社を下回る業績からの回復を報告しているKruse et al.［2007］の結果とも異なる傾向となっている。通常のM&Aを対象とした先行研究に比べて高い財務業績向上効果が得られている理由として，完全子会社化を行う取引当事者の多くは完全子会社化前からグループ関係にあり，買収会社の多くが対象会社に対して元々影響力を持っているため，完全子会社化後の経営統合効果が速やかに現れやすいという点が考えられる。

4.3 ROAの上昇に寄与した要因は何か

4.2では，完全子会社化を実施した企業においてROAが上昇しているという結果が得られた。そこで，ここではROAをROSと総資産回転率に分解することで，ROAの上昇要因を分析する[17]。ROAの上昇がROSの上昇によるならば，完全子会社化は企業の収益力増大に寄与していると考えられるし，総資産回転率の上昇によるならば，完全子会社化はグループ全体としての資産の効率化に寄与したと推察することができる。

上述の分析結果を図表4-3に示す。まず完全子会社化実施前であるt＝－1の結果では，超過ROS，超過修正ROSともに正の値（10％水準で有意）になっているのに対し，超過総資産回転率は統計的に有意な負の値（1％水準で有意）をとっている。従って，完全子会社化を行おうとする企業は，売上高利益率は

図表4-3　超過ROSと超過総資産回転率の推移

t（期）	N	ROS	t値	修正ROS	t値	総資産回転率	t値
－1	98	0.81％	1.885*	0.84％	1.942*	－0.098	－3.643***
＋1	98	1.02％	2.787***	1.03％	2.787***	－0.096	－3.318***
＋2	98	1.51％	3.720***	1.50％	3.683***	－0.086	－2.777***
＋3	59	1.36％	2.590**	1.34％	2.554**	－0.056	－1.573
＋2対－1	98	0.70％	2.438**	0.66％	2.307**	0.012	0.650
＋3対－1	59	0.80％	1.864*	0.75％	1.784*	0.022	0.813
＋2対＋1	98	0.49％	3.133***	0.47％	3.067***	0.010	1.127
＋3対＋1	59	0.87％	3.772***	0.85％	3.705***	0.019	1.144

（注）*は10％有意水準を，**は5％有意水準を，***は1％有意水準を満たしている。

決して悪くはないが，業界他社に比べて資産効率が劣っていることが分かる。従って，業界他社に比べて低い資産効率の改善が完全子会社化の目的の1つである可能性が示唆される。

また完全子会社化実施後においては，総資産回転率の平均値が上昇し，その統計的有意性が年々低下しているという結果が得られている。t＝＋3の時点では平均値は依然として負の値ではあるものの，統計的には有意でなくなっている。実施前後における差分の検定結果は統計的に有意ではないが，資産効率の改善を目的として行われた完全子会社化がある程度その成果を挙げている状況が示唆される。

一方，完全子会社化後のROSはいずれも正の値であり，t＝－1時点でのROSと比較してその平均値は大きく，統計的有意性も高いという結果が得られている。また，t＝＋2対－1，＋3対－1，＋2対＋1および＋3対＋1の差分においても，概ねROSの平均値向上が統計的に有意であることが示されている。従って，完全子会社化はROSの向上にも寄与していると推察される。

これらの結果は，完全子会社化を行うことによって，資産の非効率性が解消され，企業グループ全体としての効率性が高まっているということと，企業グループ全体が持つ収益性が高まっていることを示している[18]。

4.4 重回帰分析の結果（超過修正ROA）

第3節で構築した重回帰分析モデルの分析結果（超過修正ROA）を図表4-4に示す[19]。この結果によれば，t＝＋3対＋1の修正ROA差分を被説明変数とする重回帰分析モデルにおいて，INDおよびPREMIUMの係数は統計的に有意な負の値（各々1％水準，5％水準で有意）を，MVRATIOの係数は5％水準で有意な正の値をとっている。また，t＝＋2対＋1のモデルにおいてもINDの係数を除いて同様の傾向を示している。これらの結果は，買収プレミアムが完全子会社化後の業績向上に対してマイナスの効果を持っていること，同業種間の完全子会社化が業績向上を妨げていること，そして対象会社の規模が大きいほど業績向上の幅が大きくなることを示している。一方，t＝＋3対－1の修正ROA差分を用いた場合にはMVRATIOのみが5％水準で有意な正の値となっ

図表4-4　重回帰分析の結果（超過修正ROA）

変数	期待符号	超過修正ROA差分							
		t=＋3対＋1		t=＋2対＋1		t=＋3対－1		t=＋2対－1	
		係数	t値	係数	t値	係数	t値	係数	t値
定数項		0.023	2.224**	0.009	1.680*	0.011	0.544	－0.009	－0.811
IND	?	－0.018	－2.940***	－0.005	－1.522	－0.010	－0.827	0.001	0.098
PREMIUM	?	－0.050	－2.604**	－0.017	－1.777*	－0.013	－0.345	－0.009	－0.504
BROA	－	－0.039	－0.670	0.006	0.149	－0.156	－1.388	－0.123	－1.748*
BCAP	＋	0.002	0.293	0.004	1.276	0.000	－0.037	0.002	0.444
SGROWTH	－	0.007	0.212	－0.022	－1.395	0.030	0.463	－0.019	－0.645
STOCK	－	－0.002	－0.161	0.000	0.063	－0.002	－0.100	－0.015	－1.503
MVRATIO	＋	0.078	2.175**	0.065	2.747***	0.148	2.119**	0.132	2.952***
N		40		71		40		71	
Adj. R^2		0.317		0.136		0.056		0.161	

（注）*は10％有意水準を，**は5％有意水準を，***は1％有意水準を満たしている。

ており，t=＋2対－1の場合にはMVRATIOが1％水準で有意な正の値，BROAが10％水準で有意な負の値となっている。

MVRATIOに関する結果は，当初の仮説に沿った結果である。対象会社の規模が大きいほど完全子会社化の効果も大きくなることを示している。また，BROAについて統計的有意性は高くないものの，親会社の業績破壊効果を示唆する結果が得られている。

INDに関しては，異業種間の完全子会社化の業績向上効果の方が高くなっている。これは，異業種間の完全子会社化が相互補完関係を発揮し，同業種間の完全子会社化よりも収益性の向上に寄与したためではないかと解釈できる。

PREMIUMについての結果は，買収プレミアムが低い方が完全子会社化後の財務業績が向上するというものである。この結果は，「交渉力反映仮説」と整合的であると考えられるが，買収会社の対象会社に対する交渉力が買収プレミアムに反映しているのかどうかはこの分析だけでは特定できない。従って，この点については4.6において追加的な検証を実施する。

4.5 重回帰分析の結果（超過修正ROS，超過総資産回転率）

被説明変数を超過修正ROSとした重回帰分析の結果を図表4-5に，超過総資産回転率を被説明変数とした重回帰分析の結果を図表4-6に示す。

図表4-5　重回帰分析の結果（超過修正ROS）

変数	期待符号	修正ROS差分							
		t=＋3対＋1		t=＋2対＋1		t=＋3対－1		t=＋2対－1	
		係数	t値	係数	t値	係数	t値	係数	t値
定数項		0.027	2.686**	0.011	1.687*	0.017	0.921	－0.005	－0.450
IND	?	－0.018	－2.902***	－0.004	－0.921	－0.010	－0.876	0.004	0.599
PREMIUM	?	－0.026	－1.363	－0.011	－0.959	0.001	0.038	－0.008	－0.403
BROA	－	－0.018	－0.310	0.009	0.204	－0.171	－1.669	－0.166	－2.307**
BCAP	＋	0.006	0.867	0.003	0.832	0.000	－0.025	－0.001	－0.150
SGROWTH	－	0.002	0.068	－0.006	－0.361	0.046	0.772	－0.001	－0.037
STOCK	－	0.003	0.319	0.002	0.396	0.008	0.439	－0.008	－0.782
MVRATIO	＋	0.034	0.962	0.033	1.250	0.093	1.456	0.073	1.576
N		40		71		40		71	
Adj. R^2		0.134		－0.030		0.005		0.075	

（注）*は10％有意水準を，**は5％有意水準を，***は1％有意水準を満たしている。

　これによれば，INDの係数は超過修正ROS差分（t=＋3対＋1）を被説明変数とするモデルにおいて，1％水準で有意な負の値となる一方，超過総資産回転率を被説明変数とする重回帰分析では有意な値とはならなかった。異業種間の完全子会社化が収益性の向上に貢献する一方，同業種間と異業種間の完全子会社化において，資産効率の改善には差がなかったと解釈することができる。資産効率の改善に差が見られなかった理由としては，間接部門や異業種間でも共用可能な資産（営業拠点など）の効率化が中心になったためではないかと考えられる。

　また，PREMIUMの係数は超過修正ROSのモデルでは統計的に有意にならなかったが，超過総資産回転率のモデル（t=＋3対＋1，＋2対＋1，＋3対－1）のモデルでは統計的に有意な負の値となった。買収会社の交渉力は，特に資産効率の向上に対して効果を発揮している状況が示唆される。

　また，BROAの係数は超過修正ROSのt=＋2対－1のモデルにおいて，STOCKならびにMVRATIOの係数は超過総資産回転率のt=＋2対－1のモデルにおいてそれぞれ5％水準で統計的に有意な値となった。符号は，いずれも当初想定していた仮説と整合的であった。

図表4-6 重回帰分析の結果（超過総資産回転率）

変数	期待符号	総資産回転率差分							
		t=+3対+1		t=+2対+1		t=+3対−1		t=+2対−1	
		係数	t値	係数	t値	係数	t値	係数	t値
定数項		0.006	0.122	−0.017	−0.539	−0.092	−1.133	−0.150	−2.336**
IND	?	−0.008	−0.259	0.012	0.596	0.002	0.042	0.038	0.942
PREMIUM	?	−0.277	−2.812***	−0.165	−2.949***	−0.332	−2.187**	−0.130	−1.142
BROA	−	0.104	0.351	0.089	0.421	0.529	1.156	0.079	0.184
BCAP	+	−0.063	−1.820*	−0.001	−0.074	−0.097	−1.799*	−0.018	−0.533
SGROWTH	−	0.077	0.447	−0.209	−2.310**	−0.047	−0.176	−0.098	−0.532
STOCK	−	−0.028	−0.553	−0.034	−1.114	−0.113	−1.458	−0.162	−2.572**
MVRATIO	+	−0.113	−0.612	0.053	0.389	0.249	0.875	0.624	2.267**
N		40		71		40		71	
Adj. R^2		0.104		0.115		0.089		0.118	

（注）*は10％有意水準を，**は5％有意水準を，***は1％有意水準を満たしている。

4.6 買収プレミアムに関する追加的検証

　ここでは「交渉力反映仮説」の妥当性を検討するために，買収会社と対象会社の力関係に関連すると考えられるパラメータと，買収プレミアムの間の関係を分析することとする。本章では買収会社と対象会社の力関係に関連するパラメータとして，完全子会社化アナウンスメント直前における買収会社の対象会社に対する持株比率，取引当事者間の超過総資産回転率および超過修正ROSの差分（買収会社の当該指標から対象会社の当該指標を差し引いた値）に着目した。完全子会社化実施前の持株比率が高い場合には，元々子会社の親会社に対する経営上の依存度が高く，親会社の交渉力が強いことから，買収プレミアムが低く設定されることが予想される。一方，買収会社の超過総資産回転率および超過修正ROSから対象会社の数値を差し引いた値が高い場合には，買収会社が業績的に優位に立っていることから買収会社の交渉力が強く，買収プレミアムが低くなることが予想される。

　これらのパラメータの中央値[20]で分割したサブサンプル間の買収プレミアムの平均値を算出し，平均値の差のt検定を行った結果を図表4-7に示す。図表4-7によれば，持株比率に関して中央値以上のサブサンプルの方が中央値未満のサブサンプルに比べて買収プレミアムが統計的に有意に低い（5％水準，t値＝

図表4-7　サブサンプルごとの買収プレミアム

持株比率	N	PREMIUM	超過総資産回転率差分（買収会社－対象会社）	N	PREMIUM	超過修正ROS差分（買収会社－対象会社）	N	PREMIUM
中央値以上	74	0.043	中央値以上	74	0.054	中央値以上	80	0.060
中央値未満	73	0.111	中央値未満	74	0.110	中央値未満	79	0.096
平均値の差		−0.068	平均値の差		−0.055	平均値の差		−0.036
t値		−2.426**	t値		−1.904*	t値		−1.263

（注）*は10％有意水準を，**は5％有意水準を満たしている。

−2.426）という結果が得られた。これは，買収会社の対象会社に対する支配力の強弱が買収プレミアムに表れていることを示している。

また，対象会社の超過総資産回転率差分が中央値以上のサブサンプルの方が，中央値未満のサブサンプルに比べて買収プレミアムが10％水準（t値＝−1.904）で有意に低くなった。買収会社の資産効率が対象会社に比べて高い場合，買収会社の交渉力が強くなるために買収プレミアムが低く設定されていることを示唆している。なお，超過修正ROS差分についても，中央値未満のサンプルの買収プレミアムの方が高くなっているが，統計的には有意な結果は得られなかった。

以上の結果から，買収プレミアムは買収会社の対象会社に対する交渉力の強弱の代理変数となっていると推測される。従って，4.4においてPREMIUMの係数が有意なマイナスとなったことと合わせると，「交渉力反映仮説」が支持される結果であると言える。

4.7　株価効果および財務業績効果に対する買収プレミアムの影響

完全子会社化の株式市場からの評価を分析した第3章では，買収プレミアムは案件全体の株価効果と正の関係にあると述べた。一方，本章において得られた結果は買収プレミアムと完全子会社化実施後の財務業績向上効果の間には負の関係があるというものである。ここでは，こうした相違がなぜ生じたのかという点について考察する。

買収プレミアムが株式超過リターンに与える影響について，第3章では「内

部情報反映仮説」を支持する結果を得た。完全子会社化の取引当事者は元々緊密なグループ関係あり，買収プレミアムには内部情報に基づいた統合効果が織り込まれていると市場が判断する場合に，買収プレミアムと案件全体の株主価値は正の関係性を持つというのが「内部情報反映仮説」である。一方，4.4～4.6で得られた結果は，買収プレミアムには買収会社と対象会社の力関係が反映されているとする「交渉力反映仮説」を支持するものであった。こうした2つの仮説が提示される背景には，買収プレミアムの決定メカニズムと，株式市場による買収プレミアムの解釈の間のギャップが存在するのではないかと考えられる。

　投資家サイドでは，買収会社が買収プレミアムを多く支払う理由として，リストラクチャリングの進展による効率化やシナジー実現による業績向上を買収会社が見込んでいるためであると考えるため，多くの買収プレミアムを支払った場合でも買収会社の株価はそれほど低下しない（従って，案件全体としては株主価値が増大する）。しかし，実際の買収プレミアムは対象会社に対する買収会社の交渉力によって決まっており，買収プレミアムが大きい場合には買収会社の交渉力が弱く完全子会社化後の経営改善が遅れるために，財務業績はマイナスに振れてしまう。

　一方で買収プレミアムが低く設定される場合には，元々対象会社に対する買収会社の交渉力が強いために，完全子会社化後の経営統合，経営改善が進みやすい環境にあると考えられる。加えて，低めの買収プレミアムを設定した場合に株式市場は「内部情報反映仮説」に基づいて経営統合効果が低いと判断するため，株式超過リターンは低くなることが予想される。その結果，買収会社の経営陣は自社の経営に対する危機感を強め，対象会社を含めた経営改善をさらに加速させることが考えられる。従って，完全子会社化後の財務業績はより早い段階で向上することとなる[21]。

5　結果の要約と示唆

　本章では，完全子会社化が中長期的な企業業績向上につながったのかどうか，

そして財務業績向上を左右する要因は何か，という点について分析を行った。その結果，大きく以下の4点が明らかとなった。

　1点目は，完全子会社化実施以後企業の財務業績が向上し，業種平均と比較して有意に高い業績をあげることができているという点である。この結果は，これまでの国内における通常のM&Aを対象とした先行研究と比較して高い財務業績向上効果を示すものである。

　次に，ROAをROSと総資産回転率に分解し，どちらがROAの向上に寄与しているのかを検証した。その結果，完全子会社化は企業の収益性と資産効率の向上の双方を実現していることが明らかとなった。また，完全子会社化実施以前の総資産回転率は統計的に有意に低く，資産効率の低さが完全子会社化の動機の1つとなっている可能性が示唆された。

　さらに，取引当事者同士の事業関連性，買収プレミアムおよび対象会社の買収会社に対する相対的規模が完全子会社化実施後の業績向上に影響を与えるということが明らかになった。特に，本章では買収プレミアムが大きいほど財務業績向上効果が低くなるという点に着目し，買収プレミアムには買収会社と対象会社の間の力関係が表れていて，これが完全子会社化後の財務業績向上に影響を与えているという「交渉力反映仮説」を検証した。その結果，持株比率が高い場合および買収会社と対象会社の超過総資産回転率差分が中央値以上の場合には買収プレミアムが低く設定されていることから，買収会社の交渉力が買収プレミアムに影響を与えていることが示された。前述のように，完全子会社化が通常のM&Aに比べて高い財務業績向上効果を得ているのは，完全子会社化以前から買収会社が持っていた交渉力が完全子会社化後も発揮され，業績改善が急ピッチで進んだためではないかと考えられる。

　4点目としては，短期的な株価効果と中長期的な財務業績効果の間の関係性が明らかになった。本書の第3章および本章では，完全子会社化の企業価値向上効果に焦点を当てた検証を行った。その結果，株式市場は完全子会社化に対してポジティブな評価を行っていること，そして完全子会社化実施後の財務業績が向上しており株式市場が期待したようなシナジーならびに資産効率の向上は財務業績向上効果としても実現されていることが明らかとなった。しかしな

がら，株式市場は買収プレミアムを多く支払った完全子会社化（親会社が見積もった期待効果が高い場合）を高く評価したが，実際に財務業績が向上したのは買収プレミアムが低い完全子会社化（元々親会社が持っていた支配的影響力が強い場合）の方であった。本章では，買収プレミアムに関する「内部情報反映仮説」および「交渉力反映仮説」の双方を用いて，買収プレミアムが株価効果に対してはプラスの効果がある一方で，財務業績向上効果に対してはマイナスの影響を及ぼすという点について，その理由を検討した。

以上の結果は，これまで行われてきたM&Aの実証研究では得られなかった示唆を多数含んでいる。特に，完全子会社化が全体として財務業績の向上につながったという点はこれまで日本企業が行ってきたグループ企業再編に対して一定の評価を与えるものである。さらに，どのような完全子会社化が実施後の業績向上に寄与しているのかを明らかにした点は，今後のグループ企業再編，グループ連結のあり方をどのように考えていくべきかという経営者の問いに対する1つの回答になりうるものと考えられる。

また，買収プレミアムが短期の株価効果と中長期の財務業績効果に与える影響についての検討は，完全子会社化後のマネジメントのあるべき姿に対する示唆を与えてくれる。株式市場は，完全子会社化による親会社と子会社の経営統合を通じてグループ企業価値を向上させることを期待しているが，株式市場が期待したような統合効果を発揮するには，親会社主導による積極的な経営統合が求められていると考えられる。このことは，完全子会社化を実施した後のマネジメントが財務業績に大きな影響を及ぼしていることを示唆している。完全子会社化においても，通常のM&Aと同様に実施後の統合プロセスおよびマネジメントが中長期的な企業価値向上のカギを握っていると言えるのではないだろうか。

注

1）伊藤［2002］を参照。
2）日経業種分類における中分類コードが同じ場合には同業種，異なる場合には異業種とした。
3）完全子会社化アナウンスメント1日前の株価に対する買収価格のプレミアムを使用する。

4）アナウンスメント前直前期の単独ベースのROA（総資産事業利益率）を用いている。
5）アナウンスメント前直前期の単独ベースの自己資本比率を用いる。また，効果を線形化するため，自然対数値への変換を行っている。
6）アナウンスメント前直前期から3期分の単独ベースでの売上高年平均成長率を用いる。なお，連結ベースの数値を用いた場合でも，本章の結果には大きな影響を及ぼさないことを確認している。
7）分析に当たっては，その効果を線形化するために，持株比率を対数変換した値を用いている。
8）アナウンスメント自体の影響を極力排除するため，アナウンスメント直前10日前の時価総額を基に比率を算出している。
9）店頭市場，ジャスダック，マザーズ，ヘラクレス等を含めた全市場を対象とした。
10）完全子会社化の実施期を除外している。
11）米国では，Ravenscraft and Scherer [1987a] が，日本国内では小田切 [1992]，小本 [2002]，長岡 [2005] などが総資産利益率ベースの指標を用いてM&Aの財務業績効果を測定している。
12）ROA，修正ROAについては原則として連結ベースの数値を用いる。ただし，連結財務諸表数値が公表されていない企業については単独の数値を用いている。
13）企業結合時にパーチェス法を用いるか，持分プーリング法を用いるかで測定される利益の数値が大きく異なってくる点については，Healy et al. [1992] を参照。
14）業種平均値は，日経業種コードの上3桁で分類した連結ベースのROAの単純平均を，年次ごとに集計して算出した。
15）3期後に関してはデータが入手可能なサンプルに限る。なお，3期後のデータが取得可能なサンプル数は59件である。
16）ここでは，ROA（t=2）およびROA（t=－1）の双方および説明変数が欠損していないサンプルのみの記述統計量を示している。
17）ROSおよび総資産回転率についてもROA同様，業種平均による調整を行っている。
18）本章では詳細な結果を報告していないが，売上，（修正）営業利益，総資産を完全子会社化実施前後で比較したところ，売上および（修正）営業利益が有意に増加しているのに対し，総資産には有意な変動は見られなかった。従って，資産の減少ではなく，売上，利益の増加が指標を押し上げていると考えられる。
19）本章では，修正ROA差分を被説明変数とした分析結果のみを報告しているが，営業利益ベースのROAを用いた分析でも同様の結果が得られることを確認している。なお，多重共線性の統計量であるVIFは1.252以下に収まっており，多重共線性が発生する危険性が低いことを確認している。
20）中央値の値は，持株比率52.90％，超過総資産回転率差分－0.1087，超過修正ROS差分0.0222である。

21) 本章で用いたサンプルのうち，完全子会社化アナウンスメント前後3日間における累積株式超過収益率（CAR）がマイナスであったものの，t＝＋3対−1の超過修正ROA差分が3.0ポイント以上であった案件は6件存在するが，そのうちの3件（買収会社：フルサト工業，日本軽金属およびシスメックス）では日経4紙において，完全子会社化後のリストラクチャリングの進展（営業拠点や生産拠点の統合など）および買収会社と対象会社間の事業の相乗効果により対象会社の業績が回復し，連結財務業績向上に貢献したという報道がなされている。これらの案件における買収プレミアムはいずれもマイナスかほぼゼロであり，完全子会社化実施前の持株比率はいずれも50％超であった。こうした事例は，上述のような買収プレミアムと財務業績向上効果との間の関係をある程度裏付けるものであると考えられる。

第5章

事業譲渡の株主価値向上効果

1 「選択と集中」に対する株式市場の評価

　本章の目的は，日本における事業譲渡が株式市場からどのように評価されているかを実証的に検証することにある。日本国内における上場会社同士の事業譲渡は1990年代末から大きく増加する傾向にあり，その重要性の高まりは案件数の増加からも伺い知ることができる。こうした事業譲渡の多くは，（売却側の会社にとっての）不採算事業からの撤退と，（買収側の会社にとっての）戦略的事業に対する投資の双方を実現するものとして行われている。

　第1章で述べたように，日本企業の経営者は事業撤退が経営の失敗を表すと考えており，その抵抗感から事業譲渡を行う企業は1990年代前半まで非常に少ない状況にあった。しかしながら，1990年代末以降には事業譲渡が日本企業の事業の「選択と集中」を進める上での重要な手段の1つになっている。というのも，企業が自らの価値を高めるためには価値を破壊している事業から撤退することが即効性のある処方箋であるためである。事業譲渡の価値創造効果を実証する研究を行う意義は大きく2つある。

　まず1つ目は，事業譲渡が全体として企業価値を創造したのかどうか，そしてどのような要因が事業譲渡による価値創造に影響を与えたのかを検証することは，日本におけるグループ連結経営の転換に対する株式市場の評価を検討する上での示唆を与えうると考えられる点である。上述のように，90年代以降に事業の「選択と集中」を目的とした事業譲渡が数多く行われてきたが，こうした事業譲渡に対して市場はどのように評価しているのか，そしてその評価に影響を与えうる要因を特定することで，市場がどのような事業売却をより高く評価しているのかを明らかにすることができる。こうした点は，今後日本におい

て事業譲渡をどのように実施していくべきかという経営者の問いに答える上での重要な示唆になりうると考えられる。

そしてもう1つの意義は，事業譲渡というM&Aの形態面から見た特徴に起因する。事業譲渡は，ある会社の一部分を切り離し別の会社に譲り渡すという形態をとるため，取引後においても売却側の会社はこれまで通り存続することになる。従って，事業譲渡の取引には売却側の会社が売却によって得た資金を自社のために使用することが可能であるという大きな特徴がある。第2章で述べたように，売却会社における資金の使途をどのように市場が評価するのか，という点は通常のM&Aを取り上げた実証研究では取り上げにくいテーマである。従って，日本国内における事業売却によって得られた資金の使途に対する市場の評価を分析することには大きな意義があると言えるだろう。

本章では，日本国内における事業譲渡が全体として株式市場からどのように評価されているのか，そしてその評価に影響を与えている要因は何かを実証的に分析する。具体的には，事業譲渡発表時点における買収会社（譲受サイド），売却会社（譲渡サイド）の株価がどのように変動したのかを見ていくこととする。また，両者の株式超過リターンを時価総額で加重平均することにより，買収会社と売却会社を合わせて見たときに，株主価値が創造されたのかどうかについて検証する。加重平均値を使用することにより，日本国内における事業譲渡そのものの付加価値を算定することができる。さらに，事業譲渡における株主価値創造に影響を与えるであろう要因を抽出し，それらがどのように影響しているのかについても重回帰分析を行うこととする。

以下，第2節では事業譲渡に関する先行研究をレビューする。第3節ではサンプルとリサーチ・デザインについて述べる。第4節においては全サンプルを用いた実証結果を報告する。第5節では買収会社サイドおよび売却会社サイドでの累積株式超過収益率（CAR）に影響を及ぼす要因についての重回帰分析を実施し，第6節では追加的検証を行う。第7節は事業譲渡に対する株式市場の反応についての要約である。

2 先行研究

　ここでは，事業売却（Divestiture）について，日米の先行研究について概観し，日本における研究の課題を抽出しておく。

　Jain［1985］は，1976～1978年に行われた事業売却のうち，売却金額が10百万ドルを超える案件について，アナウンスメント前後の平均株式超過リターンを測定した。その結果，売り手サイド，買い手サイドの双方においてt＝－1（日）の時点で有意な正のリターンを観測した。ただし，その株式超過リターンは，売り手サイドの＋0.44％に対して，買い手サイドでは＋0.34％に留まっており，買い手サイドのリターンは売り手サイドに比べて小さいことを報告している。

　Mulherin and Boone［2000］では，通常のM&Aと比較するために，1990年代に行われたダイベスティチャー370件をスピン・オフ（会社の一部を分割し，被分割会社の株式を株主に割り当てる），エクイティ・カーブアウト（子会社上場・公開），アセット・セール（事業売却）の3つに分け，価値創造効果をアナウンスメント日前後3日間（t＝－1～＋1）の平均株式累積超過リターンで測定している。これによれば，サンプル全体での（売り手側株主に対する）株式累積超過リターンは＋3.04％となり，スピン・オフでは＋4.51％，カーブアウトでは＋2.27％，アセット・セールでは＋2.60％となっていることが報告されている。また，米国国内企業同士のアセット・セールのみに絞って売り手側と買い手側の株主に対する平均株式累積超過リターンを測定すると，売り手側で＋1.75％，買い手側で＋1.34％，両者の加重平均値は＋1.18％となり，それぞれ有意な値となることが報告された。

　Lang et al.［1995］では，1984～1989年の間に米国企業が実施した大規模な事業売却93件について，その動機と株式市場からの評価を分析している。この研究では，まず事業売却を行った企業群の特徴を分析し，事業売却の動機を探っている。これによれば，事業売却を行った企業群の負債比率（総資産に対する負債の比率）は高く，純利益も低水準であり，事業売却発表以前の株式リタ

ーンも有意なマイナスを示すことが明らかになった。即ち，企業は単純に資産の効率的配置を目的に事業を売却するのではなく，自社の財務状況が事業売却という経営行動に影響を与えていることを報告している。この研究では上記の結果を基に，それまで提唱されていた「効率的配置仮説」（自社よりも効率的に資産を活用できる企業に事業を売却することにより，資源の効率的な配置が実現され，そのリターンの一部を売り手企業が獲得する）が事業売却の動機になっているわけではなく，「資金調達仮説」（企業の経営者は，会社の規模や会社に対する自身の影響力を保持することに価値を見出すため，資源の効率的配置を目的に事業売却を実施するのではなく，負債の返済などのための資金調達の必要性に迫られて初めて事業売却を行う）に基づいて経営者が事業売却を行っていると主張している。また，事業売却に対する株式市場の反応も詳細に分析しており，事業売却によって調達した資金を負債返済に用いたサンプル企業に対して市場は有意なプラスの評価（$t=-1 \sim 0$で平均累積株式超過収益率$+3.92\%$，$t=-5 \sim +5$で同$+5.65\%$）をするのに対して，自社の事業に再投資するサンプル企業に対して市場は有意な反応を示さない（$t=-1 \sim 0$で-0.48%，$t=-5 \sim +5$で$+0.65\%$）ことを明らかにした。上述の結果により，この研究では株式市場が「資金調達仮説」に基づく経営者の行動を支持する一方で，「効率的配置仮説」に基づく行動を支持していないとしている。

Lang et al.［1995］には，売却によって得た資金の使途に着目して市場からの評価の高低を分析したという点で大きな貢献があると考えられるが，総じて「資金調達仮説」が支持されるという結果を報告しているのみであり，負債の返済に資金を回した方が望ましいのはどのようなケースなのか，あるいは自社の事業に再投資すべきシチュエーションはどのようなものか，という点については言及されていない。また，その他の米国における実証研究では，買収会社，売却会社に対する市場の評価はポジティブであるという結果を報告しているものの，評価の高低に影響を与える要因については分析が加えられていない。

宮本［2001］は，1991年10月〜1998年10月の間に行われた，東証上場企業による自発的部分売却87件を対象に，売り手側，買い手側の株式超過リターンを測定した先駆的な研究である。これによると，売却会社側の株式超過リターン

はマイナスの傾向を示し，買収会社側の株式超過リターンはプラスの傾向を示すと報告されているが，その統計的有意性はあまり高くなく，明確な傾向を示しているとは言えない。これは，米国における先行研究が示す傾向とは異なるものであり，日本市場の特徴を浮き彫りにした結果であると言えるだろう。

ただし，宮本［2001］においても，事業譲渡に対する評価を分ける要因についての分析は行われておらず，日本市場はどのような事業譲渡をより評価しているのか，売却によって得た資金の使途に対して市場はどのような期待を寄せているのか，という点は明らかにはされていない。従って，こうした点は日本における事業譲渡の実証研究を進めていく上で残された課題であると言える。第２章でも述べたように，1980年代の米国における事業売却は主に負のショックに伴って行われていたのに対し，1990年代末以降の日本においては事業再編成を引き起こす負の経済ショックと事業拡大の誘因となる技術革新や規制緩和などの正のショックの双方が存在すると考えられる。こうした環境下で行われた日本国内における事業譲渡を対象とした実証研究を行うことによって，Lang et al.［1995］とは異なる独自の示唆が得られる可能性がある。

3 サンプルとリサーチ・デザイン

3.1 サンプルの抽出方法

事業譲渡のサンプル抽出に当たっては，レコフ社のデータ（M&A CD-ROMおよびレコフ社データベース）を使用し，1985年1月〜2006年9月までにアナウンスされ，公表当日の新聞等で金額（推定金額を含む）が報道された上場会社[1]同士の案件を対象とした。対象業種は日経業種コードに定められる製造業および非製造業であり，証券・銀行業などは除外している。

また，今回の分析対象は事業譲渡であるが，子会社売却などの広義の事業譲渡案件も含めている。ただし，お互いの事業を交換するという事業交換の案件や，お互いの事業を統合するために行われた会社分割など，実質的な事業譲渡とは見なされない案件に関してはサンプルから除外している。上記のような条

図表5-1　サンプルの業種構成

業種	買収会社	構成比	売却会社	構成比	合計	構成比
食品	8	6.7%	2	1.7%	10	4.2%
繊維	2	1.7%	2	1.7%	4	1.7%
化学	7	5.9%	16	13.4%	23	9.7%
医薬品	2	1.7%	4	3.4%	6	2.5%
石油	1	0.8%	3	2.5%	4	1.7%
ゴム	0	0.0%	2	1.7%	2	0.8%
窯業	0	0.0%	2	1.7%	2	0.8%
鉄鋼	1	0.8%	2	1.7%	3	1.3%
非鉄・金属	7	5.9%	2	1.7%	9	3.8%
機械	11	9.2%	8	6.7%	19	8.0%
電気機器	17	14.3%	20	16.8%	37	15.5%
自動車	3	2.5%	6	5.0%	9	3.8%
その他輸送用機器	1	0.8%	1	0.8%	2	0.8%
精密機器	6	5.0%	2	1.7%	8	3.4%
その他製造	1	0.8%	3	2.5%	4	1.7%
建設	4	3.4%	4	3.4%	8	3.4%
商社	17	14.3%	10	8.4%	27	11.3%
小売業	12	10.1%	11	9.2%	23	9.7%
その他金融	2	1.7%	3	2.5%	5	2.1%
不動産	2	1.7%	0	0.0%	2	0.8%
鉄道・バス	1	0.8%	1	0.8%	2	0.8%
通信	2	1.7%	3	2.5%	5	2.1%
電力	1	0.8%	0	0.0%	1	0.4%
サービス	11	9.2%	12	10.1%	23	9.7%
合計	119	100.0%	119	100.0%	238	100.0%

件で案件抽出を行った結果，買収会社，売却会社各119社（合計238社）が今回の分析対象となった。また，分析に当たってのイベント発生日（事業譲渡のアナウンスメント日）および公表金額に関しては，基本的にレコフ社のデータベースを使用している[2]。

図表5-1に，今回のサンプルの業種構成を示す。この図表によれば，サンプル全体に占める製造業の比率は59.7%，非製造業は40.3%となっており，サンプルに大きな業種構成の偏りは見られない[3]。

3.2 株式の累積超過収益率の測定

株式超過収益率の測定方法としては，市場調整リターンモデルおよび市場モデルを採用した。市場調整リターンモデルにおける超過収益率は，以下の（5.1）

式で求められる。

$$AR_{i,t} = R_{i,t} - R_{m,t} \tag{5.1}$$

ただし，$AR_{i,t}$は証券iのt日における株式超過収益率，$R_{i,t}$は証券iのt日における原収益率，$R_{m,t}$はTOPIXのt日の原収益率である[4]。

また市場モデルに関しては，t = −300〜−61の240日間（取引日ベース，t = 0：事業譲渡のアナウンスメント日）で市場モデルのパラメータを推計し，株式超過収益率を算出した[5]。パラメータの推計式を（5.2）式に，超過収益率の算出式を（5.3）式に示す。

$$R_{i,t} = \alpha_i + \beta_i R_{m,t} + \varepsilon_{i,t} \tag{5.2}$$

$$AR_{i,t} = R_{i,t} - (\widehat{\alpha_i} + \widehat{\beta_i} R_{m,t}) \tag{5.3}$$

ただし，$AR_{i,t}$は証券iのt日における株式超過収益率，$R_{i,t}$は証券iのt日における原収益率，$R_{m,t}$はTOPIXのt日の原収益率，$\widehat{\alpha_i}$および$\widehat{\beta_i}$は（5.2）式で推定した各パラメータの推計値である。

次に，$AR_{i,t}$をサンプル平均した平均超過収益率（AAR：Average Abnormal Return）を次の（5.4）式で算出した。

$$AAR_t = \frac{1}{N} \sum_{i=1}^{N} AR_{i,t} \tag{5.4}$$

ただし，Nはサンプル数である。

また，累積超過収益率（CAR：Cumulative Abnormal Return）については，以下の（5.5）式で算出している。

$$CAR = \sum_{t=1}^{T} AAR_t \tag{5.5}$$

　また，イベントの分析ウィンドウはt＝−1〜＋1日（取引日ベース3日間），−2〜＋2日（同5日間），−3〜＋3日（同7日間）の3種類とし，それぞれについてCARを算出している。

　なお，今回の分析対象とする超過収益率としては，買収会社，売却会社に加えて，案件ごとに買収会社と売却会社の超過収益率を株式時価総額で加重平均した値[6]（以下，両者加重平均）を採用している。両者加重平均を用いた理由は，買収会社と売却会社の間での価値移転の影響を取り除き，事業譲渡案件自体がもたらした株主価値の変動を測定するためである。

4　全サンプルにおけるCARの分析結果

　図表5-2は，買収会社，売却会社，両者加重平均のCARを，アナウンスメント日を中心とした分析ウィンドウに基づいて測定し，検定値0との間でt検定を行った結果を示している。市場調整リターンモデルの結果によると，買収会社ではt＝−1〜＋1日において10％水準で有意（t値＝1.904）な，t＝−2〜＋2日において5％水準で有意（t値＝2.140）な正のリターンを得ることが示されている。その一方で，売却会社に関しては，いずれの分析ウィンドウでもリタ

図表5-2　アナウンスメント日を中心としたCAR

	分析ウィンドウ（日）	買収会社CAR		売却会社CAR		両者加重平均CAR	
		平均	t値	平均	t値	平均	t値
市場調整リターンモデル	t＝−1〜＋1	1.07%	1.904*	0.42%	0.581	0.19%	0.431
	t＝−2〜＋2	1.35%	2.140**	0.71%	0.529	0.97%	1.902*
	t＝−3〜＋3	1.16%	1.441	0.77%	0.634	1.41%	2.171**
	N	119		119		116	
市場モデル	t＝−1〜＋1	0.87%	1.730*	0.21%	0.406	0.35%	0.814
	t＝−2〜＋2	1.04%	1.699*	1.07%	0.737	0.89%	1.685*
	t＝−3〜＋3	0.86%	1.088	1.26%	0.965	1.31%	2.045**
	N	96		108		87	

（注）*は10％有意水準を，**は5％有意水準を満たしている。

ーンは有意な値になっていない。さらに，両者加重平均をみると，t＝－2～＋2においては10％水準で有意（t値＝1.902）な，t＝－3～＋3においては5％水準で有意（t値＝2.171）な正のリターンを得ていることが分かる。また，市場モデルの結果においても，市場調整モデルとほぼ同様の結果を得ている。

以上の結果は，買収会社サイドの株主には正の超過収益が発生しており，事業譲渡案件全体としての付加価値もプラスであることを示唆している。この結果は，買収側に若干のプラスのリターンが発生するとした宮本［2001］と整合的である。また，案件全体としてプラスの価値創造がなされているという点ではMulherin and Boone［2000］と整合的であると言える。

しかしながらこの結果は，売却会社の株主にも正の超過収益が発生するとした米国における先行研究の結果とは異なる。宮本［2001］では，売却会社サイドの株式超過リターンはややマイナスの傾向を示すと報告しているが，米国と比較すると事業売却を行う会社に対して日本の株式市場は厳しい見方をしている可能性がある。また，本章におけるサンプル抽出期間は1985～2006年であり，特に期間の前半では業績的に厳しい状況に置かれた企業によるリストラクチャリングの一環としてやむを得ず事業売却が行われたと考えられる。このような場合，売却側にとっての取引条件が厳しいと市場が判断したために，売却会社の株式超過リターンが観測されなかった可能性もある。また，経営危機に陥っている企業による事業売却の場合には，負債価値には影響を及ぼすが，株主価値の増大には貢献しないというケースも想定される。

5 重回帰分析 －CARに影響を与えうる要因－

5.1 仮説の構築と説明変数の設定

まず，買収会社および売却会社のCARに影響を及ぼす要因についての仮説を提示する。CARに影響を及ぼす要因は，買収会社，売却会社それぞれについて異なることが想定されることから，ここではそれぞれについての仮説を分けて提示することとする。

A. 買収会社

買収会社のCARが高くなると想定される仮説としては，以下の4つが挙げられる。

　仮説A-1：買収会社の成長の柱となる事業を買収した場合。
　仮説A-2：経営改善効果による価値向上が期待できる場合。
　仮説A-3：資産の効率的配置に貢献する場合。
　仮説A-4：買収が買収会社の経営を圧迫しない場合。

　まず，仮説A-1については，どのような事業を買収会社が譲り受けるのかという点に関係する。譲渡される事業が高成長企業あるいは好業績企業に属していた場合，当該事業が仮に不採算事業であっても将来的には買収会社の成長の柱となり，将来業績に対してプラスの効果があると株式市場が評価する可能性がある。この仮説に対応する代理変数としては，事業譲渡発表直前期における売却会社の売上高年平均成長率[7]（SGROWTH）および業種平均調整済総資産事業利益率[8]（SROA）を用いる。重回帰分析における係数の期待符号はプラスである。

　仮説A-2は，買収会社により譲渡事業の経営が改善されるのではないかという市場の期待に関する仮説である。第2章でも述べたように，効率的な経営を行っている企業による非効率的な企業の買収には経営改善効果があると期待される。こうした観点からすれば，非効率的な企業の事業を効率的な企業が買収する際には譲渡金額以上の価値が生み出されるため，結果的に割安な事業買収となると考えられる。この要因の代理変数としては，買収会社の業種平均調整済ROA（BROA）を用いる。係数の期待符号はプラスである。その一方で，大企業ほど買収事業に合わせた柔軟な経営ができず，買収事業の経営を上手く改善できないのではないか（結果的に割高な事業買収なのではないか）と市場が懸念する可能性がある。買収会社の規模を表す代理変数としては，買収会社の時価総額[9]（BMV）を用いる。期待符号はマイナスとなる。さらに，事業買収全体に対する株式市場の評価がポジティブであることと考え合わせると，譲

渡された事業規模が買収会社の規模に比べて相対的に大きい場合には買収会社による経営改善効果の規模も大きくなることが期待される。代理変数としては，買収会社の時価総額に対する譲渡金額の比率（BPRICE）を用いる。係数の期待符号はプラスである。

仮説A-3は，資産の効率的配置に関する仮説である。事業資産がより適切な会社に移転したと市場が判断するならば，そのリターンの一部を買収会社が獲得する可能性がある。ここでは，資産の効率的配置が行われたかどうかの代理変数として，取引当事者間の業種に着目した。異業種間での事業譲渡の多くが，売却会社における不採算な多角化事業を，当該事業を本業とする会社に売却するという行動になっていると考えられる[10]。従って，異業種間の事業譲渡により経営資源の配置がより最適化されることが期待できるために，こうした事業譲渡が株式市場から高く評価される可能性がある。この代理変数としては，売却会社と買収会社の業種が異なる場合には1，同じ場合には0の値をとるダミー変数[11]（IND）を用いる。期待符号はプラスである。

仮説A-4は，買収会社の財務内容に関する仮説である。買収会社の株主にとって，自社の負債依存度が高い中でのさらなる買収は望ましいものとは言えない。また，買収会社の財務内容が悪い場合，資金調達に支障を来すために，買収した事業に十分な資金を投入できないと市場が判断するという可能性も考えられる。この要因の代理変数としては，買収会社の総資産に対する負債の比率[12]（BDRATIO）を用いる。期待符号はマイナスである。

B. 売却会社

売却会社のCARが高くなるケースとしては，以下の4つを想定する。

仮説B-1：事業を高い価格で売却できたと考えられる場合。
仮説B-2：売却によって得た資金を有効に再投資できると考えられる場合。
仮説B-3：売却会社の負債返済の必要性が高い場合。
仮説B-4：資産の効率的配置が実現されると考えられる場合。

仮説B-1は，買収会社が譲渡事業に対してどのようなプライシングをするのかという点に関連する。買収会社のROA（BROA）が高い場合，買収会社は資産効率を高める経営を実践している可能性が高い。このような企業の場合，譲渡事業の購入に際してのプライシングを厳しく行う傾向にあると市場が判断することが想定される。従って，BROAの係数に対する期待符号はマイナスとなる。また，買収先が大企業の場合には買収資金を豊富に有しているために，相対的に事業を高い価格で売却できると市場が判断する可能性がある。これに対応する代理変数は買収会社時価総額（BMV）で，期待符号はプラスである。

　仮説B-2は，株式市場が「攻め」の事業売却を好感するかどうかという点に関する仮説である。株式市場は，売却会社の収益性および成長性が高い場合には，事業売却によって得た資金を自社の成長事業に再投資することで高いリターンを獲得できるだろうと期待することにより，事業譲渡に対して高い評価を行う可能性がある。代理変数としては，売却会社のROA（SROA）および3年間の年平均売上高成長率（SGROWTH）を用いる。係数の期待符号はいずれもプラスである。

　仮説B-3も，売却によって得られた資金の使途に関係する。今回のサンプルにおいて，売却によって得られた資金の使途は必ずしも明らかになってはいないが，負債返済の必要性が高い企業の場合，売却資金が負債の返済に充てられるのではないかと市場が期待するということは十分考えられる。Lang et al. [1995] に従うならば，このような場合のCARは上昇すると予想される。負債返済の必要性に対する代理変数としては売却会社の総資産に対する負債の比率（SDRATIO）を用いる。係数の期待符号はプラスである。

　売却によって得た資金に関する仮説である上記の仮説B-2およびB-3は，Hite et al. [1987] およびLang et al. [1995] で提示されている「効率的配置仮説」と「資金調達仮説」に対応している。「効率的配置仮説」に従うならば，売却によって得た資金を自社事業に再投資してそこからリターンを得ることが市場から期待されるであろう。その一方で，売却によって得た資金を負債の返済に充てることが期待されているならば，負債比率が高い中での事業売却が市場からポジティブに評価されるだろう。しかし，仮説B-2およびB-3はいずれ

か一方しか成り立たないとは限らない。ある状況下では市場は売却会社が自社事業へ再投資を行うことを期待し，別の状況下では売却によって得た資金を負債の返済に充てることを期待するとすれば，仮説B-2とB-3の双方が支持されることも考えられる。例えば，売却会社の成長性が高い場合には自社事業に売却資金を投下することでさらに成長を加速させ，そこからリターンを得ることを期待し，逆に自社事業に成長が見込めないのであれば，負債を返済することで財務内容を改善することを期待すると考えられる。本章では，こうした仮説を「最適資金配分仮説」と呼ぶことにする。

仮説B-4は，買収会社に関する仮説A-3に対応する。異業種間の事業譲渡が資産の効率的配置が実現されると市場が判断する場合には，そのリターンの一部を売却サイドも享受できる可能性がある。代理変数は当事者同士の業種ダミー変数（IND）で，期待符号はプラスである。

5.2 重回帰分析モデルと記述統計量

上記の仮説および対応する代理変数に基づき，(5.6) 式および (5.7) 式で表される2つの重回帰分析モデルを検証する（添え字iは証券iについての値であることを示している）。

【買収会社】
$$CAR_i = \alpha_0 + \alpha_1 SROA_i + \alpha_2 SGROWTH_i + \alpha_3 BROA_i + \alpha_4 BMV_i \\ + \alpha_5 BPRICE_i + \alpha_6 IND_i + \alpha_7 BDRATIO_i + \varepsilon_i \tag{5.6}$$

【売却会社】
$$CAR_i = \alpha_0 + \alpha_1 BROA_i + \alpha_2 BMV_i + \alpha_3 SROA_i + \alpha_4 SGROWTH_i \\ + \alpha_5 SDRATIO_i + \alpha_6 IND_i + \varepsilon_i \tag{5.7}$$

各変数の記述統計量を図表5-3に示す[13]。これによれば，売却会社のROAは平均値，中央値ともに買収会社に比べて低くなっている。また，総資産に対する負債の比率は売却会社の方が買収会社よりも高いことが分かる。

図表5-3　記述統計量

	N	平均値	標準偏差	最小値	1Q	中央値	3Q	最大値
買収会社CAR[−1,+1]	111	0.012	0.062	−0.207	−0.017	0.005	0.033	0.328
買収会社CAR[−2,+2]	111	0.015	0.068	−0.137	−0.021	0.006	0.045	0.253
買収会社CAR[−3,+3]	111	0.013	0.089	−0.238	−0.030	0.008	0.038	0.442
売却会社CAR[−1,+1]	111	0.008	0.073	−0.176	−0.021	0.000	0.030	0.536
売却会社CAR[−2,+2]	111	0.010	0.149	−0.973	−0.023	0.006	0.042	1.006
売却会社CAR[−3,+3]	111	0.010	0.132	−1.005	−0.021	0.009	0.048	0.511
BROA	111	−0.008	0.063	−0.267	−0.033	−0.014	0.012	0.243
SROA	111	−0.024	0.070	−0.560	−0.042	−0.019	0.003	0.124
BDRATIO	111	0.552	0.223	0.070	0.403	0.571	0.736	0.965
SDRATIO	111	0.650	0.253	0.074	0.531	0.669	0.757	2.186
BMV	111	6.431	1.990	2.391	4.837	6.501	8.225	10.242
BPRICE	111	0.042	0.090	0.000	0.002	0.011	0.043	0.675
SGROWTH	111	0.012	0.196	−0.415	−0.055	−0.013	0.045	1.473
IND	111	0.613	0.489	0.000	0.000	1.000	1.000	1.000

5.3　分析結果

A.　買収会社

　買収会社の株式超過収益率に影響を及ぼす要因についての重回帰分析の結果を図表5-4に示す[14]。

　これによれば，SGROWTHの係数は仮説通りプラスの値をとっており，統計的有意性も高い（t=−1〜+1日では1％水準で有意，t=−2〜+2日では10％水準で有意）。従って，高成長企業の事業を譲渡された買収会社は，株主から高く評価されていると言える。

　また，BMVの係数についても仮説通りマイナスとなり，t=−1〜+1日では5％水準で，t=−2〜+2日のモデルでは10％水準で統計的に有意となった。従って，少なくとも短期的には時価総額の高い大企業による買収が株式市場から厳しい見方をされており，将来の企業価値向上にはつながらないと判断されていると考えられる。

　SROA，BROA，INDの係数の符号は仮説通りであったが，統計的には有意にならなかった。BPRICE，BDRATIOについては，各モデルでの符号が一定せず，統計的有意性も見られないという結果となった。

図表5-4 重回帰分析の結果（買収会社）

変数	期待符号	CAR(t=−1〜+1)		CAR(t=−2〜+2)		CAR(t=−3〜+3)	
		係数	t値	係数	t値	係数	t値
定数項		0.032	1.217	0.044	1.506	0.030	0.751
SROA	+	0.126	1.584	0.126	1.404	0.124	1.023
SGROWTH	+	0.081	2.777***	0.056	1.700*	0.073	1.637
BROA	+	0.088	0.953	0.134	1.287	0.083	0.586
BMV	−	−0.006	−2.032**	−0.007	−1.835*	−0.004	−0.913
BPRICE	+	0.037	0.560	−0.036	−0.490	0.013	0.126
IND	+	0.012	1.031	0.022	1.656	0.023	1.315
BDRATIO	−	0.029	1.118	0.008	0.290	−0.002	−0.053
N		112		112		112	
Adj. R^2		0.112		0.069		0.014	

（注）*は10％有意水準を，**は5％有意水準を，***は1％有意水準を満たしている。

B. 売却会社

売却会社についての重回帰分析の結果を図表5-5に示す[15]。

BROAについては，係数の符号が仮説通りマイナスとなり，その統計的有意性も高い（t=−2〜+2および3〜+3において1％水準で有意）という結果となった。これは，買収会社のROAが高いほど買収会社による譲渡事業に対する評価が厳しくなっており，それがプライシングに反映していると市場が判断するという仮説を裏付けるものである。

SROAについても係数の符号は仮説通りであり，t=−2〜+2および3〜+3において1％水準で統計的にも有意となった。ROAの高い好業績企業による事業売却は，売却資金を有効に投資できるのではないかとの期待から，株式市場の評価が高いものと推察される。また，SGROWTHの係数もプラスで有意（t=−2〜+2においては10％水準で有意，t=−3〜+3においては5％水準で有意）な値となっており，高成長企業による事業売却も株式市場から支持されるという結果が得られている。

なお，上記のBROA，SROA，SGROWTHに関する結果は，買収会社の業績的優位性が高い場合には相対的に売却価格が低くなり，売却会社の業績的優位性が高い場合には売却価格が高くなるという，取引企業の力関係に伴うプライシングが売却会社のCARに影響を与えているためであると解釈することもできる。

図表5-5　重回帰分析の結果（売却会社）

変数	期待符号	CAR(t=−1〜+1)		CAR(t=−2〜+2)		CAR(t=−3〜+3)	
		係数	t値	係数	t値	係数	t値
定数項		−0.014	−0.378	−0.215	−3.580***	−0.155	−2.770***
BROA	−	−0.149	−1.153	−0.805	−3.853***	−0.670	−3.440***
BMV	+	0.003	0.690	−0.001	−0.143	0.003	0.447
SROA	+	0.055	0.490	0.529	2.907***	0.603	3.560***
SGROWTH	+	0.008	0.195	0.126	1.813*	0.148	2.299**
SDRATIO	+	−0.002	−0.066	0.295	5.418***	0.188	3.715***
IND	+	0.004	0.271	0.067	2.605**	0.048	2.004**
N		112		112		112	
Adj. R^2		−0.038		0.267		0.205	

（注）*は10％有意水準を，**は5％有意水準を，***は1％有意水準を満たしている。

　BMVの係数に関しては，統計的には有意な値にならなかった。従って，大企業が事業買収を行う際のプライシングが甘いとは言えない。

　SDRATIOの係数の符号はt=−2〜+2，−3〜+3のモデルにおいて1％水準で有意なプラスとなった。負債返済の必要性が高い売却会社による事業売却を，市場が好感していることを示している。これは，Lang et al.［1995］における結果と整合的である。

　INDの係数の符号はいずれのモデルでもプラスの値をとり，t=−2〜+2，−3〜+3のモデルにおいて5％水準で統計的に有意となった。異業種に対する事業売却は，経営資源配置の最適化に寄与している可能性が示唆される。

　なお，SDRATIOの係数の符号は，Lang et al.［1995］の結果と整合的であり，「資金調達仮説」の妥当性を裏付けるものであると言える。しかしながら，その一方でSROAおよびSGROWTHの係数の符号を見ると，売却会社の業績が良好な際には，好調な自社事業に売却資金を投入することも株式市場が評価している状況も示唆されている。以上の検証結果は，事業売却によって得た資金の使途に関して，自社事業への再投資あるいは負債の返済のいずれか一方を株式市場が支持するという単純な排反構造ではないことを示しており，「最適資金配分仮説」の存在を示唆するものである。しかしながら，本節における結果だけでは「最適資金配分仮説」が支持されることにはならない。この点に関しては，第6節で追加的な検証を行うこととする。

また，第4節の結果によれば，売却会社に対して株式市場は必ずしもポジティブな評価をしていないが，重回帰分析の結果はSROAが高くBROAが低いほど売却会社のCARが高まることを示しており，取引当事者間の力関係が売却会社のCARに影響を与えている可能性がある。この点についても第6節で検証する。

6 売却会社の評価に関する追加的検証

6.1 「最適資金配分仮説」の検証

第5節で述べたように，売却会社のCARに影響を与える要因を見ると，負債依存度が高く負債返済の必要性が高い企業と，業績および成長性が良好であり，自社の好調な事業に売却資金を投入できる企業の双方が市場から評価される状況が示唆される。前者は「資金調達仮説」に基づく行動を支持し，後者は「効率的配置仮説」に基づく行動を支持するものである。従って，今回得られた結果はいずれか一方の仮説のみを支持するものではなく，「最適資金配分仮説」と整合的であるが，第5節における検証結果だけでは当該仮説が支持されるとは言えない。

そこで，ここでは「最適資金配分仮説」に関する追加的検証を実施する。市場が自社事業への資金再投資を期待するのか，あるいは売却によって得た資金を負債の返済に充てることを期待するのかを分けるパラメータとして，ここでは売却会社の成長性に着目する。売却会社の成長性が高ければ，自社事業に売却資金を投下することでさらに成長を加速させ，そこからリターンを得ることを期待するであろうし，逆に自社事業に成長が見込めないのであれば，負債を返済して財務内容を改善することを期待すると考えられるためである。具体的には，SGROWTHの中央値（−0.013）を境界値として2つのサブサンプルに分け，第5節の売却会社のモデルと同様の重回帰分析を行う。もし，成長率が低い会社（低SGROWTHグループ）には負債の返済を期待し，自社事業への再投資を市場が期待していないならば，低SGROWTHグループの分析モデル

図表5-6　SGROWTHによるサブサンプル別の重回帰分析（売却会社）

パネルA：　低SGROWTHグループ

変数	期待符号	CAR(t=-1~+1) 係数	t値	CAR(t=-2~+2) 係数	t値	CAR(t=-3~+3) 係数	t値
定数項		-0.056	-0.857	-0.297	-2.742***	-0.213	-2.152**
BROA	-	0.039	0.161	-1.240	-3.048***	-1.233	-3.314***
BMV	+	0.004	0.472	-0.004	-0.323	0.004	0.312
SROA		-0.570	-1.412	0.675	1.006	0.923	1.505
SGROWTH	+	0.037	0.211	0.011	0.037	0.016	0.059
SDRATIO	+	-0.006	-0.117	0.372	4.365***	0.208	2.677**
IND	+	0.050	1.792*	0.130	2.813***	0.103	2.437**
N		56		56		56	
Adj. R^2		-0.025		0.378		0.280	

パネルB：　高SGROWTHグループ

変数	期待符号	CAR(t=-1~+1) 係数	t値	CAR(t=-2~+2) 係数	t値	CAR(t=-3~+3) 係数	t値
定数項		0.002	0.037	-0.002	-0.043	-0.011	-0.212
BROA	-	-0.252	-2.099**	-0.139	-1.025	-0.068	-0.424
BMV	+	0.003	0.810	0.001	0.263	0.003	0.575
SROA	+	0.133	1.622	0.340	3.675***	0.469	4.299***
SGROWTH	+	0.003	0.087	0.036	0.895	0.075	1.577
SDRATIO		0.019	0.445	0.042	0.855	0.065	1.146
IND	+	-0.036	-2.269**	-0.024	-1.325	-0.036	-1.699*
N		56		56		56	
Adj. R^2		0.139		0.167		0.238	

(注)　*は10％有意水準を，**は5％有意水準を，***は1％有意水準を満たしている。

においてはSDRATIOの係数がプラスで有意な値になる一方で，SROAの係数は有意にならないはずである。また，逆に高SGROWTHグループにおいては，SROAの係数がプラスで有意になる一方，SDRATIOの係数は有意な値にならないことが期待される。

　図表5-6は，2つのサブサンプルに分けて重回帰分析を行った結果を示している[16]。これによれば，上記の仮説通り低SGROWTHグループにおいてはSDRATIOの係数が統計的に有意なプラス（t=-2~+2日においては1％水準で有意，t=-3~+3日においては5％水準で有意）になっているのに対し，SROAの係数は有意な値になっていない。従って，売却会社の成長性が低い場合には，市場は自社事業への再投資ではなく負債の返済に売却資金を充てることを期待していることを示唆している。

また，高SGROWTHグループでもSROAの係数が有意なプラス（t＝−2〜＋2および−3〜＋3において1％水準で有意）となっている一方で，SDRATIOの係数は有意な値とはなっていない。従って，市場は「資金調達仮説」または「効率的配置仮説」のいずれか一方に基づく企業行動を支持しているわけではなく，売却会社の成長性に応じて資金を使い分ける「最適資金配分仮説」に基づいて評価を行っていると考えられる。

　なお，INDの係数については低SGROWTHグループでは有意なプラス（t＝−1〜＋1において10％水準，t＝−2〜＋2において1％水準，t＝−3〜＋3において5％水準で有意）になっているのに対し，高SGROWTHグループでは逆に有意なマイナス（t＝−1〜＋1において5％水準，t＝−2〜＋2において10％水準で有意）になっている。売却会社の成長性が低い場合には異業種への売却が評価される一方で，成長性が高い場合には同業種への売却の方が高く評価されることを示している。低SGROWTHグループにおいては，売却会社において傍流事業となっている事業を，それを本業としている会社に売却することが評価されていると解釈できる。一方，高SGROWTHグループについては，売却会社自身が業界内で高い評価を受けているために，異業種の企業よりも同業種の企業に事業を売却した方が，有利な条件を引き出せるためではないかと推察される。

6.2 売却会社の財務的特徴

　第2節でも述べたように，Lang et al.［1995］では事業売却を行う企業の収益性は低く，負債比率が高いことが示されている。ここでは，今回のサンプルの財務内容がどのような特徴を備えているかを分析する。具体的には，業界平均値で調整したROAおよび負債比率（総資産に対する負債の比率）を用いて，検定値0との間でt検定を行う。事業売却行動が財務上の要請（負債返済の必要性）に基づいて行われているならば，業界平均値調整後のROAは有意なマイナス，負債比率は有意なプラスとなるはずである。

　しかしながら，6.1の結果によれば，株式市場は高成長企業に対しては自社事業への再投資を，低成長企業に対しては負債の返済を期待していると考えら

図表5-7　売却会社のROAおよび負債比率

	N	ROA		負債比率	
		平均	t値	平均	t値
全サンプル	116	−0.024	−3.614***	0.080	3.601***
高SGROWTH	58	−0.018	−1.493	0.002	0.100
低SGROWTH	58	−0.029	−5.571***	0.159	4.393***
平均値の差		0.011	0.877	−0.156	−3.688***

（注）*は10％有意水準を，**は5％有意水準を，***は1％有意水準を満たしている。

れるため，このような期待に呼応する形で企業が事業売却行動を選択しているならば，高成長企業では事業戦略上の要請（自社事業への再投資の必要性）に基づく売却が行われる傾向があることから，ROAおよび負債比率が有意な値とならないことが期待される。一方，低成長企業の場合は負債返済を目的とした事業売却を企図している企業が中心になると考えられるため，ROAが有意に低く，負債比率が有意に高い結果になると想定される。

こうした分析の結果を図表5-7に示す。これによれば，全サンプルでの結果ではROAは有意な負の値，負債比率は有意な正の値をとっている（いずれも1％水準で有意）。これは，事業売却を行う企業は他社に比べ，収益性が低く負債返済の必要性が高いと指摘した，Lang et al. [1995] の結果と整合的である。

しかしながら，高SGROWTHと低SGROWTHのサブサンプルに分けた結果を見ると，高SGROWTHではROA，負債比率ともに有意な値になっていないのに対し，低SGROWTHではROAが有意な負の値を，負債比率が有意な正の値をとっている（いずれも1％水準で有意）。また，両者の平均値の差をとると，低SGROWTHサブサンプルにおける負債比率は高SGROWTHのそれに比べて有意に高いという結果が得られている。これは，高成長企業が事業戦略上の要請による事業売却を行っている一方で，低成長企業は財務的要請に基づいて事業売却を行っていることを示唆する結果であり，売却会社は「最適資金配分仮説」と整合的な事業売却行動を選択していると推察される。

6.3 当事者間の業績差と売却会社のCAR

第5節の結果によれば，売却会社のROAが高く買収会社のROAが低いほど，

売却会社のCARが高くなるという状況が示唆されている。第4節では売却会社のCARは有意な値とはならなかったが，買収会社に対する売却会社の業績が相対的に高い場合，有利な売却条件が設定できているとの見方から，CARが正の有意な値をとる可能性がある。その一方で，買収会社に対する売却会社の相対的業績が低い場合には，不利な条件での売却を余儀なくされていると市場が判断し，売却会社のCARはマイナス方向に振れると考えられる。そこで，売却会社のROA（SROA）が買収会社のROA（BROA）以上であるサブサンプルと，SROAがBROA未満であるサブサンプルに分け，第4節と同様に売却会社のCARについて検定値0との間でt検定を行った。その結果を図表5-8に示す。

図表5-8によると，SROAがBROAを上回っているサブサンプルにおいては，市場調整リターンモデルおよび市場モデルのCARが正の値をとっており，その統計的有意性は高いことが分かる（市場調整リターンモデルでは$t=-2\sim +2$および$-3\sim +3$の分析ウィンドウにおいてそれぞれ5％水準および1％水準で有意，市場モデルでは$t=-1\sim +1$において10％水準で，$t=-2\sim +2$および$-3\sim +3$においては5％水準で有意）。その一方で，SROAがBROAを下回っているサブサンプルにおいては，いずれも平均値は負ないしは0に近い値となっている（統計的には有意な値ではない）。この結果は，売却会社のROAが買収会社のROAを上回っていて，有利な売却条件を設定できていると市場が判断する場合には売却会社のCARが有意なプラスになる一方，売却会社の

図表5-8 業績差に基づくサブサンプルごとのCAR（売却会社）

	分析ウィンドウ（日）	SROAがBROA以上		SROAがBROA未満		平均値の差	t値
		平均	t値	平均	t値		
市場調整リターンモデル	$t=-1\sim +1$	1.35%	1.586	-0.49%	-0.416	1.84%	1.219
	$t=-2\sim +2$	2.25%	2.317**	-0.62%	-0.254	2.87%	1.016
	$t=-3\sim +3$	2.77%	2.681***	-1.02%	-0.477	3.79%	1.508
	N	52		62			
市場モデル	$t=-1\sim +1$	1.31%	1.692*	-1.01%	-1.420	2.32%	2.210**
	$t=-2\sim +2$	1.99%	2.251**	0.18%	0.062	1.81%	0.599
	$t=-3\sim +3$	2.61%	2.387**	0.03%	0.013	2.58%	0.954
	N	51		53			

（注）*は10％有意水準を，**は5％有意水準を，***は1％有意水準を満たしている。

ROAが買収会社のROAを下回る場合には売却条件が悪いと市場が判断するために，統計的に有意ではないものの，CARはマイナス方向に振れていることを示している。両者の平均値の差を検定したところ，市場モデルのt＝－1〜＋1のみではあるがその差は5％水準で有意であるという結果を得ている。

従って，市場は売却会社全般に対してポジティブな反応をしているとは言えないものの，売却会社の業績が買収会社に対して相対的に優位にある場合には，売却会社に対してポジティブな評価をしていると考えられる。上記は，取引当事者同士の力関係（業績差）が事業譲渡案件のプライシングに反映されていると市場が判断しているという仮説と整合的な結果と言える。

7 事業譲渡に対する株式市場の反応

本章では，事業譲渡が株主価値に及ぼす影響について分析するとともに，事業譲渡のアナウンスメント時に起こる株主価値変動に影響を与える要因についても実証を行った。その結果，大きく以下の4点が明らかになった。

まず1点目は，事業譲渡の取引が，買収会社および案件全体としては株式市場からポジティブな評価を受けており，アナウンスメントの前後において株主価値が増加したが，売却会社に関しては株主価値に有意な変動が見られなかったことである。日米における先行研究を踏まえると，日本の株式市場は事業売却を行う企業に対して厳しい見方をしているという状況が示唆されている。

次に，買収会社および売却会社のCARに対して影響を及ぼしうる要因が明らかとなった。本章の結果によれば，買収会社サイドにおいては，売却会社の成長率が高く，買収会社の時価総額が小さい場合ほど株主価値が増加することが示された。また，売却会社サイドでは，買収会社のROAが低く，売却会社のROAおよび売上成長率が高く，売却会社の負債依存度が高く，異業種間の取引である場合ほど株主価値が創造されることが明らかになった。これらの結果は，当初構築した仮説と概ね整合的であった。

3点目は，本章で得られた売却会社に対する株式市場の評価が「最適資金配分仮説」と整合的であり，売却会社自身もそれと整合的な事業売却行動を選択

しているということである。売却会社の成長性を基準にして分割した2つのサブサンプルに対する追加的な重回帰分析を実施した結果，成長性の低い売却会社では売却によって得た資金を負債の返済に充てることが市場から期待される一方，成長性の高い売却会社は自社の事業に資金を再投資することが評価されるという状況が示唆された。この結果は，日本においては売却資金で負債を返済する「守り」の事業売却と，自社事業に再投下する「攻め」の事業売却の双方が市場から評価されているということを示している。以上のことは，株式市場が「効率的配置仮説」と「資金調達仮説」のいずれかに基づく経営者の行動を単純な一元論で判断してはいないことを表しており，「最適資金配分仮説」を支持する結果である。また，売却会社の財務的特徴についても分析を行ったところ，全サンプルではROAは有意なマイナス，負債比率は有意なプラスになることが明らかになったが，売却会社を高成長企業と低成長企業のサブサンプルに分けて分析すると，低成長企業でROAが有意なマイナス，負債比率が有意なプラスになるのに対し，高成長企業ではいずれも有意な値とはならず，負債比率に関しては低成長企業よりも高成長企業の方が統計的に有意に低いことが明らかとなった。従って，低成長企業では負債の返済の必要性に迫られて事業売却を行っている傾向が強いが，高成長企業では事業戦略上の要請（自社事業への再投資の必要性）に従って事業売却を実施している傾向があることが示唆されている。

　最後に，本章では売却会社のCARに取引当事者間の業績差が影響を与えるのではないかとの仮説を検証した。分析の結果，売却会社のROAが買収会社のROAを上回る場合には売却会社のCARが有意な正の値をとる一方で，売却会社のROAが買収会社のROAを下回る場合には売却会社のCARは統計的に有意な値にならないことが示された。このことは，売却会社の業績が買収会社の業績を上回る場合には，有利な売却条件を設定できていると市場が判断していることを示唆する結果と言える。

　以上の結果は，日本企業の事業譲渡が生み出した企業価値向上効果に対して一定の評価を与えるものであるとともに，今後の企業再編のあり方に対する示唆となりうるものと考えられる。また，株式市場が「最適資金配分仮説」に基

づいて売却会社を評価しているために,「攻め」の事業売却と「守り」の事業売却の双方がポジティブに評価される傾向にあり,売却会社自身もそれと整合的な事業売却行動を選択しているという点は日本独自の傾向であり,本章で得られた結果の大きな特徴の1つである。加えて,売却会社と買収会社の業績差が売却会社の株主価値に影響を及ぼしているという点は,事業の売却先選択を検討する上で重要な示唆を与えるものであろう。

注

1) 店頭市場,ジャスダック,マザーズ,ヘラクレス等を含めた全市場を対象とした。
2) アナウンスメント日および公表金額については,日経4紙による確認作業を別途行っている。
3) 全上場会社の構成比との比較による。
4) 各社の株価およびTOPIXのデータに関しては,日経NEEDS -Financial Questより取得した。
5) 井上・加藤［2003］では,取引企業の一方または双方について,取引日直前の100日間（取引日ベース）中,売買成立日が80日以下であるという条件に該当するサンプルにおいてパラメータの安定性が懸念されるとしている。本章では,240日中192日以上（＝240日×0.8）の日次株式リターンが算定できるサンプルに限って市場モデルを適用した分析を行うことで,パラメータの安定性に関する懸念に対応している。その結果,買収会社96件,売却会社108件,両者加重平均87件が市場モデルによる分析対象となった。なお,取引成立日が少ないサンプルについても,すべて市場モデルを適用した場合には,両者加重平均のt＝－3～＋3のモデルのみ10％水準で有意な正の値（＋1.20％,t値＝1.815）となり,それ以外のCARは有意な値とはならなかった。
6) 時価総額のデータは日経NEEDS -Financial Questより取得した。両者加重平均算出に当たっては,前日末と当日末の株式時価総額の平均を用いている。なお,両者加重平均のAARは次の式で算出される。

　　両者加重平均AAR＝（買収会社時価総額×買収会社AAR＋売却会社時価総額
　　　　　　　　　　×売却会社AAR）／（買収会社時価総額＋売却会社時価総額）

7) 本章で用いる買収会社および売却会社の財務会計データについては,日経NEEDS財務データから企業単体の値を取得している。なお,アナウンスメント直前期とその3期前の売上高をもとに売上高年平均成長率を算出した。
8) ROAを業種平均で調整するに当たっては,当該企業のROAから当該年の同業種上場会社平均値を差し引いて修正している。
9) データの線形化のため,重回帰分析においては時価総額を対数変換した値を使用している。

10) 譲渡事業の詳細を把握することができた事業譲渡110件のうち，買収会社の主力事業との関連性が高い事業が90件（81.8％）を占めており，多くが本業強化型の事業買収であった。本章ではこうした状況に鑑み，売却会社と買収会社が異業種である場合に経営資源の配置がより最適化されるのではないかと推測した。
11) 売却会社と買収会社の日経業種分類における中分類コードが同じ場合には1，異なる場合は0とした。
12) 通常，負債比率は自己資本に対する負債の比率を指すことが多いが，ここではLang et al.［1995］で使用している指標に基づいて総資産に対する負債比率を用いている。
13) すべて両者加重平均で使用したサンプルを用いたものを示している。データ欠損値の関係で買収会社，売却会社で用いたサンプル数とは異なっているが，いずれのサンプルを用いた場合でも傾向は大きく変わらないことを確認している。また，CARは市場調整リターンモデルの数値を掲載している。
14) 重回帰分析の被説明変数としては市場調整リターンモデルのCARを用いているが，市場モデルのCARを用いた場合でも本章の結論には大きな影響を及ぼさないことを確認している。また，共線性の統計量であるVIF（分散拡大係数）を確認したところ，すべての変数において1.027〜1.286の範囲に収まっており，すべての説明変数を投入しても多重共線性が発生する可能性は低いと判断される。
15) VIFの値を確認したところ，すべての変数において1.053〜1.248の範囲に収まっており，このモデルでも多重共線性の発生する危険性は低いと判断される。
16) なお，いずれのサブサンプルにおいてもVIFの値は十分に低く，多重共線性が発生する危険性が低いことを確認している。

第6章

事業譲渡後の財務業績向上効果

1 事業譲渡が収益性に及ぼす影響とは

　本章における分析対象は，日本における事業譲渡の財務業績向上効果であり，事業譲渡が売却会社および買収会社の収益性向上に寄与したか否かを検証することと，その収益性向上を左右しうる要因を特定することが本章の目的である。

　事業譲渡の財務業績向上効果を実証する研究を行う意義は大きく2つある。

　まず1つ目は，事業譲渡が財務業績を高めたのか，そしてどのような要因が財務業績の向上に影響を与えたのかを検証することが，日本における事業売却および事業買収のあり方に対する示唆となりうる点である。特に，どのような事業売却，事業買収が財務業績の向上に貢献したのかという点を明らかにすることは，事業の効率化あるいは戦略事業への投資を行おうとする経営者に対するヒントを与えると考えられる。

　2つ目の意義は，事業売却によって得た資金の使途が財務業績に及ぼす影響を分析できるという点である。第5章でも述べたように，事業譲渡は会社の一部分を切り離して別の会社に譲り渡すという形態をとるため，取引後においても売却側の会社が存続することになる。従って事業譲渡には，売却側の会社が売却によって得た資金を自社のために使用することが可能であるという大きな特徴がある。第5章では，株式市場が売却企業の成長性に応じて売却によって得た資金の使途を評価するという「最適資金配分仮説」を検証したが，売却によって得た資金を負債の返済に充てた企業群と自社事業に再投資した企業群で財務業績上どのような差が生じたのかを分析することで，資金の使途ごとの有効性を検証することが可能となる。

　本章では，日本国内における事業譲渡が財務業績の向上に貢献したか否か，

そしてその財務業績向上に影響を与えている要因は何かを実証的に分析する。以下，第2節では事業譲渡の財務業績向上効果に関する先行研究をレビューする。第3節ではサンプルとリサーチ・デザインについて述べる。第4節においては全サンプルを用いた実証結果を報告する。第5節では売却会社の資金の使途と事業譲渡後の財務業績との関係を分析する。第6節では本章の結果と示唆をまとめる。

2　先行研究

　事業売却の財務業績向上効果を測定した先行研究は米国においても数少ないが，Montgomery and Thomas [1988] およびCho and Cohen [1997] がこうした研究を行っている。これらの実証研究の対象は米国企業の事業売却であり，日本企業を対象とした先行研究は筆者がサーベイする限り行われていない。ここでは，上述の2つの先行研究を中心にレビューを行い，研究上の課題について言及する。

　Montgomery and Thomas [1988] は，1976～1979年に行われた，Fortune 500の企業による自発的事業売却68件を抽出し，その財務業績効果を測定した研究である。測定指標としては総資産利益率（ROA），流動比率（CR），インタレスト・カバレッジ・レシオ（ICR），負債比率（DR）を使用している。これによれば，事業売却実施前にはすべての指標においてサンプル企業の数値がコントロール企業の数値に比べて低かったことが報告されている。事業売却実施後においては，依然としてそれらの数値はコントロール企業に比して低い水準にはあるものの，その差が縮まる傾向にあると述べられている。

　Cho and Cohen [1997] は，Healy et al. [1992] のアプローチに準拠し，事業売却の効果について営業キャッシュフローを時価ベース総資産で除した指標を用いて測定した研究である。これによれば，事業売却前に急速に落ち込んだ営業キャッシュフローリターンが，事業売却後は上昇に転じ，業界水準並にまで回復していることが報告されている。しかしながら，その回復を左右した要因については分析を加えていない。

以上の研究は，米国における事業売却の財務業績向上効果を測定した先駆的研究であると言える。しかしながら，Lang et al.［1995］に見られるような事業売却によって得た資金の使途が企業価値創造に対してどのような影響を及ぼすのかといった点に関して，財務業績を測定指標として明らかにした研究はこれまでのところ行われていない。従って，こうした点を明らかにしていくことが事業売却の財務業績効果研究を行っていく上での課題となっている。

3 サンプルとリサーチ・デザイン

　ここでは，今回使用したサンプルについて述べる。事業譲渡案件のサンプル抽出に当たってはレコフ社のデータ（M&A CD-ROMおよびレコフ社データベース）を使用し，1987年6月～2005年3月までに実施され，かつ譲渡金額（推定を含む）が新聞紙上等で報道された上場会社[1]同士の事業譲渡案件を抽出した。対象業種は製造業および非製造業であり，証券・銀行などの金融業は除外している。さらに，本章での分析対象は事業譲渡前後での企業業績の変化であることから，最低でも事業譲渡実施1期前（$t=-1$），実施1期後（$t=+1$）[2]の指標が日経NEEDSから算出可能な企業に絞り込んでいる。その結果，売却会社83社，買収会社91社が本章における分析対象となった[3]。

　事業譲渡前後の長期的な企業業績を測定する指標としては，財務会計上の数値を用いることとする。こうした手法でM&Aの効果を測定した先行研究では，収益性，成長性を測定するためにいくつかの会計上の数値を用いた指標が採用されているが，本章では第4章でも用いた連結ベースの業種平均値調整後超過総資産営業利益率[4]（以下，超過ROA）を測定指標として採用する。なお，観測期間は事業譲渡を実施する1期前（$t=-1$），1期後～3期後（$t=+1\sim+3$）とする。また，本章では売却会社，買収会社の超過ROAに加え，両者を総資産で加重平均した値（以下，両者加重平均）についても測定することとする。これは，事業譲渡が案件全体の財務業績にどのような影響を及ぼしたのかを検証するためである。

4 全サンプルを対象とした実証結果

ここではまず全サンプルを対象に，売却会社，買収会社，両者加重平均の超過ROAの推移を分析する。その後に，超過ROAを超過ROSと超過総資産回転率にブレークダウンし，その推移についても結果を分析することとする。

4.1 超過ROA

図表6-1は，売却会社，買収会社および両者加重平均の超過ROAの推移を示したものである。これによれば，売却会社においてはt=−1期の時点で超過ROAが−0.97％となっており，統計的にも5％水準で有意になっている。これは，Cho and Cohen [1997] および本書の第5章と整合的な結果であり，事業売却前の売却会社の財務業績は有意に低いことを示している。一方，事業売却実施後の超過ROAの値は統計的に有意ではなくなっており，t=+3対−1，+2対−1および+1対−1で超過ROAの差分をとると，事業売却実施後の超過ROAが実施前よりも統計的に有意に高いという結果が得られている（いずれも5％水準で有意）。従って，事業売却の実施は売却会社の業績を引き上げるドライバーになっていると言える。

一方，買収会社に関しては，事業買収の実施前後いずれにおいても超過ROAは有意な値になっておらず，実施前後の比較でも統計的に有意な結果は得られていない。事業買収に関しては，少なくとも事業譲渡実施3期後までの期間においては超過ROAの向上を生み出していないと考えられる。

案件全体での財務業績向上効果を示す両者加重平均の結果を見ると，t=+2の時点で10％水準ではあるが，統計的に有意な正の値となっている。また，実施前後の差分では，t=+2対−1において10％水準で有意な，t=+1対−1では5％水準で有意な正の値となっている。以上の結果は，事業譲渡の案件全体としては財務業績が向上しており，事業譲渡が資産の効率的配置の実現に貢献していることを示している。

図表6-1　超過ROAの推移（売却会社，買収会社，両者加重平均）

t（期）	超過ROA								
	売却会社			買収会社			両者加重平均		
	N	平均値	t値	N	平均値	t値	N	平均値	t値
−1	83	−0.97%	−2.300**	91	0.22%	0.357	80	−0.32%	−0.853
+1	83	0.22%	0.502	91	0.21%	0.436	80	0.48%	1.568
+2	72	0.13%	0.330	82	0.32%	0.702	67	0.60%	1.959*
+3	65	0.17%	0.431	74	−0.38%	−0.523	62	0.44%	1.198
+3対−1	65	0.92%	2.261**	74	−1.07%	−1.182	62	0.55%	1.490
+2対−1	72	0.83%	2.304**	82	−0.33%	−0.539	67	0.61%	1.914*
+1対−1	83	1.19%	2.584**	91	0.00%	−0.005	80	0.80%	2.104**

(注) *は10％有意水準を，**は5％有意水準を満たしている。

4.2 超過ROS，超過総資産回転率

　図表6-2に売却会社，買収会社および両者加重平均における超過ROS[5]の推移を，図表6-3に超過総資産回転率の推移を測定した結果を示す。本節4.1において示した超過ROAの向上が収益性の向上によるものであれば超過ROSが上昇し，資産効率の向上によるものであれば超過総資産回転率が増加すると考えられる。

　図表6-2によれば，売却会社の超過ROSは，t＝−1の時点では統計的には有意ではないが，t＝＋1，＋2および＋3においては10％水準ではあるものの有意な正の値となっており，事業売却実施前後の差分ではいずれも統計的に有意な結果が得られている（t＝＋3対−1においては10％水準で，t＝＋2対−1および＋1対−1では5％水準で有意）。また，図表6-3によれば，t＝−1における売却会社の超過総資産回転率が有意な負の値（10％水準で有意）である一方，事業譲渡実施後は統計的に有意な値ではなくなっており，実施前後の超過総資産回転率の平均値の差分では，t＝＋1対−1の比較を除き，いずれも5％水準で統計的に有意な結果が得られている。従って，売却会社においては超過ROSおよび超過総資産回転率の双方が事業譲渡実施後に上昇傾向を示しており，超過ROAの向上に寄与していると考えられる。また事業譲渡実施前において，超過ROSが統計的に有意でない一方，超過総資産回転率が有意な負の値になっていることから，資産効率の低さが事業譲渡の主な引き金の1つになっていると

図表6-2　超過ROSの推移（売却会社，買収会社，両者加重平均）

t（期）	超過ROS							
	売却会社			買収会社			両者加重平均		
	N	平均値	t値	N	平均値	t値	N	平均値	t値
−1	83	−0.07%	−0.092	91	0.77%	0.920	80	0.49%	0.774
＋1	83	1.57%	1.974*	91	0.58%	0.844	80	1.45%	2.469**
＋2	72	1.36%	1.813*	82	1.15%	1.710*	67	1.55%	2.942***
＋3	65	1.23%	1.731*	74	0.25%	0.296	62	1.26%	2.356**
＋3対−1	65	0.97%	1.846*	74	−1.13%	−1.340	62	0.45%	0.910
＋2対−1	72	1.09%	2.339**	82	−0.25%	−0.466	67	0.74%	2.101**
＋1対−1	83	1.64%	2.445**	91	−0.20%	−0.302	80	0.96%	1.684*

（注）*は10％有意水準を，**は5％有意水準を，***は1％有意水準を満たしている。

図表6-3　超過総資産回転率の推移（売却会社，買収会社，両者加重平均）

t（期）	超過総資産回転率							
	売却会社			買収会社			両者加重平均		
	N	平均値	t値	N	平均値	t値	N	平均値	t値
−1	83	−0.076	−1.935*	91	0.015	0.293	80	−0.064	−1.982*
＋1	83	−0.065	−1.543	91	0.037	0.651	80	−0.043	−1.176
＋2	72	−0.006	−0.104	82	0.002	0.047	67	−0.034	−0.830
＋3	65	−0.013	−0.278	74	0.003	0.061	62	0.003	0.070
＋3対−1	65	0.069	2.454**	74	0.003	0.084	62	0.073	2.751***
＋2対−1	72	0.056	2.248**	82	−0.001	−0.047	67	0.033	1.644
＋1対−1	83	0.011	0.702	91	0.022	0.980	80	0.021	1.472

（注）*は10％有意水準を，**は5％有意水準を，***は1％有意水準を満たしている。

推察される。

　買収会社に関しては，t＝＋2においてのみではあるが，超過ROSの平均値が10％水準で有意な正の値になっている。結果は限定的ではあるものの，事業譲渡が買収会社の収益性向上に寄与している可能性が示唆されている。一方，それ以外の部分では統計的に有意な値にはなっておらず，今回の測定期間では顕著な業績向上は観測されていない。

　両者加重平均の結果については，売却会社単体の状況と類似した結果が得られている。事業譲渡実施前には統計的には有意な値でなかった超過ROSは事業譲渡の実施後に大きく上昇しており，t＝＋1および＋3では5％水準で，t＝＋2では1％水準で有意となっている。また，事業譲渡実施前後の超過ROSの差分も統計的に有意なものになっている（t＝＋2対−1においては5％水準で，

t = +1対−1においては10％水準で有意)。また，超過総資産回転率は実施前には10％水準で有意な負の値をとっているが，実施後は統計的有意性を失っており，両者の差もt = +3対−1においては統計的に有意である（1％水準で有意)。従って，事業譲渡という経営行動は取引当事者双方を総体として見た場合の収益性，資産の効率性双方の向上に貢献していると言える。

5 売却会社における資金使途の影響

前述のように，事業譲渡を行った際に売却会社が得た資金の使途が企業のパフォーマンスにどのような影響を与えるのかという点は，Lang et al.［1995］をはじめとした先行研究において重要な論点の1つになっているが，先行研究で取り扱っているのはいずれも株式超過リターンに与える影響であり，企業の財務業績にどのような影響を与えたのかについては言及されていない。そこで，本節では売却会社の資金の使途と財務業績の関係についての分析手法と仮説を提示するとともに，その検証を実施することとする。

5.1 分析手法と仮説の構築

売却会社が得た資金の使途が財務業績にどのような影響を及ぼしたのかを分析するためには，まず売却によって得た資金が何に使われたのかを特定する必要がある。本節では，事業売却の実施直前期末（t = −1）の有利子負債残高と実施期末（t = 0）の有利子負債残高[6]を比較し，有利子負債が減少したサンプルを「負債返済グループ」，増加したサンプルを「負債非返済グループ」とし，それぞれの財務業績（超過ROA，超過ROSおよび超過総資産回転率）を測定することとした。

負債返済グループでは，事業戦略上の要請（自社事業への再投資の必要性）というよりも財務上の要請（負債返済の必要性）により事業売却が行われている可能性が高い。Lang et al.［1995］では，事業売却後に負債の返済を行う企業群において事業売却実施前の収益性が低いことが報告されており，この結果に従うならば事業売却実施前の負債返済グループの業績は有意に低いことが予

想される。また，事業売却実施後の業績に関しては，負債を返済することにより総資産回転率が向上することが予想される。また，不採算事業を売却することにより収益性（ROS）も改善することが見込まれる。

一方，負債非返済グループにおいては事業戦略上の要請により事業売却を行っており，売却によって得られた資金を自社事業に投資していると考えられる。従って，不採算事業の売上が減少し収益性の高い自社事業の売上が増加することから，ROSの向上が期待される。また，再投資した事業の資産効率が高ければ総資産回転率も向上する可能性がある。しかしながら，事業に対する投資が回収されるまでには通常数年以上の期間が必要とされる。こうした観点からすれば，事業売却実施直後（即ち自社事業への再投資直後）には収益性および効率性が一時的に低下することも考えられる。また，売却によって得た資金をすぐに事業には再投資せずに一時的に現金等価物として保有する場合にも，事業売却実施後の財務業績は低下することが考えられる。

5.2 実証結果

5.1で示した分析モデルに基づく実証結果を図表6-4に示す。

負債返済グループの結果を見ると，t＝－1期の時点で超過ROA，超過ROSともにマイナスとなっており，1％水準で有意となっている（超過ROAのt値＝－4.182，超過ROSのt値＝－3.238）。このことは，負債返済グループでは低い財務業績ポジションが事業売却の動機になっていることを示している。

その一方で，負債返済グループの事業売却実施後における結果では超過ROA，超過ROSともに統計的には有意な値となっておらず，実施前後の差分は有意なプラスであるという結果が得られた（超過ROAではいずれも1％水準で，超過ROSではt＝＋3対－1および＋2対－1において1％水準で有意）。超過総資産回転率に関しては，単年度の結果では統計的に有意な結果が得られていないが，実施前後の差分の検定では超過総資産回転率の上昇が統計的に有意となっている（t＝＋3対－1および＋2対－1において1％水準で有意）。従って，負債の返済を目的に行われた事業売却においては，当初の仮説通り，資産効率が向上するとともに収益性が向上することが示されている。

第6章　事業譲渡後の財務業績向上効果

図表6-4　売却会社におけるサブサンプルの実証結果

	t（期）	負債返済グループ			負債非返済グループ			平均値の差	t値
		N	平均値	t値	N	平均値	t値		
超過ROA	−1	49	−1.57%	−4.182***	34	−0.11%	−0.126	−1.46%	−1.549
	+1	49	−0.38%	−0.741	34	1.08%	1.439	−1.46%	−1.665*
	+2	42	−0.02%	−0.047	30	0.35%	0.574	−0.37%	−0.461
	+3	38	0.46%	0.938	27	−0.25%	−0.393	0.71%	0.899
	+3対−1	38	2.06%	4.079***	27	−0.68%	−1.230	2.75%	3.609***
	+2対−1	42	1.45%	3.435***	30	−0.02%	−0.038	1.47%	2.046**
	+1対−1	49	1.19%	3.116***	34	1.19%	1.202	0.00%	−0.002
超過ROS	−1	49	−1.25%	−3.238***	34	1.64%	0.972	−2.89%	−1.672
	+1	49	−0.45%	−0.808	34	4.48%	2.693**	−4.93%	−2.810***
	+2	42	0.32%	0.542	30	2.82%	1.785*	−2.50%	−1.479
	+3	38	0.72%	1.498	27	1.95%	1.234	−1.23%	−0.745
	+3対−1	38	2.02%	4.069***	27	−0.52%	−0.525	2.54%	2.490**
	+2対−1	42	1.50%	3.247***	30	0.53%	0.575	0.97%	1.022
	+1対−1	49	0.80%	1.539	34	2.85%	1.971*	−2.04%	−1.331
超過総資産回転率	−1	49	−0.060	−1.152	34	−0.099	−1.638	0.039	0.493
	+1	49	−0.027	−0.482	34	−0.120	−1.865*	0.093	1.091
	+2	42	0.058	0.757	30	−0.095	−1.446	0.154	1.435
	+3	38	0.016	0.269	27	−0.055	−0.708	0.071	0.733
	+3対−1	38	0.133	3.137***	27	−0.020	−0.818	0.153	2.810***
	+2対−1	42	0.118	3.255***	30	−0.031	−1.276	0.149	3.129***
	+1対−1	49	0.033	1.405	34	−0.021	−1.457	0.054	1.766*

（注）*は10％有意水準を，**は5％有意水準を，***は1％有意水準を満たしている。

　非返済グループでは，事業売却実施前の財務業績はいずれも統計的に有意な値とはなっていない。これは，非返済グループと同業他社の財務業績の間に統計的に有意な差がないことを示しており，非返済グループにおける事業売却の動機が事業戦略上の要請によるものであるとの仮説と整合的である。

　また事業売却後の非返済グループの結果を見ると，超過ROSがt＝＋1においては5％水準で，t＝＋2においては10％水準で統計的に有意なプラスとなっており，短期的には収益性が高まっていることを示しているが，t＝＋3の段階では統計的に有意な値となっていない。また，超過総資産回転率の結果によれば，事業売却実施直後（t＝＋1）の段階で有意なマイナスになっているものの（10％水準で有意），その後は平均値が上昇し，統計的に有意ではなくなっている。再投資直後には一時的に資産効率が低下するものの，その水準は時間の経過とともに徐々に回復していることを示している。以上の結果は，不採算事業の売

却が短期的な収益性を向上させる一方で，自社事業への再投資あるいは現金等価物の保有は一時的に資産効率を低下させており，結果として超過ROAには有意な変動をもたらしていないことを示していると解釈できよう。

なお，返済グループと非返済グループの平均値の差を検定すると，超過ROAのt＝＋3対－1および＋2対－1において返済グループの上昇幅の方が非返済グループの上昇幅よりも大きいという結果が得られた（t＝＋3対－1においては1％水準で，t＝＋2対－1では5％水準で有意）。また，超過ROSはt＝＋3対－1において負債返済グループの方が非返済グループよりも大きいという結果も得られている（5％水準で有意）。さらに，総資産回転率についてはt＝＋3対－1および＋2対－1において1％水準で，t＝＋1対－1においては10％水準で負債返済グループの方が非返済グループよりも大きいという結果となった。これらの結果は，負債を返済したグループの方が，短期的な収益性向上効果および資産効率向上効果が大きいことを示している。

また，単年度での両者の比較では，t＝＋1時点での返済グループの超過ROAが非返済グループより低く（10％水準で有意），超過ROSについてもt＝＋1で返済グループの方が統計的に有意な低い値となっている（1％水準で有意）。特に事業売却実施直後（t＝＋1）では，負債返済グループの収益性が非返済グループと比較して低いことを示している。その一方で，t＝＋2以降では両者の間における有意な差は見られず，業績差は消失している。これは，返済グループにおける事業構造改革が進展したためであると解釈することができる。

6 結果の要約と示唆

本章では，日本における事業譲渡が財務業績を向上させたか否か，そして財務業績の変動に影響を与えた要因について検証を行った。その結果，本章では以下の2点が明らかになった。

1点目は，売却会社において事業譲渡実施前の超過ROAが統計的に有意なマイナスであったのに対し実施後は統計的に有意にならず，事業譲渡の前後を通じて超過ROAが有意に上昇する一方，買収会社の超過ROAは有意な変動が

なかったということである。また，両者加重平均の超過ROAの上昇が統計的に有意であることも示された。売却会社および両者加重平均については，超過ROS，超過総資産回転率ともに統計的に有意に増加しており，超過ROAの上昇は収益性，資産効率双方に支えられていることも明らかとなった。

次に，売却会社が事業売却によって得た資金の使途に応じて財務業績向上のパターンが異なるということを明らかにした。事業売却時に有利子負債が減少したサブサンプル（負債返済グループ）と有利子負債が減少しなかったサブサンプル（負債非返済グループ）に分けて分析したところ，事業売却実施前の負債返済グループの財務業績は有意に低く，実施後の財務業績は統計的に有意にならないことが示された。また実施前後の財務業績を比較したところ，負債返済グループにおいては財務業績の上昇が概ね統計的に有意であることが明らかとなった。その一方で負債非返済グループに関しては，事業売却実施後において超過ROSがプラスの傾向を示したが，超過総資産回転率はむしろ事業売却実施後（t = +1）において統計的に有意なマイナスとなった。その結果，負債非返済グループの超過ROAは各年の値および実施前後の変動について統計的に有意な結果が得られなかった。今回の検証では，事業売却によって得た資金を負債の返済に充当した場合の方が業績改善につながっていることが示唆されている。

以上の結果は，事業譲渡が財務業績に与える影響ならびに財務業績変動に影響を与えた要因を明らかにしたという点で，日本における企業再編，グループ連結経営に対する多くの示唆を含んでいる。特に売却会社に関して事業売却後の資金の使途が財務業績に大きな影響を与えるという示唆は，今後事業売却を行おうとする企業に対して重要な意味合いを持っていると考えられる。事業売却を行うに際しては，単に事業の選択を行うばかりでなく事業売却後の収益性および成長性向上のシナリオを描き，それを実行していくことが財務業績を向上させる上で求められていると言えるだろう。

注

1）店頭市場，ジャスダック，マザーズ，ヘラクレス等を含めた全市場を対象とした。

2）事業譲渡の実施期（t＝0）を分析対象から除外している。
3）本章における事業譲渡案件は基本的に売却会社と買収会社が1対1で対応しているが，上場廃止等の理由により事業譲渡実施1期後（t＝＋1）の指標が欠損値となっているケースがあることから，売却会社と買収会社のサンプル数は一致していない。
4）当該年の日経業種コード上3桁が同じ企業の連結ROAの平均値を差し引いて算出している。
5）超過ROSの両者加重平均を算出するに当たっては，売却会社，買収会社それぞれの売上による加重平均を行っている。
6）有利子負債残高のデータは，日経NEEDS –Financial Questより連結ベースのデータを取得した。

第7章

資本参加と株主価値

1 緩やかなM&Aとしての資本参加

1.1 本章の目的

　本章の目的は，日本企業による資本参加[1]が株主価値を生み出しているか否かという点について実証的に検証することである。胥［2009］が指摘しているように，1980年代までは金融機関による株式持合いにより日本企業の株主構成は安定しており，これが日本企業の長期的視点に立った経営を支えていたと言われている。しかしながら，1990年代以降，金融機関との株主持合いは解消に向かい，日本企業も敵対的買収や物言う株主からの圧力にさらされることとなった。その一方で，第1章で示したような1990年代末以降の資本参加件数の増加は，日本企業同士の新たな資本参加が増加してきていることを示唆している。本章では，こうした資本参加が株式市場からどう評価されているのか，結果として企業価値を創造しているのかという点について検討を行うこととする。

1.2 先行研究

　資本参加には，資金調達の一手段としての側面と，M&A的な資本提携の側面の双方が存在している。日本国内における先行研究においては，どちらかと言うとこうした資本参加における資金調達としての側面に着目し，資本参加の一形態である第三者割当増資を発表した際の株式市場の反応を検証しているものが多く見られ，概ね発表日前後の株式累積超過収益率（Cumulative Abnormal Return，以下，CAR）が有意なプラスになるという結果を得ている（阿萬［2003］，鈴木［2008］，保田［2011a］など）。しかしながら，こうした研究

においても，資本参加のM&Aとしての側面に着目すべきだとの主張がなされている。例えば，鈴木［2008］は，第三者割当増資が持つ性格的側面として，「①企業の資金調達手段としての側面，②経営不振などで資金調達が難しくなっている企業に救済・支援を行うという側面，③企業経営支配権を割当先に譲渡する手段としての側面」という3点を指摘し，近年特に経営支配権の譲渡手段としての第三者割当増資が散見されるとしている。また，保田［2011a］は，第三者割当増資が企業にとっての最後の資金調達手段として認識される傾向がある一方で，実態としては（シナジー効果が発揮されそうな）M&A的な案件を市場は評価していると述べている。

　米国における先行研究では，こうした第三者割当増資（Private Equity Financing）の株価効果に着目した複数の研究（Wruck［1989］，Krishnamurthy et al.［2005］，Barclay et al.［2007］など）において，その発表時にプラスのCARが観測されている。この中で，Barclay et al.［2007］では，第三者割当増資を行う会社とその引受先の間で相互の連携が行われており，シナジー効果が期待できそうな案件において，短期および長期の株式リターンが高くなるという結果を報告している。

　こうした資金調達手段としての第三者割当増資に着目した研究とは別に，戦略的提携（Strategic Alliance）が市場からどのように評価されているのかという視点から，いくつかの実証研究の結果が報告されている。こうした研究では，その提携の目的や当事者の業種などに着目し，戦略的提携が市場からどのように評価されているのかについて，詳細な検討を行っている。

　Das et al.［1998］は，1987～1991年に行われた戦略的提携（119件）の価値創造効果を市場モデルに基づく株式超過収益率を使用して分析しており，技術提携の株式超過リターンが有意なプラスになる一方，マーケティング提携では株式超過リターンは有意な値をとらないとしている。加えて，収益性の高い企業の株式超過リターンは小さくなる傾向があり，提携の効果は，小さいパートナー側での方が大きく，この傾向は技術提携の場合の方が強いことを明らかにしている。

　Chan et al.［1997］では，（資本関係が生ずるものを除いた）戦略的提携が

もたらす価値創造効果を市場モデルに基づく株式リターンから分析している。この研究では，1983〜1992年の間に行われた345件の戦略的提携をサンプルとして抽出し，戦略的提携の当事者の株価を株式時価総額によって加重平均した値により株式リターンを計算した結果，アナウンスメント時の株式超過収益率は＋0.64％となり，統計的に有意であるという結果を得ている。この研究では，提携当事者の業種に着目した分析を行っており，ハイテク企業とローテク企業の比較では，ハイテク企業で＋1.12％（統計的に有意）であるのに対し，ローテク企業では＋0.10％（統計的に有意でない）であるとしている。さらに，同業種対異業種と技術的提携対非技術的提携（販売，マーケティング提携など）の2軸でマトリクスを切った分析を行った結果，"同業－技術"セグメントの超過収益率が最も大きく（＋3.54％），次いで"異業種－非技術"の超過収益率が＋1.45％となり，これらの値はいずれも統計的に有意なプラスであるという結果を得ている。Chan et al.［1997］は，こうした結果が得られた理由として同業同士では技術の共有・移転が効果を発揮を期待する一方，異業種では販売機会の増大を株式市場が期待している点を挙げている。

またKale et al.［2002］では，市場モデルによる株式累積超過リターンにより提携の価値創造効果を検証した結果，資本提携とそれ以外を比較すると，資本提携の方がリターンが大きくなり，統計的にも有意であるという結果を得ている。

1.3 本章の意義と構成

以上のように，米国における先行研究では，資本提携を含めた戦略的提携がもたらす株価効果について，提携の目的等の観点から詳細な検討が行われているが，日本企業を対象とした研究ではこうした観点から行った研究は筆者がサーベイする限り非常に少ない。鈴木［2008］では，出資比率が高く経営支配権に影響を与えるような案件ではCARが高くなるという結果を報告しているが，経営支配権の部分的譲渡がどのような効果をもたらすのか，あるいは市場はどのような効果を期待しているのかという点については明らかにされていない。また，保田［2011a］では，第三者割当増資によりシナジーが創出されると新

聞報道された案件については高いCARが観測されているという点で，市場は第三者割当増資によるシナジー効果の発現に期待していることを示唆する実証結果が得られているが，そのシナジーの源泉が，企業が保有するどのような経営資源に由来するのかは必ずしも明確にされていない。

以上のような問題意識から，本章では（第三者割当増資を含む）資本参加の持つM&Aとしての側面にも焦点を当て，どのような資本参加が市場から評価され，企業価値を創出するのかという点を明らかにしたい。本章の主な意義は以下の4点である。

まず第1に，資本参加（資本提携）が企業価値を生み出しているのかを実証的に検証している点が挙げられる。ここでは，特に日本企業を対象とした先行研究とは異なり，資本参加の形態（新株の発行，自社株の処分，相対譲渡，市場での買い付けなど）にかかわらず，資本参加が価値を生み出しているのかどうかを検証している点に本章の特徴がある。

その上で，資本参加による企業価値創造に影響を与える要因を明らかにし，どのような資本参加が市場から評価されているのかを検討しているという点が挙げられる。本章では，資本参加の形態（資金調達の有無など），目的（技術提携，マーケティング提携など）および出資比率等によって創出される企業価値がどのように異なるのかという点について実証的な分析を行っている。

また2点目とも関連するが，資本参加（資本提携）においては，その目的が提示されることが多い。通常包括的な連携を目指す買収や合併とは違って，資本参加（資本提携）ではどのような経営資源を相互に活用するのかという点がある程度示されているため，市場はどのような経営資源に由来するシナジー効果を期待しているのかという点について分析を行うことができる。こうした分析は，シナジー効果とそれに対する市場の見方について新たな示唆を与える可能性がある。

最後に，上述のような点を検討することにより，どのような資本参加が望ましいのかという点について示唆を与えうることが挙げられる。特に，株式市場から評価される資本参加とはどのようなものかを明らかにすることにより，今後の日本企業における資本参加のあり方に関する検討を試みる。

本章の構成は以下の通りである。まず，第2節では資本参加の目的と形態を整理する。第3節では本章で設定する仮説を構築する。第4節および第5節ではリサーチ・デザインならびにサンプルとデータについて述べる。第6節では実証結果を報告し，第7節は本章における結論と示唆をまとめることとする。

2　資本参加の目的と形態

　前述のように，鈴木［2008］は第三者割当増資に資金調達手段，資金調達が難しい企業に対する救済，経営支配権の譲渡という3つの側面があると説明している。業績や財務の状況の差こそあれ，前者2つは資金調達手段としての側面にフォーカスが当たっている一方，後者はそのM&A的側面を表したものである。資本参加される企業におけるいま1つの目的としては，敵対的買収防衛策としての側面が挙げられる。資本参加の結果，株主構成の上位に友好的な株式保有者を作り出すことは，安定株主を増やし，敵対的買収の脅威から自社を守ることにつながると考えられる。以上をまとめると，資本参加には，①資本参加される企業（Target Company，以下，TC）にとっての資金調達としての側面，②資本参加する企業（Acquiring Company，以下，AC）に対して経営支配権を一部譲渡することにより連携を深めるという側面（M&A的側面）および③敵対的買収防衛策（安定株主作り）としての側面という3つの性格的側面があると考えられる。

　一方，資本参加をその形態で整理すると，（A）新株の発行と第三者への割り当て，（B）自己株式の処分と第三者への割り当て[2]，（C）特定の大株主との相対譲渡，（D）市場からの買い付けの4つに分類される。このうち，（A）および（B）はTCによる資金調達を伴う。従って，これらの形態による資本参加のアナウンスメントに対して，株式市場は資金調達としての側面，M&Aとしての側面，敵対的買収防衛策としての側面すべてに反応すると推測される。一方，（C）および（D）については資金調達を伴わない。従って，（C）および（D）については資本参加がもたらす効果のうち，資金調達以外の効果を株式市場が評価するということになると考えられる。

3 仮説の設定

これまでの議論を踏まえ，本章では以下の5つの仮説を設定する。

1つ目および2つ目は，出資比率および資本参加前の株主構成に関する仮説である。Wruck [1989] では，株式の引受増分割合が増加すると，株主価値のプラス効果が大きくなるという結果を得ており，これは所有構造が変わったことにより経営者と株主の利害がより一致したためであると述べている。これは，大株主（Large Shareholder）が企業のコントロールに及ぼす影響に関する理論的研究であるShleifer and Vishnny [1986] の主張とも一致している。この点に関しては，日本企業を対象とした阿萬 [2003] および保田 [2011a] においても整合的な結果が得られており，こうした効果に関して保田 [2011a] はモニタリング仮説と呼んでいる。一方で，鈴木 [2008] では，資金調達手段としての側面よりも経営支配権獲得の側面がより市場から重視されているならば，増分割合が大きいほど株価にプラスの影響があると述べている（以下，経営支配権仮説と呼称する）。株式保有割合の増加がもたらす影響がモニタリング仮説に基づくものなのか，それとも経営支配権仮説に基づくものなのかを判断する上では，資本参加が行われる以前の株主構成の集約度がポイントになると考えられる。資本参加以前の株主構成が分散している場合にCARがより高くなるとすれば，モニタリング仮説が支持されると解釈することができる。また，資本参加前の経営者の持株比率が低く，株主の利害と経営者の行動が一致しにくい状況の場合にも，資本参加の効果は大きくなることが見込まれる。以上を踏まえると，以下の2つの仮説を提示することができる。

仮説H1：資本参加に伴う出資比率が高くなるほど，発表時のCARは高くなる。

仮説H2：資本参加以前における，株主の利害と経営者の行動が一致しにくい場合ほど，発表時のCARは高くなる。

ただし，Wruck［1989］では増分割合が5〜25％の範囲では引受先による株式保有割合の増加が株主価値に対してネガティブなインパクトを有することに加えて，経営支配権を獲得する場合にも株主価値は低下するという結果を得ている。この点についてWruck［1989］は，引受先による株式保有割合の増加はモニタリングの強化をもたらす一方で，経営者の保身（Entrenchment）を引き起こしている可能性があるとも述べている。こうした結果は，敵対的買収防衛策の導入（とそれに伴う経営者の保身）が株価に対してネガティブに作用するとしている研究結果（Comment and Schwert［1995］，千島［2007］，胥［2009］など）ともある程度整合する。そこで本章では回帰分析に先立って，出資比率によって分類したサブサンプルごとにCARを比較し，その傾向を分析しておくこととする。

　米国での先行研究の結果は，資本関係を伴わない提携および第三者割当増資の双方が株価に対してポジティブな影響を及ぼすというものであった。こうした結果を踏まえると，資本参加の資金調達手段としての側面およびM&Aとしての側面は双方とも株価に対してポジティブな影響を及ぼすと推測される。一方で，資本参加の形態のうち，新株の発行および自己株式の処分については資金調達としての性格を有するが，相対譲渡および市場からの買い付けに関してはTCにとっての資金調達を意味しない。従って，以下の仮説H3を提示することができる。

　仮説H3：資金調達を伴う資本参加の方が資金調達を伴わない資本参加に比べて発表時のCARは高くなる。

　4つ目および5つ目の仮説は，資本参加が持つM&A的な側面に焦点を当てたものである。M&Aによる価値創造効果を説明する上で頻用されるのはシナジー仮説および経営改善効果仮説である。以下，それぞれの仮説について述べることとする。

　シナジーは，範囲の経済（Economies of Scope）と言い換えることができるとされており，ある経営資源を一方の事業体で活用するよりも双方の事業体で

活用した方が大きな経済的効果を生み出す場合にその効果が発揮されると考えられる[3]。Chan et al.［1997］やDas et al.［1998］の結果は，技術的経営資源に関してはシナジー効果が高く見込まれる一方で，販売・マーケティングなどの非技術的経営資源に関してはシナジー効果が見込みにくいことを示していると解釈できる。また，異業種間の多角化型M&Aよりも同業種間の水平型M&Aの方が両社の経営資源を補完しやすいとするなら，同業種間の資本参加におけるシナジー効果の方が大きいということになる[4]。以上より，以下の仮説H4を立てる。

> 仮説H4：資本参加によるシナジー効果が高く見込める場合（技術提携，同業種間）に，発表時のCARが高くなる。

M&Aがもたらす効果としてもう1つ挙げられるのが経営改善効果である[5]。ACがTCに資本参加することにより，TCの経営が改善され，経営効率が上がると見込まれるような場合には，株価がプラスに反応すると推測することができる。従って，仮説H5が成り立つことになる。

> 仮説H5：資本参加による経営改善効果が高く見込めるほど，発表時のCARは高くなる。

4 リサーチ・デザイン

4.1 株主価値の測定

本章における企業価値の測定指標としては，株式の累積超過収益率（CAR）を用いる。本章で測定したいのは資本参加が生み出す企業価値であるため，資本参加される企業（TC）のCARだけではなく，資本参加する企業（AC）のCARについても併せて測定することとした。CARの算出方法は以下の通りである。

まず,市場モデルに基づく株式超過収益率($AR_{i,t}$)を算出する。市場モデルのパラメータは,t=−300〜−61の240日間(取引日ベース,t=0;資本参加のアナウンスメント日[6])の株価を基に,以下に示す(7.1)式を用いて推計した[7]。さらに,(7.2)式を用いて株式超過収益率を算出した。

$$R_{i,t} = \alpha_i + \beta_i R_{m,t} + \varepsilon_{i,t} \tag{7.1}$$

$$AR_{i,t} = R_{i,t} - (\widehat{\alpha_i} + \widehat{\beta_i} R_{m,t}) \tag{7.2}$$

ただし,$AR_{i,t}$は証券iのt日における株式超過収益率,$R_{i,t}$は証券iのt日における原収益率,$R_{m,t}$はTOPIXのt日の原収益率,$\widehat{\alpha_i}$および$\widehat{\beta_i}$は(7.1)式で算定した各パラメータの推計値である。

次に,$AR_{i,t}$をサンプル平均した平均超過収益率(AAR:Average Abnormal Return)を次の(7.3)式で算出した。

$$AAR_t = \frac{1}{N} \sum_{i=1}^{N} AR_{i,t} \tag{7.3}$$

ただし,Nはサンプル数である。

また,累積超過収益率(CAR:Cumulative Abnormal Return)については,以下の(7.4)式で算出している。

$$CAR = \sum_{t=1}^{T} AAR_t \tag{7.4}$$

CARのイベントウィンドウについては,t=−1〜+1日,−2〜+2日,−3〜+3日の3通りで算出することとした。

ところで,第三者割当増資の多くでは,市場における株価に比べてディスカウントされた価格で株式を引き受けることが多い。そのため,Wruck[1989]は,第三者割当増資の発表時に観測される株式超過収益率は,第三者割当増資

の発表がもたらす情報効果から，第三者割当増資の引受先に対するコストを差し引いたものとなっているため，第三者割当増資の情報効果を測定するためには，情報公表日の株式超過収益率について調整を行う必要があると述べている。本章で取り扱う資本参加の形態のうち，資金調達を伴う新株の発行および自己株式の処分においては，ACに対するディスカウント・コストが発生していると考えられることから，発表時に引き受け価格が公表されている案件について，Wruck [1989] で用いられている調整済AR（AR_{adj}）を算出することとした。AR_{adj}の算出式は，以下の (7.5) 式で表される。また，下記のAR_{adj}に基づいて算出されたCARを，本章ではCAR$_{adj}$と呼ぶことにする。

$$AR_{adj} = [1/(1-\alpha)] \cdot AR - [\alpha/(1-\alpha)][(P_{Offer} - P_{Before})/P_{Before}] \tag{7.5}$$

ただし，αは引受先の株式増分割合，ARは調整前の株式超過収益率，P_{Before}は新株発行あるいは自己株式処分発表前の株価，P_{Offer}は引受先に提示された価格である。

なお，本章ではP_{Before}として発表日前日の終値を用いている。

4.2 説明変数の設定

本章では，仮説に対応する代理変数となる説明変数と，コントロール変数を以下のように設定した。なお，財務データに基づく変数についてはアナウンスメント直近の本決算における数値を用いて算出した。

まず，仮説H1に対応する変数として，ACの出資比率（INVEST）を用いる。本章での分析対象は従前資本関係がなかった会社に対する出資であることから，INVESTは資本参加に伴う株式の増分割合に等しい。先行研究の結果に従うならば，INVESTが増加するとモニタリング効果の向上ないしは経営支配権の一部取得に伴ってCARが増加するはずであるから，CARに対するINVESTの係数はプラスになることが予想される。

仮説H2に対応する変数としては，TCにおける十大株主持株比率（BIG-

OWN),金融機関持株比率(FINOWN),外国人持株比率(FOROWN),経営者持株比率(EXEOWN)を用いることとした。BIGOWN, FINOWN, FOROWNについては,資本参加前の数値が低いほど株主構成が分散しており,株主の利害と経営者の行動が一致しにくい状況となっていたことが想定される。EXEOWNについては,経営者の持株比率が高いほど経営者と株主の利害が一致しやすい状況になっていたと考えることができる(従って,資本参加の効果は相対的に弱くなる)。これらの変数のCARに対する係数はマイナスになることが想定される。

仮説H3については,新株発行の際には1,それ以外では0の値をとるダミー変数(NSTOCK)と,自己株式処分の際には1,それ以外では0の値をとるダミー変数(TSTOCK)を用いる。これらのCARに対する係数はプラスになることが予想される。

仮説H4については,資本参加の目的に基づく変数として,技術提携の際には1,それ以外では0となるダミー変数(TECHNOLOGY),同様にマーケティング提携のダミー変数(MARKETING),生産提携のダミー変数(PRODUCTION)を用いた。これらの目的については,資本参加発表時に日経各紙における新聞報道において報じられた内容を基に手作業で案件ごとの分類を行った。これらの提携がシナジーを発揮すると考えられるならば,これらのCARに対する係数はプラスになる。特に,戦略的提携に関する先行研究の結果に従うならば,TECHNOLOGYの係数はプラスになることが期待される。また,ACとTCの業種関係については,同業種であれば1,異業種の場合には0の値をとるダミー変数(IND)を設定した[8]。この変数についても係数はプラスになると考えられる。

仮説H5については,経営効率の代理変数として先行研究で頻用されているACおよびTCのトービンのq[9](ACQ, TCQ)のほか,資本参加発表前にTCの営業利益が赤字の時には1,黒字の時には0の値をとるダミー変数(LOSS),TCにおける3年間の売上高平均成長率(SGROWTH)を用いた。Lang et al.[1989]で検討されているように,トービンのqがその会社の経営効率を表しているとするならば,ACQの係数はプラスに,TCQの係数はマイナスにな

ることが想定される。また，TCが赤字の場合，および資本参加前の売上成長率が低い場合にもTC経営効率が低いことが想定される。従って，LOSSの係数はプラス，SGROWTHの係数はマイナスになると考えられる。

なお，これらの仮説とは対応しないコントロール変数として，ACとTCの時価総額の比率（MVRATIO）を設定した。TCの相対的規模が大きい場合に資本参加の効果が高く見込まれるならばMVRATIOの係数はプラス，逆であれば係数はマイナスになると考えられる。

4.3 重回帰分析モデル

4.1および4.2で設定した変数を基に，以下の（7.6）式に示すような重回帰分析モデルを設定した（添字iは証券iに関する値であることを示している）。

$$CAR_i = \alpha_0 + \alpha_1 INVEST_i + \alpha_2 BIGOWN_i + \alpha_3 FINOWN_i + \alpha_4 FOROWN_i \\ + \alpha_5 EXEOWN_i + \alpha_6 NSTOCK_i + \alpha_7 TSTOCK_i + \alpha_8 TECHNOLOGY_i \\ + \alpha_9 MARKETING_i + \alpha_{10} PRODUCTION_i + \alpha_{11} IND_i + \alpha_{12} LOSS_i \\ + \alpha_{13} SGROWTH_i + \alpha_{14} TCQ_i + \alpha_{15} ACQ_i + \alpha_{16} MVRATIO_i + \varepsilon_i \quad (7.6)$$

5 サンプルとデータ

本章で使用するサンプルを抽出に当たって，まず2000〜2008年に行われた上場会社[10]同士の資本参加の案件データ779件をレコフM&A CD-ROMより抽出し，以下の基準で絞込みを行った。

① 取得金額が公表されているか，または新聞報道がなされており，その金額が10億円以上であること[11]。
② 株式持合いの案件でないこと[12]。
③ AC，TCともに単独（AC1社に対してTC1社）の案件であること。
④ AC，TCが金融・証券業に属していないこと。
⑤ AC，TCともに直近決算期の決算月数が12ヵ月であること。

第7章 資本参加と株主価値

図表7-1 サンプルの概要

パネルA：業種構成

日経業種コード中分類	業種	# of AC	# of TC
01	食品	7	7
03	繊維	1	0
07	化学	1	0
09	医薬品	1	3
13	ゴム	0	2
15	窯業	1	1
17	鉄鋼	2	1
19	非鉄金属製品	1	1
21	機械	8	4
23	電気機器	11	9
27	自動車	8	8
31	精密機器	0	2
33	その他製造	3	4
41	建設	1	3
43	商社	27	11
45	小売業	16	22
53	不動産	5	2
55	鉄道・バス	0	1
61	空運	1	1
63	倉庫	1	2
65	通信	11	11
69	ガス	0	1
71	サービス	29	39
	合計	135	135

パネルB：年次構成

	2000	2001	2002	2003	2004	2005	2006	2007	2008	合計
#	11	6	11	14	5	30	22	24	12	135

パネルC：株式の取得方法

	相対譲渡	新株発行	市場買付け	自己株式処分	取得方法不明
#	54	42	14	11	17

パネルD：目的

	マーケティング提携	技術提携	生産提携	救済	投資	取引強化	目的不明
#	84	33	21	5	5	4	21

(注1) パネルCおよびパネルDについては重複しているものがあるため，合計値はサンプル数と一致しない。
(注2) パネルCの「市場買付け」にはTOB4件が含まれている。

⑥　AC, TCともに4.1, 4.2で提示した変数がすべて計算できること。

その結果，最終的なサンプル数は135件（AC135社，TC135社）となった。最終的なサンプルの業種構成ならびに年次構成，株式の取得方法および資本参加の目的の構成を図表7-1に示す。

なお，日次株価データについては，日経メディアマーケティング社の「日経ポートフォリオマスター・日本株式日次リターンデータ」，財務データについては「NEEDS CD-ROM日経財務データ」より入手した。なお，財務データに関しては連結決算を優先し，取得できなかったものに関しては単体決算の数値を使用している。新株発行ならびに自己株式処分時の引受価格は日本経済新聞の財務短信より収集した。ACの出資比率に関してはレコフ社のデータベースを使用している。また，ACとTCの時価総額比率は，「日経NEEDS -Financial Quest」を用いて抽出した月次の時価総額を基に算出している。

6　実証結果

6.1　記述統計量

図表7-2に変数の記述統計量を示す。図表7-2によれば，CARの平均値はACで＋0.7〜＋1.0％，TC（調整前）で＋4.8〜＋5.5％，TC（調整後）で＋6.3〜＋7.0％となっている。この数値だけ見る限り，ACとTCの双方で，資本参加発表時には株主価値が上昇している。また，TCのCARは，調整前，調整後ともに保田［2011a］における第三者割当増資発表時のCARの平均値（調整前：＋4.6％，調整後：＋7.5％）に近い数値となっている[13]。また，説明変数に目を向けると，出資比率の平均値は17.3％，中央値は15.0％である。また，新株発行を行った案件が全サンプルの31.1％，自己株式の処分が8.1％を占めている。資本参加の目的別では，技術提携が24.4％，マーケティング提携が62.2％，生産提携が15.6％となっていることが分かり，マーケティング関連の提携を目的とした資本参加が最も多く，ついで技術提携が大きな比率となっていることが

第7章 資本参加と株主価値

図表7-2 記述統計量

		N	平均値	標準偏差	最小値	1Q	中央値	3Q	最大値
ACCAR	$[-1,+1]$	135	0.010	0.050	−0.161	−0.014	0.003	0.025	0.268
ACCAR	$[-2,+2]$	135	0.007	0.063	−0.146	−0.023	−0.003	0.030	0.321
ACCAR	$[-3,+3]$	135	0.007	0.064	−0.184	−0.021	0.005	0.030	0.253
TCCAR	$[-1,+1]$	135	0.055	0.115	−0.133	−0.007	0.018	0.090	0.547
TCCAR	$[-2,+2]$	135	0.048	0.133	−0.264	−0.016	0.016	0.080	0.624
TCCAR	$[-3,+3]$	135	0.051	0.142	−0.206	−0.017	0.022	0.090	0.862
$TCCAR_{adj}$	$[-1,+1]$	135	0.070	0.135	−0.133	−0.004	0.027	0.108	0.852
$TCCAR_{adj}$	$[-2,+2]$	135	0.063	0.152	−0.264	−0.013	0.019	0.103	0.979
$TCCAR_{adj}$	$[-3,+3]$	135	0.067	0.162	−0.206	−0.017	0.028	0.105	0.995
INVEST		135	0.173	0.123	0.006	0.056	0.150	0.291	0.498
BIGOWN		135	0.536	0.166	0.001	0.428	0.546	0.650	0.924
FINOWN		135	0.170	0.123	0.006	0.073	0.144	0.247	0.596
FOROWN		135	0.085	0.097	0.000	0.011	0.046	0.136	0.436
EXEOWN		135	0.092	0.150	0.000	0.002	0.013	0.134	0.861
NSTOCK		135	0.311	0.463	0.000	0.000	0.000	1.000	1.000
TSTOCK		135	0.081	0.274	0.000	0.000	0.000	0.000	1.000
TECHNOLOGY		135	0.244	0.430	0.000	0.000	0.000	0.000	1.000
MARKETING		135	0.622	0.485	0.000	0.000	1.000	1.000	1.000
PRODUCTION		135	0.156	0.362	0.000	0.000	0.000	0.000	1.000
IND		135	0.459	0.498	0.000	0.000	0.000	1.000	1.000
LOSS		135	0.141	0.348	0.000	0.000	0.000	0.000	1.000
SGROWTH		135	0.134	0.527	−0.182	−0.009	0.037	0.135	5.837
TCQ		135	1.521	0.998	0.574	0.969	1.192	1.656	7.099
ACQ		135	2.096	5.001	0.407	1.105	1.291	1.771	58.402
MVRATIO		135	0.215	0.434	0.001	0.023	0.070	0.237	3.442

示されている。

6.2 CARの分析結果

　図表7-3にACおよびTCのCAR（t =−10～＋10日）を測定した結果をグラフで示している。これによれば，AC，TCともに資本参加発表時に株式超過リターンが大きくなっており，特にTCにおいて株主価値が大きく増大していることが見てとれる。

　図表7-4には，ACおよびTCにおける全サンプルおよび形態，目的，出資比率で分けたサブサンプルごとに測定したCARの平均値および検定値0との間

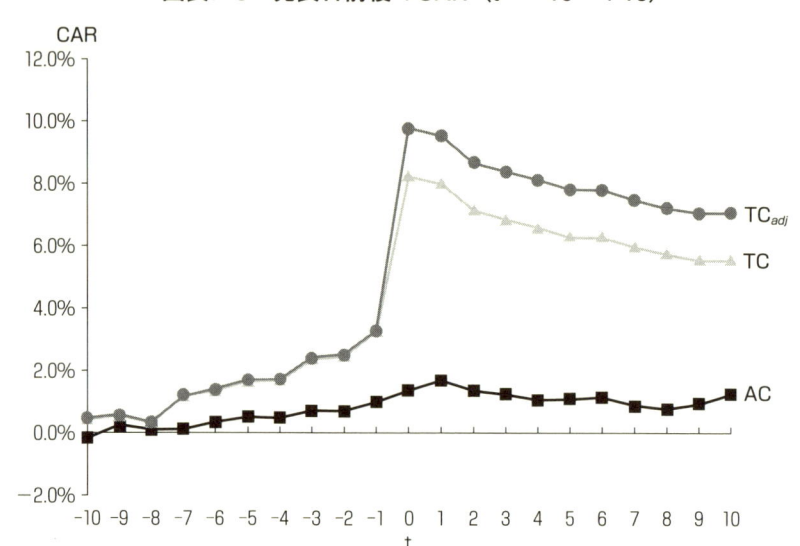

図表7-3　発表日前後のCAR（t＝-10～+10）

(注) AC：資本参加を行う企業，TC：資本参加される企業（ディスカウント調整前），TC_{adj}：資本参加される企業（ディスカウント調整後）である。

でt検定を行った際のt値を提示している。

　まず，全サンプルの結果について見ると，ACに関しては［-1,+1］の分析ウィンドウについて，TCに関してはすべての数値について統計的に有意なプラスの値になっていることが分かる。このことから，概ね資本参加はAC，TCの株主価値増大に寄与していることが分かる。これは，形態別サブサンプルで見てもほぼ同様の傾向となっている。

　目的別サブサンプルを見ると，ACにおいては技術提携のサブサンプルにおいてCARが統計的に有意なプラスとなっている。ACにとって，技術面での提携はシナジー効果を生み出すことが見込まれていると考えられる。TCが持つ技術をACも活用することなどにより，シナジー効果が期待できると市場が評価していることを示唆している。TCに関しては技術提携・マーケティング提携ともにCARが統計的に有意なプラスとなっているが，技術・マーケティング提携以外の案件ではCARは統計的に有意な値をとらない。明確な提携の意

第7章　資本参加と株主価値

図表7-4　ACおよびTCにおけるCAR

		分析ウィンドウ (日)	N	AC CAR 平均	t値	TC CAR 平均	t値	TC CAR_{adj} 平均	t値
全サンプル		[−1,+1]	135	0.99%	2.280**	5.52%	5.558***	7.04%	6.023***
		[−2,+2]	135	0.65%	1.197	4.75%	4.150***	6.27%	4.763***
		[−3,+3]	135	0.74%	1.343	5.15%	4.188***	6.66%	4.771***
形態	資金調達あり	[−1,+1]	53	0.75%	1.130	6.51%	3.779***	10.37%	4.578***
		[−2,+2]	53	1.08%	1.187	5.44%	2.615**	9.29%	3.563***
		[−3,+3]	53	0.62%	0.684	5.34%	2.716***	9.20%	3.594***
	資金調達なし	[−1,+1]	82	1.14%	1.995**	4.88%	4.064***	4.88%	4.064***
		[−2,+2]	82	0.38%	0.554	4.31%	3.238***	4.31%	3.238***
		[−3,+3]	82	0.82%	1.172	5.02%	3.171***	5.02%	3.171***
目的	技術提携	[−1,+1]	33	2.78%	2.378**	8.38%	3.956***	11.28%	3.650***
		[−2,+2]	33	3.11%	2.155**	8.58%	3.508***	11.48%	3.375***
		[−3,+3]	33	2.81%	2.472**	8.59%	3.213***	11.49%	3.195***
	マーケティング提携 (技術提携除く)	[−1,+1]	69	−0.25%	−0.646	6.26%	4.164***	7.27%	4.780***
		[−2,+2]	69	−0.76%	−1.218	4.57%	2.568**	5.58%	3.153***
		[−3,+3]	69	−0.39%	−0.548	5.47%	2.845***	6.48%	3.396***
	技術・マーケ以外	[−1,+1]	33	1.78%	1.806*	1.12%	0.921	2.31%	1.525
		[−2,+2]	33	1.14%	1.166	1.32%	1.039	2.50%	1.473
		[−3,+3]	33	1.04%	0.859	1.02%	0.872	2.21%	1.290
出資比率	5％未満	[−1,+1]	27	0.10%	0.140	1.57%	1.387	1.71%	1.460
		[−2,+2]	27	0.36%	0.404	0.53%	0.522	0.67%	0.638
		[−3,+3]	27	0.42%	0.472	1.30%	1.203	1.43%	1.296
	5％以上25％未満	[−1,+1]	67	0.72%	1.319	5.24%	4.140***	5.91%	4.629***
		[−2,+2]	67	−0.27%	−0.417	4.37%	2.894***	5.04%	3.386***
		[−3,+3]	67	−0.03%	−0.041	3.80%	2.624**	4.46%	3.116***
	25％以上	[−1,+1]	41	2.02%	1.999*	8.58%	3.651***	12.39%	4.166***
		[−2,+2]	41	2.35%	1.807*	8.16%	3.022***	11.97%	3.564***
		[−3,+3]	41	2.21%	1.814*	9.89%	3.185***	13.70%	3.719***
TC営業利益	赤字	[−1,+1]	19	0.35%	0.309	7.68%	1.925*	14.18%	2.698**
		[−2,+2]	19	−0.88%	−0.551	4.85%	1.059	11.34%	1.831*
		[−3,+3]	19	0.70%	0.379	6.32%	1.365	12.81%	2.067*
	黒字	[−1,+1]	116	1.09%	2.325**	5.17%	5.381***	5.87%	5.702***
		[−2,+2]	116	0.90%	1.562	4.74%	4.252***	5.44%	4.727***
		[−3,+3]	116	0.75%	1.311	4.96%	4.051***	5.65%	4.476***
TCQ	高	[−1,+1]	68	0.77%	1.781*	3.45%	2.929***	4.90%	3.860***
		[−2,+2]	68	0.33%	0.507	2.39%	1.641	3.83%	2.483**
		[−3,+3]	68	0.56%	0.716	2.49%	2.004**	3.93%	2.900***
	低	[−1,+1]	67	1.21%	1.595	7.62%	4.846***	9.20%	4.733***
		[−2,+2]	67	0.98%	1.115	7.16%	4.122***	8.74%	4.145***
		[−3,+3]	67	0.93%	1.181	7.85%	3.753***	9.43%	3.899***
ACQ	高	[−1,+1]	67	1.25%	2.045**	7.31%	4.928***	9.29%	4.977***
		[−2,+2]	67	0.74%	0.960	6.71%	3.719***	8.68%	3.969***
		[−3,+3]	67	1.08%	1.393	7.08%	4.110***	9.05%	4.232***
	低	[−1,+1]	68	0.74%	1.186	3.76%	2.893***	4.82%	3.503***
		[−2,+2]	68	0.57%	0.729	2.83%	2.030**	3.89%	2.709***
		[−3,+3]	68	0.40%	0.513	3.25%	1.872*	4.31%	2.433**

（注1）t値は検定値0との間でt検定を行った際のt値である。
（注2）*は10％水準で，**は5％水準で，***は1％水準で有意であることを示している（両側検定）。

図が読み取れない案件については，市場がそれをポジティブに評価していない状況が想定される。

出資比率別に見ると，AC，TCともに出資比率が高いほどCARの値が高く，またその統計的有意性も高くなるという傾向を示している。出資比率の高さがモニタリング効果の上昇，ないしは経営支配権の一部取得のいずれを意味しているのかはこの分析からは必ずしも明らかにならないが，どちらにしても高い出資比率での資本参加を市場はポジティブに評価している可能性がある。

TCの営業損益別に見ると，赤字企業の方がTCにおけるCARの平均値が高くなっている。また，TCのトービンのqが低い場合にCARが高くなる一方，ACのトービンのqが高い場合にACおよびTCのCARが高くなる傾向を示している。これは，仮説H5と整合的である。

続いて，図表7-5にサブサンプル間でCAR[-1,+1]を比較し，それぞれの平均値の差についてt検定を行った結果を示している。

図表7-5　サブサンプル間のCARの比較

		N	AC CAR[-1,+1] 平均	t値	TC CAR[-1,+1] 平均	t値	TC CAR_{adj}[-1,+1] 平均	t値
形態	資金調達あり	53	0.75%	-0.435	6.51%	0.800	10.37%	2.139**
	資金調達なし	82	1.14%		4.88%		4.88%	
目的	技術提携	33	2.78%	2.461**	8.38%	0.809	11.28%	1.310
	マーケティング提携	69	-0.25%		6.26%		7.27%	
	技術提携	33	2.78%	0.654	8.38%	2.970***	11.28%	2.606**
	技術・マーケ以外	33	1.78%		1.12%		2.31%	
	マーケティング提携	69	-0.25%	-1.917*	6.26%	2.655***	7.27%	2.311**
	技術・マーケ以外	33	1.78%		1.12%		2.31%	
出資比率	5％未満	27	0.10%	0.639	1.57%	2.157**	1.71%	2.429**
	5％以上25％未満	67	0.72%		5.24%		5.91%	
	5％未満	27	0.10%	1.398	1.57%	2.684***	1.71%	3.343***
	25％以上	41	2.02%		8.58%		12.39%	
	5％以上25％未満	67	0.72%	1.233	5.24%	1.362	5.91%	2.001*
	25％以上	41	2.02%		8.58%		12.39%	
TC営業利益	赤字	19	0.35%	-0.593	7.68%	0.879	14.18%	1.552
	黒字	116	1.09%		5.17%		5.87%	
TCQ	高	68	0.77%	-0.500	3.45%	-2.125**	4.90%	-1.859*
	低	67	1.21%		7.62%		9.20%	
ACQ	高	67	1.25%	0.587	7.31%	1.801*	9.29%	1.931*
	低	68	0.74%		3.76%		4.82%	

(注) *は10％水準で，**は5％水準で，***は1％水準で有意であることを示している（両側検定）。

これによれば，ACに関しては資金調達の有無はCARに影響を与えないことを示している一方，TCではディスカウント率を考慮したCAR_{adj}に関して，資金調達を行ったサンプルの方が高くなっており，資金調達を行った方が市場からポジティブな評価を受けていることを示している。資金調達を行わないサンプルのCARは＋4.88％，資金調達を行ったサブサンプルと行わなかったサブサンプルのCARの差が5.49％であるから，これらが今回のサンプルにおける資金調達以外の情報効果と資金調達の情報効果を示しているものと推測される。この結果は，仮説H3と整合的であると考えられる。

　目的別サブサンプル間の比較では，ACについては技術提携の方がマーケティング提携と比較してCARが高くなる傾向を示す一方，マーケティング提携は技術提携・マーケティング提携以外の資本参加に比べてもCARが低くなっており，この差は統計的に有意であることが示されている。つまり，ACにとってはAC，TCの技術を組み合わせることで高いシナジー効果が期待できる一方で，販売協力や販売網の共同利用といったマーケティング面でのシナジー効果はACにもたらされず，むしろマイナスの効果を生むと評価されていることを意味している。一方，TCについては，技術提携およびマーケティング提携がそれ以外のサブサンプルよりも高いCARとなるという結果が得られた。TCにとっては，技術面での協力にしても，販売面での協力にしても，その効果を享受することができると市場が判断していることを示している。こうした結果は，相対的に規模が大きいACにとっては販売協力はプラスの効果をもたらさない（むしろややマイナスの傾向を示す）のに対し，TCにとっては規模の大きいACの販売力を活用できることはプラスの効果を持っていると解釈することができる。

　出資比率ごとの結果では，ACにおいては統計的に有意な結果が得られていないものの，TCについては出資比率が上がるごとにCARの平均値が高くなっており，その差は統計的に有意であることが示されている。この結果からは，Wruck［1989］で示されているような出資比率とCARの間の非線形関係を読み取ることはできない。

　また，TCのトービンのqが低く，ACのトービンのqが高い場合の方がTCにおけるCARが高くなる傾向にある。これは，仮説H5と整合的な結果と言える。

6.3 重回帰分析

　図表7-6に，ACおよびTCのCARを被説明変数とした重回帰分析の結果を提示する[14]。

　ACの結果によれば，FOROWNおよびEXEOWNの係数がマイナスで有意となり，TECHNOLOGYの係数がプラス，MARKETINGの係数がマイナスで有意となった。また，MVRATIOの係数はプラスで有意な値となっている。TCについては，調整前，調整後のCAR双方において，INVESTの係数がプラスで有意となり，調整後のCARについてはACQの係数がプラスで有意となった。

　仮説H1については，TCのINVESTの係数が有意なプラスとなっていることから，概ね支持されたと考えられる。ACによる出資比率が高くなるほど，その資本参加のTCにとっての効果は大きくなることを市場が見込んでいると考えられる。

　仮説H2に関する係数としては，ACのFOROWN，EXEOWNが有意となったものの，TCに関しては有意な値をとらなかった。資本参加がTCの所有構造を変えたことに対する市場のTCに対する評価に関しては明確な証拠を得ることができなかった。一方で，ACに関しては，外国人の株主の持分および経営者の持分が大きい場合，株価へのマイナス効果があるという結果となった。これは，TCに（発言力が強いと推測される）外国人株主が多く存在する場合，およびTCの経営者が株式を多く保有するために，両者の利害が一致しやすい場合においては，ACの資本参加に対する市場の評価が厳しくなることを示していると解釈できる。しかしながら，ACによる資本参加がTCに対するモニタリング効果を強め，その結果TCの株価が上昇するという証拠を得ることはできなかった。

　資金調達に関する仮説H3については，TCの$CAR_{adj}[-1,+1]$におけるNSTOCKの係数が10％水準で有意となったほかは有意な結果を得ることができなかった。重回帰分析からは，必ずしも仮説H3は支持されない結果となった。

　仮説H4に関する変数では，ACにおいてTECHNOLOGYの係数が有意なプラス，MARKETINGの係数が有意なマイナスとなった。ACにとっては技術提携

第7章　資本参加と株主価値

図表7-6　重回帰分析の結果

	AC					TC				
	CAR[-1,+1]	CAR[-2,+2]	CAR[-3,+3]	CAR[-1,+1]	CAR[-2,+2]	CAR[-3,+3]	CAR$_{adj}$[-1,+1]	CAR$_{adj}$[-2,+2]	CAR$_{adj}$[-3,+3]
定数項	0.013 (0.570)	0.022 (0.739)	0.025 (0.793)	-0.002 (-0.030)	0.005 (0.076)	-0.027 (-0.391)	-0.028 (-0.470)	-0.022 (-0.305)	-0.054 (-0.708)
INVEST	0.046 (1.137)	0.038 (0.711)	-0.004 (-0.081)	0.211 (2.143)**	0.246 (2.106)**	0.305 (2.427)**	0.294 (2.704)***	0.330 (2.562)**	0.389 (2.828)***
BIGOWN	0.006 (0.197)	-0.008 (-0.221)	-0.009 (-0.247)	-0.012 (-0.183)	-0.034 (-0.416)	-0.006 (-0.070)	-0.033 (-0.443)	-0.055 (-0.613)	-0.027 (-0.285)
FINOWN	-0.019 (-0.478)	-0.007 (-0.138)	-0.048 (-0.901)	0.019 (0.202)	0.023 (0.204)	0.031 (0.256)	0.096 (0.932)	0.100 (0.820)	0.108 (0.827)
FOROWN	-0.085 (-1.824)*	-0.127 (-2.077)**	-0.106 (-1.658)*	0.159 (1.415)	0.154 (1.153)	0.112 (0.775)	0.137 (1.096)	0.132 (0.893)	0.089 (0.565)
EXEOWN	-0.078 (-2.137)**	-0.110 (-2.317)**	-0.113 (-2.282)**	-0.147 (-1.673)*	-0.113 (-1.079)	-0.125 (-1.116)	-0.053 (-0.546)	-0.019 (-0.164)	-0.032 (-0.257)
NSTOCK	-0.001 (-0.047)	0.017 (1.166)	-0.002 (-0.150)	0.028 (1.078)	0.019 (0.610)	0.002 (0.062)	0.055 (1.873)*	0.045 (1.315)	0.028 (0.768)
TSTOCK	0.010 (0.650)	0.017 (0.822)	0.011 (0.510)	-0.031 (-0.833)	-0.022 (-0.489)	-0.014 (-0.287)	-0.021 (-0.515)	-0.012 (-0.244)	-0.004 (-0.075)
TECHNOLOGY	0.028 (2.572)**	0.031 (2.191)**	0.027 (1.822)*	0.037 (1.433)	0.051 (1.632)	0.046 (1.380)	0.027 (0.923)	0.040 (1.168)	0.035 (0.968)
MARKETING	-0.017 (-1.913)*	-0.025 (-2.069)**	-0.016 (-1.282)	0.032 (1.462)	0.021 (0.808)	0.037 (1.327)	0.023 (0.953)	0.012 (0.422)	0.028 (0.923)
PRODUCTION	-0.018 (-1.454)	-0.012 (-0.708)	0.002 (0.107)	-0.054 (-1.783)*	-0.057 (-1.599)	-0.049 (-1.270)	-0.034 (-1.006)	-0.037 (-0.941)	-0.029 (-0.683)
IND	0.003 (0.305)	0.004 (0.319)	0.014 (1.197)	-0.005 (-0.219)	0.005 (0.207)	-0.013 (-0.494)	0.006 (0.243)	0.016 (0.561)	-0.003 (-0.103)
LOSS	-0.009 (-0.727)	-0.029 (-1.758)*	-0.004 (-0.250)	0.000 (0.010)	-0.024 (-0.673)	-0.008 (-0.203)	0.048 (1.421)	0.023 (0.584)	0.040 (0.932)
SGROWTH	-0.002 (-0.186)	0.009 (0.751)	0.013 (0.968)	0.029 (1.274)	0.024 (0.868)	0.015 (0.502)	0.012 (0.465)	0.006 (0.208)	-0.003 (-0.083)
TCQ	0.003 (0.716)	0.004 (0.737)	0.006 (0.900)	-0.008 (-0.719)	-0.009 (-0.724)	0.001 (0.086)	-0.007 (-0.607)	-0.009 (-0.622)	0.002 (0.112)
ACQ	-0.001 (-1.228)	-0.001 (-1.253)	-0.001 (-1.053)	0.003 (1.635)	0.002 (0.843)	0.003 (1.145)	0.007 (2.896)***	0.005 (1.967)*	0.006 (2.171)**
MVRATIO	0.034 (3.476)***	0.023 (1.807)*	0.026 (1.932)*	-0.001 (-0.043)	-0.007 (-0.253)	-0.015 (-0.485)	-0.009 (-0.339)	-0.015 (-0.484)	-0.023 (-0.681)
Obs.	135	135	135	135	135	135	135	135	135
Adj. R-squared	0.166	0.093	0.038	0.073	0.016	0.009	0.178	0.094	0.081

(注1) 括弧内はt値である。
(注2) *は10％水準で、**は5％水準で、***は1％水準で有意であることを示している。

がポジティブな効果を生む一方，マーケティング提携はどちらかと言えばACにとって不利な状況を生み出す可能性が高いと市場が判断した結果であると推察される。

仮説H5については，TCのCAR_{adj}に関して，ACQの係数が有意なプラスとなった。TCQの係数は有意な値にならなかったが，経営効率の高いACによる資本参加はTCにとってポジティブな効果を生むと市場が見ているものと考えられる。ただし，ACQとTCのCARの間のポジティブな関係はディスカウント率調整後のCAR_{adj}を被説明変数にした場合に限られており，ACにおけるトービンのqが高い場合には，株式の引受に際して大きなディスカウントが行われていることが示唆されている。この点を含めACにおけるトービンのqが高い案件の特徴については，6.4において追加的な分析を行う。

なお，ACにおいてはMVRATIOの係数がプラスで有意な値となった。ACに対するTCの相対的規模が大きい場合の方がACにとってポジティブな効果が見込まれることを示している。

6.4 ACにおけるトービンのqが高い案件に関する追加的分析

6.3で述べたように，ACにおけるトービンのqが高い案件については，株式の引受に当たって高いディスカウント率が設定されている可能性がある。そこで，ACにおけるトービンのqが中央値を超える案件と中央値以下の案件に関してディスカウント率（$=(P_{Before}-P_{Offer})/P_{Before}$）の比較を行った[15]。その結果，ACにおけるトービンのqが中央値を超える案件ではディスカウント率の平均値が8.74％，中央値以下の案件では5.71％となり，ACにおけるトービンのqが高い案件ではやや高いディスカウント率が設定されていた。ただし，両者の間の平均値の差は統計的には有意ではなかった。また，ACにおけるトービンのqが中央値を超える案件と中央値以下の案件の間では，ACの業種構成にも差異が見られた。ACにおけるトービンのqが中央値を超える案件においてACの業種構成を見ると，サービス業（日経業種中分類コード：71）の構成比が31.34％と最も大きく，次いで通信業（同：65）の構成比が16.42％であった。一方，ACにおけるトービンのqが中央値以下のACの業種構成に関しては，商

社（同：43）の構成比が36.76％，続いて小売業（同：45）およびサービス業（同：71）が11.76％となっていた。サービス業に属するACについては，ソフトウェア・情報関連企業が多く含まれており，こうした企業では自社の高いトービンのqを背景として比較的高いディスカウント率が設定されており，その結果TCにおけるディスカウント率調整後のCARが高くなっているものと推測することができる。

7 結論と示唆

　本章における重回帰分析においては，仮説H1，H4，H5を部分的にではあるが支持する結果を得ることができた。ACについては，資本参加前のTCにおける外国人持株比率および経営者持株比率が低く，技術提携を目的とする場合およびTCの相対的規模が大きい資本参加で株価が上昇する一方で，マーケティング提携を目的とする場合には株価に対してネガティブな作用があることが明らかとなった。TCでは，ACによる出資比率が高く，ACにおけるトービンのqが高い場合において株価が上昇するということが明らかとなった。

　仮説H3については重回帰分析からは統計的に有意な結果を得ることはできなかったが，TCのサブサンプルごとのCARを分析した結果からは，資金調達を行うグループの方が資金調達を行わないグループに比べてCARが高くなるという結果が得られた。

　以上の分析結果は，資本参加はTCにとっての資金調達の手段としても市場から評価されてはいるが，資本参加の結果どのような企業間連携が行われるのかという点も重要であることを示唆している。言い換えれば，資本参加を単なる資金調達としてだけ見るのではなく，M&Aの一形態として捉えることも重要であるということである。

　ACの結果からは，TCの経営資源と自社の経営資源を組み合わせることで，どのような価値を生み出すことができるのかを十分検討することが必要であることが示唆される。また，ACとTCが十分な連携をとることができる事業環境にあるのかどうか，という点も重要である。既存株主とACの間で利害対立が

起こるような状況では十分な成果を望むことは難しいと言えるだろう。

　TCに関する結果からは，ACが資本参加することでTCの経営がどのように改善するのかを見極めることが重要であることが示唆される。ACのノウハウ吸収を目的とした提携を行うのであれば，検討している提携先が果たしてそれにふさわしいパートナーなのかを見極めて実行に移す必要があると思われる。

　結局のところ，AC，TCともにパートナーとしてどのような会社を選択するかが株主価値向上の鍵を握っていると結論付けることができる。今後，企業が資本参加（資本提携）を行う際には，こうした点に留意してパートナーを選択するとともに，その選択理由を市場に十分説明することが求められると考えられる。

注

1) 本章における資本参加とは，従前資本関係がなかった会社に対して資本参加を行うことであると定義する。従って，本章では資本参加後の出資比率が資本参加による株式の増分割合と等しい。
2) 会社法第199条（募集事項の決定）上では，新株の発行と自己株式の処分は同等のものとして取り扱われており，(A)および(B)は双方とも第三者割当増資として位置付けられるが，本章では新株の発行を第三者に割り当てる場合を新株の発行，自己株式を割り当てる場合を自己株式の処分と称呼する。
3) シナジー効果については，Barney [2002] を参照。
4) こうした点を裏付ける先行研究としては，Berger and Ofek [1995] が挙げられる。また，Eckbo [1983] は，水平型M&Aは業界内での競争回避につながり，それが株主価値向上に寄与すると主張している。
5) 経営改善効果については，Lang et al. [1989] やServaes [1991] を参照。
6) 資本参加のニュースリリース日，または新聞報道のあった日のうち，早い方をアナウンスメント日としている。
7) パラメータの推計期間240日のうち，原収益率が計算できる日数が192日（80%）を下回る銘柄に関しては，パラメータの安定性に対する懸念があるため，計算対象から外している。
8) 日経業種分類における中分類コードが同じものを同業種とした。
9) トービンのqについては，（株式時価総額＋負債簿価）を総資産簿価で除して算出した。
10) 新興市場を含む全上場会社を対象とする。
11) 薄井 [2001] に基づく。
12) AC（取得側）とTC（被取得側）を明確に区分するため。

13) 鈴木［2008］では，第三者割当増資発表時のCAR［－1,＋1］の平均値が＋5.0％，阿萬［2003］ではCAR［0,＋1］が＋5.6％であったと報告している。なお，本章のサンプルにおける引受価格の市場価格に対するディスカウント率は，新株発行と自己株式処分を合わせた50件の平均値で7.3％，中央値で6.0％だった。
14) すべての説明変数におけるVIF（分散拡大係数）は2を超えないことを確認しており，多重共線性が発生している可能性は低いと考えられる。
15) 資金調達を伴う新株の発行あるいは自己株式の処分を行った案件のみで比較した。

第8章

資本参加と財務パフォーマンス

1 資本参加は財務パフォーマンスに貢献しているか

1.1 本章の目的

　第7章に引き続き，本章では日本企業の資本参加について検証を行う。本章の目的は，日本企業による資本参加は財務パフォーマンスの向上に寄与しているかどうかを検証することにある。本章では，資本参加を行う企業（Acquiring Company，以下，AC）および資本参加を受ける企業（Target Conpany，以下，TC）の財務パフォーマンスについて検証を行うこととする。第7章でも述べたように，これまでの先行研究では，資本参加の一形態である第三者割当増資を行った企業のパフォーマンスを測定している研究は散見されるが，資本参加全体を取り扱った研究は筆者がサーベイする限り存在しない。財務パフォーマンスの観点でも，第三者割当増資が財務パフォーマンスに与える影響に関して検証している先行研究は存在するが，これらの研究は必ずしも資本参加のM&Aとしての側面にはフォーカスが当てられていなかった。

　本章では，第7章において検証した仮説を援用し，どのようなファクターが資本参加前後の財務パフォーマンスに影響を与えたのかを検証する。第7章でも述べたように，資本市場からの評価は資本参加のM&Aとしての側面を重視していることから，資本参加がその後の財務パフォーマンス向上に資するか否かを検証することは重要であると考えられる。本章での検討課題は，資本参加のM&Aとしての側面を意識しながら，資本参加前後の財務パフォーマンスの変動を測定し，それに影響を与える要因を抽出することにある。

1.2 先行研究

1.1で述べたように，先行研究では資本参加の一形態である第三者割当増資前後の財務パフォーマンスを測定しているものが散見される。ここでは，それらの研究においてどのような結果が報告されているのかをレビューしておくこととする。

Hertzel et al. [2002] は，1980～1996年に米国で行われた第三者割当増資619件について，その前後3年間（3年前～3年後）における財務パフォーマンスを測定している。測定指標は償却前受取利息加算後営業利益（Operating Income before Depreciation, Amortizartion, and Taxes, plus Interest Income）を総資産で除したものと，当期純利益（Net Income）ベースでのROAである。Hertzel et al. [2002] では，第三者割当増資を行った企業の財務パフォーマンスは同業種で第三者割当増資を行わなかった企業と比較して低く，その差は統計的にも有意であることを報告している。こうしたことから，Hertzel et al. [2002] は，第三者割当増資公表時において投資家は将来業績を過大評価しているのではないかとの解釈を示している。

Chou et al. [2009] は，1980～2000年に米国において行われた第三者割当増資371件について，財務パフォーマンスを測定した。測定指標はHertzel et al. [2002] と同様である。Chou et al. [2009] は投資機会の代理変数としてのトービンのqに着目し，トービンのqが高い企業で特に財務パフォーマンスが低く，トービンのqが高い企業と低い企業の財務業績の差は，第三者割当増資後の一部の年度において統計的に有意であることが示されている。なお，Chou et al. [2009] では併せて長期的な株価パフォーマンスではトービンのqが高い企業の方が低いことを報告している。このような結果が得られる理由として，経営者による過剰投資，投資家による選好の偏り，投資家の将来的な収益に対する過剰な楽観主義の3つを挙げた上で，投資家の将来収益に対する楽観視が株価パフォーマンスの低さにつながっていると結論付けている。

日本においては，保田 [2011b] が，1990～2008年3月までの間に発表された東証1部上場企業による第三者割当増資168件に関して，増資前後の財務パ

フォーマンスを測定している。この研究では，第三者割当増資実施企業において，増資実施年度およびその後の財務パフォーマンス（総資産営業利益率ならびに総資産当期純利益率）が低いという結果を得ている。

以上の米国および日本国内における先行研究では，いずれも第三者割当増資実施後の財務パフォーマンスが低いことが示されている。その一方で，財務業績がなぜ低下しているのかという点には必ずしも十分な説明が行われていない状況であると言える。

1.3 本章の構成

本章の構成は以下の通りである。

まず，第2節では第7章で議論した内容を援用し，本章で検証する仮説を提示する。第3節においては財務パフォーマンスの測定方法，説明変数および重回帰分析モデルといったリサーチ・デザインについて述べる。第4節では本章で用いるサンプルおよびデータの抽出方法を概説する。実証結果については第5節で提示し，第6節ではこれらの結果について結論と示唆を述べることとする。

2 仮説の設定

本章では，基本的に第7章での議論に従い，資本参加前後の財務パフォーマンスに置き換えた形の仮説を検証する。従って，本章で検証すべき仮説は以下の5つとなる[1]。

仮説H1：資本参加に伴う出資比率が高くなるほど，資本参加前後で財務業績は向上する。

仮説H2：資本参加以前の株主の利害と経営者の行動が一致しにくい場合ほど，資本参加前後で財務業績は向上する。

仮説H3：資金調達を伴う資本参加の方が資金調達を伴わない資本参加に比べて資本参加前後の財務業績は向上する。

仮説H4：資本参加によるシナジー効果が高く見込める場合（技術提携，同業種間）に，資本参加前後の財務業績は向上する。

仮説H5：資本参加による経営改善効果が高く見込めるほど，資本参加前後の財務業績は向上する。

3 リサーチ・デザイン

3.1 財務パフォーマンスの測定

本章で用いる財務パフォーマンスの指標としては，第4章および第6章と同様に，総資産営業利益率から業種平均値を控除した超過ROAを用いる。測定期間は資本参加公表直前期（$t=-1$）から3期後（$t=+3$）までである。なお，業種平均値は日経業種コード中分類ごとの連結ベースの各指標の単純平均を決算年次ごとに集計して算出している。

3.2 説明変数の設定

基本的に，各仮説に対応する代理変数は，第7章で用いた変数をそのまま使用している。各仮説に対応する変数と期待される符号は図表8-1の通りである[2]。

図表8-1　仮説に対応する説明変数

仮説	変数	期待符号
H1	ACのTCに対する出資比率（INVEST）	＋
H2	10大株主持株比率（BIGOWN），金融機関持株比率（FINOWN），外国人持株比率（FOROWN），経営者持株比率（EXEOWN）	－
H3	新株発行ダミー（NSTOCK），自己株式処分ダミー（TSTOCK）	＋
H4	技術提携ダミー（TECHNOLOGY），マーケティング提携ダミー（MARKETING），生産提携ダミー（PRODUCTION），業種ダミー（IND）	＋
H5	ACのトービンのq（ACQ），TC赤字ダミー（LOSS） TCのトービンのq（TCQ），TC売上高成長率（SGROWTH）	＋ －
その他	ACとTCの時価総額比率（MVRATIO）	？

3.3 重回帰分析モデル

3.1および3.2を踏まえ，本章では以下の（8.1）式に示すような重回帰分析モデルを用いて分析を行うこととした。

$$\begin{aligned}
超過ROA_i = {} & \alpha_0 + \alpha_1 INVEST_i + \alpha_2 BIGOWN_i + \alpha_3 FINOWN_i \\
& + \alpha_4 FOROWN_i + \alpha_5 EXEOWN_i + \alpha_6 NSTOCK_i \\
& + \alpha_7 TSTOCK_i + \alpha_8 TECHNOLOGY_i + \alpha_9 MARKETING_i \\
& + \alpha_{10} PRODUCTION_i + \alpha_{11} IND_i + \alpha_{12} LOSS_i + \alpha_{13} SGROWTH_i \\
& + \alpha_{14} TCQ_i + \alpha_{15} ACQ_i + \alpha_{16} MVRATIO_i + \varepsilon_i \quad (8.1)
\end{aligned}$$

4 サンプルとデータ

本章で使用するサンプルを抽出するに当たって，第7章と同様に2000～2008年に行われた上場会社[3]同士の資本参加の案件データ779件をレコフM&A CD-ROMより抽出し，以下の基準で絞込みを行った。その結果，最終的なサンプル数は146件（AC146社，TC146社）となった。

① 取得金額が公表されているか，または新聞報道がなされており，その金額が10億円以上であること[4]。
② 株式持合いの案件でないこと[5]。
③ AC, TCともに単独（AC1社に対してTC1社）の案件であること。
④ AC, TCが金融・証券業に属していないこと。
⑤ AC, TCともに直近決算期の決算月数が12ヵ月であること。
⑥ AC, TCともに3.1，3.2で提示した変数がすべて計算できること。

なお，日次株価データについては，日経メディアマーケティング社の「日経ポートフォリオマスター・日本株式日次リターンデータ」，財務データについては「NEEDS CD-ROM日経財務データ」より入手した。なお，財務データに

関しては連結決算を優先し，取得できなかったものに関しては単体決算の数値を使用している。新株発行ならびに自己株式処分時の引受価格は日本経済新聞の財務短信より収集した。ACの出資比率に関してはレコフ社のデータベースを使用している。また，ACとTCの時価総額比率は，「日経NEEDS -Financial Quest」を用いて抽出した月次の時価総額を基に算出している。

5 実証結果

5.1 記述統計量

図表8-2に記述統計量を示している。これによれば，t=－1期対＋1～＋3期で見た超過ROAの変動の平均値はTCで－1.5％～－0.1％，ACで－1.3％～－0.1％，中央値はTCで－0.3％～＋0.2％，ACで0.0％～＋0.2％と，あまり大きく動

図表8-2　記述統計量

	N	平均値	標準偏差	最小値	1Q	中央値	3Q	最大値
TC超過ROA[－1,＋1]	134	－0.015	0.118	－1.088	－0.033	－0.001	0.024	0.209
TC超過ROA[－1,＋2]	122	－0.001	0.081	－0.438	－0.027	－0.003	0.033	0.253
TC超過ROA[－1,＋3]	110	－0.002	0.088	－0.612	－0.024	0.002	0.044	0.156
AC超過ROA[－1,＋1]	143	－0.007	0.053	－0.255	－0.025	0.000	0.015	0.143
AC超過ROA[－1,＋2]	141	－0.013	0.099	－0.927	－0.028	0.000	0.022	0.169
AC超過ROA[－1,＋3]	124	－0.001	0.051	－0.192	－0.022	0.002	0.026	0.184
INVEST	146	0.178	0.124	0.006	0.059	0.168	0.300	0.498
BIGOWN	146	0.545	0.166	0.001	0.430	0.559	0.663	0.924
FINOWN	146	0.163	0.123	0.001	0.068	0.133	0.241	0.596
FOROWN	146	0.084	0.096	0.000	0.012	0.046	0.129	0.436
EXEOWN	146	0.105	0.203	0.000	0.002	0.016	0.143	1.741
NSTOCK	146	0.322	0.467	0.000	0.000	0.000	1.000	1.000
TSTOCK	146	0.075	0.264	0.000	0.000	0.000	0.000	1.000
TECHNOLOGY	146	0.240	0.427	0.000	0.000	0.000	0.000	1.000
MARKETING	146	0.637	0.481	0.000	0.000	1.000	1.000	1.000
PRODUCTION	146	0.151	0.358	0.000	0.000	0.000	0.000	1.000
IND	146	0.466	0.499	0.000	0.000	0.000	1.000	1.000
LOSS	146	0.137	0.344	0.000	0.000	0.000	0.000	1.000
SGROWTH	146	0.188	0.630	-0.254	-0.009	0.038	0.187	5.837
TCQ	146	1.926	4.273	0.549	0.968	1.196	1.677	51.508
ACQ	146	2.077	4.817	0.407	1.105	1.302	1.792	58.402
MVRATIO	146	0.739	6.137	0.000	0.023	0.069	0.263	74.421

いていない[6]。この数値からは，資本参加が財務パフォーマンスに大きな影響を及ぼしているようには見えない。説明変数に関しては，サンプルの若干の変動があるため，第7章における数値と厳密には一致していないが，ほぼ同じ傾向を示している。

5.2 財務パフォーマンスの分析結果

図表8-3に，超過ROAの推移と変動およびサブサンプルごとの変動について，その平均値と検定値0との間でt検定を行った結果を示す。ここでは，全サンプルの結果のみ$t=-1 \sim +3$での超過ROAの平均値と［-1,+3］，［-1,+2］，［-1,+1］での超過ROAの変動の結果を提示し，サブサンプルごとには超過ROAの変動のみの結果を示している。

まず全サンプルの結果から見ていくと，ACの超過ROAは測定期間を通じて概ねプラスで推移している一方で，TCに関しては特に資本参加を受けた期およびその直後の期で超過ROAが統計的に有意なマイナスになっていることが分かる。直近で業績悪化の傾向が見られるTCに対し，相対的に業績の良いACが資本参加を行っている状況が伺える。$t=+2$以降において，TCの超過ROAはマイナスではあるものの統計的に有意ではないことから，資本参加によってある程度業績が持ち直していることが示唆される結果となっている。資本参加を受けた期およびその直後の期においてTCの相対的な財務パフォーマンスが落ち込み，その後ある程度の改善が見られるという傾向は，第三者割当増資時におけるTCの財務業績について分析している保田［2011b］において報告された結果と整合的である。

続いて，サブサンプルごとの結果について見ていく。資金調達の有無，資本参加の目的，出資比率で分類したサブサンプルでは，AC，TCともに超過ROAの変動に目立った傾向は見られない。

TCの直前期の営業利益が赤字だったグループでは，ACにおいて超過ROAの変動が統計的に有意なマイナスになっているのに対し，TCにおいては統計的に有意なプラスになるという傾向が見られる。TCの直近の業績が悪い場合に資本参加後の財務業績が向上していることを示しており，この点は仮説H5

図表8-3 超過ROAの推移および比較

		t（期）	AC			TC		
			N	平均値	t値	N	平均値	t値
全サンプル		−1	146	2.23%	3.606***	146	−0.67%	−1.069
		0	145	1.93%	3.614***	143	−2.17%	−3.345***
		+1	143	1.30%	2.191**	134	−1.94%	−1.795*
		+2	141	0.69%	0.824	122	−0.99%	−1.446
		+3	124	2.01%	3.885***	110	−1.09%	−1.352
		[−1,+3]	124	−0.07%	−0.160	110	−0.23%	−0.269
		[−1,+2]	141	−1.33%	−1.586	122	−0.08%	−0.116
		[−1,+1]	143	−0.66%	−1.493	134	−1.53%	−1.495
形態	資金調達あり	[−1,+3]	51	−0.63%	−0.788	45	−0.47%	−0.274
		[−1,+2]	57	−1.35%	−1.275	50	−0.13%	−0.088
		[−1,+1]	58	−0.62%	−0.831	55	−2.24%	−0.959
	資金調達なし	[−1,+3]	73	0.32%	0.585	65	−0.06%	−0.076
		[−1,+2]	84	−1.32%	−1.083	72	−0.06%	−0.075
		[−1,+1]	85	−0.69%	−1.256	79	−1.03%	−1.683*
目的	技術提携	[−1,+3]	32	−1.26%	−1.372	27	1.42%	1.153
		[−1,+2]	34	−1.84%	−1.502	27	1.62%	1.014
		[−1,+1]	35	−1.07%	−1.021	33	1.32%	1.096
	マーケティング提携	[−1,+3]	67	0.64%	1.113	56	−1.24%	−0.866
		[−1,+2]	73	0.04%	0.054	65	−0.65%	−0.602
		[−1,+1]	74	−0.10%	−0.188	68	−3.12%	−1.711*
	技術・マーケ以外	[−1,+3]	25	−0.47%	−0.400	27	0.23%	0.188
		[−1,+2]	34	−3.77%	−1.331	30	−0.39%	−0.332
		[−1,+1]	34	−1.46%	−1.522	33	−1.09%	−0.923
出資比率	5%未満	[−1,+3]	26	−1.50%	−1.416	23	0.21%	0.167
		[−1,+2]	28	−1.40%	−1.335	26	−0.35%	−0.173
		[−1,+1]	28	−1.01%	−1.717*	27	−0.16%	−0.145
	5%以上25%未満	[−1,+3]	59	0.46%	0.742	61	−0.09%	−0.064
		[−1,+2]	68	−1.70%	−1.088	66	0.38%	0.376
		[−1,+1]	70	−0.62%	−0.916	69	−0.14%	−0.168
	25%以上	[−1,+3]	39	0.07%	0.078	26	−0.94%	−0.713
		[−1,+2]	45	−0.73%	−0.745	30	−0.87%	−0.857
		[−1,+1]	45	−0.51%	−0.584	38	−5.01%	−1.597
TC営業利益	赤字	[−1,+3]	19	−2.44%	−1.903*	16	5.07%	3.383***
		[−1,+2]	20	−4.57%	−2.387**	17	5.89%	2.687**
		[−1,+1]	20	−3.30%	−2.109**	18	−1.54%	−0.229
	黒字	[−1,+3]	105	0.36%	0.735	94	−1.13%	−1.218
		[−1,+2]	121	−0.80%	−0.866	105	−1.05%	−1.428
		[−1,+1]	123	−0.23%	−0.531	116	−1.52%	−2.567**
TCQ	高	[−1,+3]	64	0.00%	−0.001	57	−0.86%	−0.579
		[−1,+2]	70	−0.53%	−0.702	62	−0.71%	−0.559
		[−1,+1]	72	−0.33%	−0.515	69	−3.37%	−1.778*
	低	[−1,+3]	60	−0.15%	−0.250	53	0.45%	0.599
		[−1,+2]	71	−2.13%	−1.422	60	0.56%	0.811
		[−1,+1]	71	−1.00%	−1.610	65	0.43%	0.800
ACQ	高	[−1,+3]	65	−0.79%	−1.121	55	0.22%	0.231
		[−1,+2]	70	−3.27%	−2.029**	58	0.39%	0.314
		[−1,+1]	71	−1.26%	−1.508	63	−0.44%	−0.417
	低	[−1,+3]	59	0.71%	1.244	55	−0.68%	−0.489
		[−1,+2]	71	0.58%	1.405	64	−0.52%	−0.624
		[−1,+1]	72	−0.07%	−0.240	71	−2.49%	−1.481

（注1） t値は検定値0との間でt検定を行った際のt値である。
（注2） *は10%水準で、**は5%水準で、***は1%水準で有意であることを示している（両側検定）。

と整合的である。一方で，ACについては業績の悪いTCに資本参加をした場合，その後のACの財務業績が低下していることを示唆する結果となっている。これは，TCの業績改善のためにACの経営資源が割かれてしまうため，AC自身の業績が低下したためではないかと解釈することができる。一方で，TCの直近の営業利益が黒字だったサブサンプルでは，TCの［−1,＋1］で超過ROA変動が統計的に有意なマイナスになっているものの，営業赤字のサブサンプルほどの顕著な傾向は見られない。

続いて，TCQ（TCのトービンのq）およびACQ（ACのトービンのq）の中央値で分けたサブサンプルについて見てみると，TCQが高いグループにおいて，TCの超過ROA変動が［−1,＋1］で統計的に有意なマイナス，ACQの高いグループにおいてAC超過ROA変動が［−1,＋2］で統計的に有意なマイナスとなっている。

サブサンプル間での超過ROA変動の比較結果を図表8-4に示す。ここでは，比較的明確な傾向を示したTCの営業利益，TCQ，ACQのサブサンプル間の平

図表8-4　サブサンプル間の超過ROAの比較（抜粋）

指標	t（期）	サブサンプル	AC			TC		
			N	平均値	t値	N	平均値	t値
TC営業利益	[−1,＋3]	赤字	19	−2.44%	−2.221**	16	5.07%	2.655***
		黒字	105	0.36%		94	−1.13%	
	[−1,＋2]	赤字	20	−4.57%	−1.578	17	5.89%	3.420***
		黒字	121	−0.80%		105	−1.05%	
	[−1,＋1]	赤字	20	−3.30%	−2.435**	18	−1.54%	−0.003
		黒字	123	−0.23%		116	−1.52%	
TCQ	[−1,＋3]	高	64	0.00%	0.163	57	−0.86%	−0.787
		低	60	−0.15%		53	0.45%	
	[−1,＋2]	高	70	−0.53%	0.952	62	−0.71%	−0.879
		低	71	−2.13%		60	0.56%	
	[−1,＋1]	高	72	−0.33%	0.761	69	−3.37%	−1.930*
		低	71	−1.00%		65	0.43%	
ACQ	[−1,＋3]	高	65	−0.79%	−1.636	55	0.22%	0.533
		低	59	0.71%		55	−0.68%	
	[−1,＋2]	高	70	−3.27%	−2.313**	58	0.39%	0.617
		低	71	0.58%		64	−0.52%	
	[−1,＋1]	高	71	−1.26%	−1.332	63	−0.44%	0.999
		低	72	−0.07%		71	−2.49%	

（注）*は10％水準で，**は5％水準で，***は1％水準で有意であることを示している（両側検定）。

均値を比較した結果を抜粋して掲載している。

まず，TCの営業利益に基づいて分割したサブサンプル間の比較では，ACにおいてはTCが赤字の場合の超過ROA変動が黒字の場合と比較して統計的に有意に低くなっているという結果が得られている。これは，前述のような業績の悪いTCに対する資本参加がその後のACの業績に対してネガティブなインパクトを持つという見方に整合的である。その一方で，TCサイドの超過ROAの動き方はそれとは対照的に，TCの営業利益が赤字のサブサンプルの方が，黒字のサブサンプルよりも超過ROA変動は有意に高いという結果が得られている。ACによる資本参加がTCの経営改善に貢献し，その結果財務パフォーマンスが向上している状況が伺える。

TCQについては，TCQが低いサブサンプルではTCにおける超過ROA変動がプラスに，TCQが高いサブサンプルではTCにおける超過ROA変動がマイナスになる傾向を示しているが，統計的に有意なのは[−1,+1]のみであり，その統計的有意性は必ずしも高くない。

ACQについても，ACQが低いサブサンプルのACにおける超過ROA変動が概ねプラス，ACQが高いサブサンプルのACにおける超過ROAがマイナスになるという傾向を示しているが，こちらも統計的に有意なのは[−1,+2]の場合だけであり，統計的有意性が高いとは言えない。

5.3 重回帰分析

図表8-5に重回帰分析の結果を示す[7]。まず，ACの結果から見ていくと，MARKETINGの係数がいずれのモデルでもプラスとなっており，10%水準で統計的にも有意となった。マーケティング提携を目的とした資本参加が，ACにとってある程度の財務業績向上効果を持っていることを示唆している。また，LOSSの係数はマイナスとなっており，その統計的有意性は高い。サブサンプル分析でも述べたように，相対的に業績の低いTCに対する資本参加は，その後のAC自身の財務業績に対してネガティブなインパクトを持つことを示している。さらに，ACQについてもその係数がマイナスとなり，[−1,+3]および[−1,+2]において統計的に有意となった。このような結果が得られた理由と

図表8-5　重回帰分析の結果

	AC			TC		
	[-1,+3]	[-1,+2]	[-1,+1]	[-1,+3]	[-1,+2]	[-1,+1]
定数項	0.015	-0.058	0.014	0.072	0.053	0.061
	(0.618)	(-1.328)	(0.614)	(1.811)*	(1.424)	(1.139)
INVEST	0.068	0.044	0.007	-0.160	-0.097	-0.048
	(1.458)	(0.554)	(0.174)	(-1.955)*	(-1.304)	(-0.429)
BIGOWN	-0.055	0.049	-0.032	-0.022	0.015	-0.088
	(-1.693)*	(0.875)	(-1.074)	(-0.411)	(0.310)	(-1.260)
FINOWN	-0.048	-0.017	-0.061	0.005	-0.050	-0.005
	(-1.147)	(-0.229)	(-1.521)	(0.071)	(-0.769)	(-0.054)
FOROWN	0.044	0.088	0.026	-0.045	0.062	0.032
	(0.858)	(0.975)	(0.538)	(-0.513)	(0.785)	(0.276)
EXEOWN	0.048	0.022	-0.011	0.195	-0.015	-0.007
	(1.331)	(0.493)	(-0.464)	(3.099)***	(-0.256)	(-0.116)
NSTOCK	-0.012	-0.005	-0.004	-0.038	-0.001	-0.018
	(-1.032)	(-0.228)	(-0.347)	(-1.775)*	(-0.055)	(-0.668)
TSTOCK	-0.013	-0.010	0.011	-0.001	-0.003	0.016
	(-0.755)	(-0.311)	(0.688)	(-0.056)	(-0.109)	(0.417)
TECHNOLOGY	-0.006	0.006	0.000	0.013	0.014	0.035
	(-0.539)	(0.261)	(-0.036)	(0.643)	(0.767)	(1.272)
MARKETING	0.019	0.031	0.017	0.001	-0.001	-0.002
	(1.855)*	(1.768)*	(1.778)*	(0.034)	(-0.048)	(-0.080)
PRODUCTION	0.001	0.000	0.011	0.002	-0.015	-0.007
	(0.083)	(-0.006)	(0.840)	(0.068)	(-0.660)	(-0.221)
IND	0.011	0.017	0.002	-0.003	-0.018	-0.032
	(1.163)	(0.989)	(0.269)	(-0.159)	(-1.150)	(-1.419)
LOSS	-0.033	-0.047	-0.037	0.087	0.081	0.004
	(-2.465)**	(-1.908)*	(-2.809)***	(3.631)***	(3.784)***	(0.122)
SGROWTH	-0.007	0.001	0.014	-0.034	-0.013	-0.002
	(-0.772)	(0.047)	(1.638)	(-2.213)**	(-0.886)	(-0.091)
TCQ	0.002	0.003	0.002	-0.035	-0.027	-0.005
	(1.769)*	(1.340)	(1.329)	(-4.691)***	(-3.924)***	(-1.635)
ACQ	-0.003	-0.004	-0.001	0.001	-0.001	0.000
	(-3.234)***	(-2.079)**	(-1.509)	(0.476)	(-1.072)	(-0.133)
MVRATIO	-0.005	-0.069	-0.027	0.009	0.015	0.001
	(-0.500)	(-3.880)***	(-2.880)***	(0.472)	(0.797)	(0.553)
Obs.	124	141	143	110	122	134
Adj. R-Squared	0.126	0.146	0.124	0.240	0.158	0.018

（注1）括弧内はt値である。
（注2）*は10％水準で，**は5％水準で，***は1％水準で有意であることを示している。

して，Chou et al.［2009］で議論されているように，トービンのqが高い企業では過剰投資が行われ，その結果として財務業績が低下する可能性を挙げることができる。本章では，5.4においてその可能性に関する追加的分析を行うこととする。最後にMVRATIOについて見てみると，［－1,＋2］および［－1,＋1］のモデルにおいて係数がマイナスであり，統計的にも有意であるという結果が得られた。相対的に規模の大きなTCに対して資本参加を行った場合にACの財務業績が低下することを示している。規模の大きなTCの経営改善を行うためには，資本参加後に多くのACの経営資源を割かなければならないため，小さなTCへの資本参加に比べてACの財務業績が大きく低下してしまうのではないかと解釈することができるだろう。

続いて，TCの超過ROA変動を被説明変数としたモデルについてその結果を見ていく。EXEOWNの係数は［－1,＋3］のモデルで統計的に有意なプラスとなっている。この結果は仮説H2とは相反する結果となっているが，［－1,＋2］および［－1,＋1］のモデルでは符号はマイナスで，統計的に有意ではない。LOSSに関してはその係数はプラスであり，［－1,＋3］および［－1,＋2］のモデルにおいて統計的に有意なプラスとなっている（1％水準で有意）。直近での業績が悪いTCにおいて，ACによる資本参加がその後のTCの業績に対してポジティブなインパクトを持っていることを示唆している。また，SGROWTHの係数は［－1,＋3］のモデルで有意なマイナスに，TCQの係数は［－1,＋3］および［－1,＋2］のモデルにおいて1％水準で有意なマイナスとなっている。これらの結果は仮説H5と整合的であり，資本参加による経営改善効果が高く見込まれる場合に，資本参加後のTCにおける財務業績が向上することを示している。ただし，トービンのqが高いTCにおいては，Chou et al.［2009］が指摘するような過剰投資が起こっており，その結果（資本参加の効果とは関係なく）財務業績が低下している可能性も考えられることから，5.4ではその点について追加的な分析を行うこととする。

5.4 ACとTCの過剰投資に関する追加的分析

重回帰分析で得られた結果から，ACおよびTCのトービンのqと資本参加後

の財務業績との間にはネガティブな関係があることが示唆される。TCに関してはLOSSやSGROWTHの係数の状況から，トービンのqが低い場合の方が資本参加後の経営改善効果が高いのではないかと推察することができるが，過剰投資が行われている可能性も否定できない。また，ACについては過剰投資以外にトービンのqが高い企業の財務業績が低下する理由を説明することは難しいように思われる。そこで，ここではトービンのqが高い企業群と低い企業群の間で，設備投資にかけている金額に差があるのかどうかを追加的に分析する。具体的には，t=0における売上高設備投資比率（＝設備投資額÷売上高）および総資産設備投資比率（＝設備投資額÷総資産）を両企業群で比較する。Chou et al.［2009］でも述べられているように，トービンのqが高い企業群で過剰投資が行われているならば，トービンのqが高い企業群でのこれらの指標は有意に高い値になるはずである。

このような検証の結果を図表8-6に示す。これによれば，ACについてはトービンのqが高い企業群において売上高設備投資比率および総資産設備投資比率の平均値はトービンのqが低い企業群の約2～3倍となっており，その平均値の差は1％水準で有意となっている。トービンのqが高いACの財務業績が低下している大きな要因の1つとして，過剰投資が考えられることを示している。本章での検証対象である資本参加を含め，ACが行った投資が必ずしも利益に結びついていないことが，その後の業績低下につながっているのではないかと推察される。

一方のTCについては，総資産設備投資比率でトービンのqが高い企業群の平

図表8-6　過剰投資に関する追加分析

指標	トービンのq	AC			TC		
		N	平均値	t値	N	平均値	t値
売上高設備投資比率	高	73	0.092	4.504***	72	0.131	1.284
	低	72	0.031		71	0.043	
総資産設備投資比率	高	73	0.070	4.936***	72	0.058	1.913*
	低	72	0.032		71	0.043	

（注1）ACのサブサンプルはACのトービンのqによって，TCのサブサンプルはTCのトービンのqによってそれぞれ分割されている。
（注2）*は10％水準で，***は1％水準で有意であることを示している（両側検定）。

均値が低い企業群の平均値の約1.3倍となり，両者の平均値の差は10％水準で有意という結果となった。売上高設備投資比率については，トービンのqが高い企業群の方が平均値は高くなったものの，平均値の差は統計的には有意でないという結果となった。総資産設備投資比率の結果から見れば，TCで過剰投資が行われている可能性は否定できないが，重回帰分析におけるLOSSおよびSGROWTHの係数も踏まえれば，経営改善余地の大きいTCに対する資本参加は，その後のTCの財務業績改善につながっていると推測することができるだろう。

6 結論と示唆

本章では，資本参加がACおよびTCの財務パフォーマンスに対してどのようなインパクトを持つのか実証的な分析を行った。その結果，資本参加直前の業績が相対的に低い企業への資本参加はACのその後の業績に対してネガティブなインパクトを及ぼす一方で，TCの業績に対してはポジティブに作用することが明らかとなった。TCの業績に対する効果は第7章ならびに本章における仮説H5と整合的な結果となった。また，TCの売上高成長率ならびにトービンのqとTCの超過ROA変動との関係も，基本的に仮説H5と整合的であった。これらの結果は，経営改善余地の大きいTCへの資本参加は，結果としてTCの財務パフォーマンスの改善に貢献したことを示している。一方で，業績が悪い企業への資本参加は，ACの経営資源をTCに分散させることにつながるために，ACの財務業績は低下してしまうことも示唆されている。相対的に規模が大きいTCに対する資本参加がACの財務業績に対してネガティブに作用することも，こうした見方と整合的であると考えられる。

第7章では，資本参加の目的（技術提携，マーケティング提携など）が特にACの株式市場からの評価に影響を与えるという結果を得たが，本章では明確な結果は得られなかった。しかしながら，マーケティング提携を目的とした資本参加は，ある程度ACの財務業績にプラスの効果をもたらすことが明らかとなった。お互いの流通経路の共有等を目的とした資本参加が，ACの財務業績

にプラスの影響をもたらしていると考えられる。

　本章で得られた結果は，業績悪化のタイミングでの資本参加はTCの財務業績にプラスのインパクトがあることを示している一方で，このような資本参加はACの財務業績を低下させるというものであった。従って，資本参加というM&Aが全体として価値を生んでいるのか否かについては本章の検証では必ずしも明らかにならなかった。また，資本参加によって生じる株式の所有構造の変化と財務業績変動の間の関係についても，本章では明らかにすることはできなかった。こうした点について検証を行うためには，資本参加前後での株式の所有構造を詳細に分析した上で，財務業績との関連を見ていく必要があると考えられる。これらについては，今後の研究課題としたい。

注
1) それぞれの仮説の根拠などの詳細については，第7章を参照のこと。
2) それぞれの変数の詳細については第7章を参照。なお，すべて資本参加公表直前の決算期における数値を用いた。
3) 新興市場を含む全上場会社を対象とする。
4) 薄井［2001］に基づく。
5) AC（取得側）とTC（被取得側）を明確に区分するため。
6) 本章における超過ROA［-1,+1］は，t=+1時点での超過ROAからt=-1時点での超過ROAを差し引いた値であることを示している。
7) すべての変数についてVIF（分散拡大係数）が2を超えておらず，多重共線性が発生している可能性は低いことを確認している。

第9章

結びと今後の課題

1 はじめに

　本書の目的は，日本における企業再編の中でもとりわけ完全子会社化，事業譲渡および資本参加に焦点を当て，その企業価値向上効果を明らかにすることであった。これらの企業再編を取り上げる意義として，以下の3点が挙げられる。

　まず1点目として挙げられるのは，これらの企業再編のいずれもが90年代後半から適用件数が急激に増加している点である。これらは90年代半ばまでは非常に件数の少なかった企業再編であるが，2000年代に入ってからは戦略的な事業再構築の有力な手段として日本企業に定着しつつある。その効果について検証することで，何故これらが日本企業にとっての企業再編の手段として定着したのかを分析することが可能になると考えられる。

　2点目としては，いずれも日本のグループマネジメントの転換を物語る典型的なイベントであることを挙げたい。前述のように，事業譲渡はそれまでの会計上のテクニックを用いて連結業績から子会社事業を切り離す「連結外し」に代わって実質的に事業を切り離す手段として用いられることになった。それまで事業売却イコール経営上の失敗と捉える風土のあった日本企業にとって，これは大きなパラダイムチェンジであったと言える。また，完全子会社化についても，業績好調な子会社は積極的に上場するという従前の日本企業における資本戦略を転換し，中核事業を親会社の完全な支配下に置いて企業グループとしての全体最適を追求しようという動きであると捉えることができる。資本参加は，金融機関との株式持合いを解消した後における，日本企業同士の新たな連携のあり方と密接に関わっている。いわば「緩やかなM&A」による企業間連

携は，経営支配力という観点では買収よりも効果は弱いと考えられるが，相手企業の経営改善等に対する一定の影響力を有している。単なる「株式持合い」ではなく，戦略上の実効力のある連携を模索している点が，近年の事業会社同士の資本参加の1つの特徴である。こうした点に鑑みると，これらの企業再編がもたらす企業価値向上効果について検証することは，会計ビッグバン以降に行われた日本企業のグループマネジメントの転換に対する評価につながると考えられる。

　本書で取り上げる企業再編に関して，米国における先行研究とは異なる独自の研究を展開できることを3点目に挙げる。前述のように，米国においてはそもそも上場子会社が通常存在しないため，完全子会社化に関する研究を行うことは難しい。また，グループ企業の経営統合・強化の一環としての完全子会社化は，通常のM&Aとは異なる効果を生み出す可能性がある。また，日本における事業売却行動は，主に負の経済ショックにより生み出された1980年代の米国における事業売却とは違い，技術革新等の経営環境変化に対応するための積極的な事業投資とも密接に結びついていた。資本参加については，先行研究ではどちらかと言えば，その「増資」としての側面に注目した分析を行っており，「M&A」としての側面にはあまりフォーカスされていない。金融機関との株式持合い解消後に生まれた新たな資本関係が，企業のパフォーマンスにどう影響したのかは，これまでの研究では必ずしも明らかになっていなかった。こうした点を意識することによって，米国における先行研究とは異なる示唆を得ることができる可能性がある。

　また，本書においては株主価値と財務業績という2つの手法を併用して企業再編の効果を測定した。このような研究アプローチをとることにより，短期の株式市場からの反応と中長期の財務業績変動という2つの視点から企業再編に対する評価を行うことができ，短期の株主価値効果と中長期の財務業績の整合性を検討することが可能となった。また，中長期の財務業績効果を測定することによって，短期の株主価値効果には織り込まれにくいと考えられる企業再編実施後のマネジメントが財務業績に与える影響を検討することができる。

　以上のような重要性・意義に基づいて，本書では第2章で主に日米における

組織再編の企業価値向上効果（株主価値効果および財務業績効果）を論じた先行研究をレビューし，完全子会社化および事業譲渡を取り上げた実証研究を行う上での論点を整理した。その上で，第3章～第8章においては完全子会社化，事業譲渡および資本参加の株主価値向上効果と財務業績向上効果の実証研究を行った。本章では，まず第2章以降における結果の要約を行う。その後，本書の結論と示唆について述べるとともに残された課題についても言及する。

2　結果の要約

2.1　企業再編の効果を巡る論点

　第2章では，M&Aに代表される企業再編の効果を測定した実証研究を中心にレビューし，その論点を整理した。これらの研究を踏まえると，本書では，完全子会社化および事業譲渡に関して以下の3点を明らかにすべきであると考えられる。

① 経済的に合理的な効果を生み出したか。
② 株主価値および財務業績を測定尺度として，再編の効果が測定できるか。
③ 再編の効果に影響を与える要因は何か。

　まず第1に，完全子会社化および事業譲渡が経済的に合理的な効果（企業価値）を生み出したかどうかについての検証である。第2章においては，必ずしも経済的合理性に基づかないM&Aの目的についても言及したが，日本国内において行われてきた完全子会社化および事業譲渡が経済的合理性を持つ効果の発揮を目的としているのならば，その効果は企業価値という形で現れると考えられる。

　ただし，その効果を測定するためには評価指標が必要である。本書では，その尺度として先行研究でも頻繁に用いられてきた株主価値および財務業績という2つの測定指標を用いて，その効果を検証することとした。

さらに，企業再編の効果を左右する要因についても検討を加えた。第2章では，主な要因として事業の関連性，経営効率，株主構成，買収プレミアム，支払対価，競合性・敵対性，（事業売却における）売却資金の使途，（資本参加における）提携の目的といった要因を挙げた。これらのうち，本書で取り上げる企業再編の効果に密接に関連すると考えられるものについてはその要因の有効性に関する検証を行い，どのような要因が企業再編の効果を高めうるのかという点について検討することとした。また，完全子会社化および事業譲渡において企業価値向上効果に影響しうる特有の要因については新たな仮説を構築し，それを検証していくことも必要であると述べた。

2.2 完全子会社化の効果

第3章では，株式交換による完全子会社化が株主価値に及ぼす影響について分析した。また，併せて株主価値の増減に影響を与える要因についても実証を行った。

その結果，株式交換による完全子会社化は買収会社，対象会社双方の株主価値に対してプラスの効果があるという実証結果を得た。また，対象会社と買収会社のCARを株式時価総額で加重平均した値を用いて分析し，トータルとしても株主価値が増加しているという証拠を得た。

さらに，両者加重平均のCARに影響を与える要因について，複数の説明変数を持つ回帰式で分析した結果，①対象会社の株式に対する買収プレミアムが高い，②買収会社と対象会社の業種が同一である，③買収会社のROAが低い，④対象会社の相対的規模が大きい，⑤対象会社の成長率が低い場合ほど，完全子会社化アナウンスメント時におけるトータルとしての株主価値が増加することが示された。また，この結果は買収会社，対象会社のCARに分解して見た場合でも，概ね整合的であった。

以上の結果から見ると，株式交換による完全子会社化は総じて投資家から評価されていると言える。また，買収会社の収益性が低く，対象会社の相対的規模が大きく，買収会社と対象会社の業種が類似している場合には株主価値に対してプラスの影響を及ぼすが，対象会社の成長性が高い場合には完全子会社化

が株主価値を減少させる方向に働くことが示された。従って，グループとしてのリストラクチャリングの必要性が高く，その期待効果が大きい場合の完全子会社化が高く評価される一方で，対象会社の自主性・機動性を重視しなければならない局面での完全子会社化は株主価値を損なうと推測される。このことは，完全子会社化をはじめとした日本企業におけるグループ企業再編のあるべき姿について，一定の示唆となりうるものと考えられる。

併せて，第3章では買収プレミアムと案件全体としての株主価値効果の間に正の関係性が生じるという結果を得た。これは，完全子会社化に当たって設定される買収プレミアムに経営統合効果に関する内部情報が含まれていると株式市場が評価するという「内部情報反映仮説」を支持する結果である。さらに，対象会社に対する持株比率が50％を超えるような場合にだけ取引当事者のみが知りうる内部情報が買収プレミアムに含まれていると株式市場が評価することによって，CARと買収プレミアムの間に正の関係性が生じるという仮説をある程度支持する証拠を得た。これは，取引当事者と投資家の間における情報の非対称性の大小によって，買収プレミアムに対する株式市場の反応が異なることを示している。また，持株比率が50％以下の場合には，買収会社と対象会社の業種や買収会社の業績といった，外見上の形式的な情報に基づいて株式市場が完全子会社化を評価している可能性も示唆された。

第4章では，完全子会社化が中長期的な企業業績向上につながったのかどうか，そして財務業績向上を左右する要件は何か，という点について分析を行った。その結果，大きく以下の4点が明らかとなった。

1点目は，完全子会社化実施以後企業の財務業績が向上し，業種平均と比較して高い業績をあげることができているという点である。この結果は，これまでの国内における通常のM&Aを対象とした先行研究と比較して高い財務業績向上効果を示すものである。

次に，ROAをROSと総資産回転率に分解し，どちらがROAの向上に寄与しているのかを検証した。その結果，完全子会社化は企業の収益性と資産効率の向上の双方を実現していることが明らかとなった。また，完全子会社化実施以前の総資産回転率は統計的に有意に低く，資産効率の低さが完全子会社化の動

機の1つとなっている可能性が示唆された。

　さらに，取引当事者同士の事業関連性，買収プレミアムおよび対象会社の買収会社に対する相対的規模が完全子会社化実施後の業績向上に影響を与えるということが明らかになった。特に，第4章では買収プレミアムが大きいほど財務業績向上効果が低くなるという点に着目し，買収プレミアムには買収会社と対象会社の間の力関係が表れていて，これが完全子会社化後の財務業績向上に影響を与えているという「交渉力反映仮説」を検証した。その結果，持株比率が高い場合および買収会社と対象会社の超過総資産回転率差分が中央値以上の場合には買収プレミアムが低く設定されていることから，買収会社の交渉力が買収プレミアムに影響を与えていることが示された。前述のように，完全子会社化が通常のM&Aに比べて高い財務業績向上効果を得ているのは，完全子会社化以前から買収会社が持っていた交渉力が完全子会社化後も発揮され，業績改善が急ピッチで進んだためではないかと考えられる。

　最後に，短期的な株価効果と中長期的な財務業績効果の間の関係性が明らかになった。本書の第3章および第4章では，完全子会社化の企業価値向上効果に焦点を当てた検証を行った。その結果，株式市場は完全子会社化に対してポジティブな評価を行っていること，そして完全子会社化実施後の財務業績が向上しており，株式市場が期待したようなシナジーならびに資産効率の向上は財務業績向上効果としても実現されていることが明らかとなった。しかしながら，株式市場は買収プレミアムを多く支払った完全子会社化（親会社が見積もった期待効果が高い場合）を高く評価したが，実際に財務業績が向上したのは買収プレミアムが低い完全子会社化（元々親会社が持っていた支配的影響力が強い場合）の方であった。第4章では，買収プレミアムに関する「内部情報反映仮説」および「交渉力反映仮説」の双方を用いて，買収プレミアムが株価効果に対してはプラスの効果がある一方で，財務業績向上効果に対してはマイナスの影響を及ぼすという点について，その理由を検討した。

2.3 事業譲渡の効果

　第5章では，事業譲渡が株主価値に及ぼす影響について分析するとともに，事業譲渡のアナウンスメント時に起こる株主価値変動に影響を与える要因についても実証を行った。その結果，大きく以下の4点が明らかになった。

　まず，事業譲渡の取引が，買収会社および案件全体としては株式市場からポジティブな評価を受けており，アナウンスメントの前後において株主価値が増加したが，売却会社に関しては株主価値に有意な変動が見られなかったことである。日米における先行研究を踏まえると，日本の株式市場は事業売却を行う企業に対して厳しい見方をしているという状況が示唆されている。

　次に，買収会社および売却会社のCARに対して影響を及ぼしうる要因が明らかとなった。第5章の結果によれば，買収会社サイドにおいては，売却会社の成長率が高く，買収会社の時価総額が小さい場合ほど株主価値が増加することが示された。また，売却会社サイドでは，買収会社のROAが低く，売却会社のROAおよび売上成長率が高く，売却会社の負債依存度が高く，異業種間の取引である場合ほど株主価値が創造されることが明らかになった。これらの結果は，当初構築した仮説と概ね整合的であった。

　3点目は，第5章で得られた売却会社に対する株式市場の評価が「最適資金配分仮説」と整合的であり，売却会社自身もそれと整合的な事業売却行動を選択しているということである。売却会社の成長性を基準にして分割した2つのサブサンプルに対する追加的な重回帰分析を実施した結果，成長性の低い売却会社では売却によって得た資金を負債の返済に充てることが市場から期待される一方，成長性の高い売却会社は自社の事業に資金を再投資することが評価されるという状況が示唆された。この結果は，日本においては売却資金で負債を返済する「守り」の事業売却と，自社事業に再投下する「攻め」の事業売却の双方が市場から評価されているということを示している。以上のことは，株式市場が「効率的配置仮説」と「資金調達仮説」のいずれかに基づく経営者の行動を単純な一元論で判断してはいないことを表しており，第5章で新たに提示した「最適資金配分仮説」を支持する結果である。また，売却会社の財務的特

徴についても分析を行ったところ，全サンプルではROAは有意なマイナス，負債比率は有意なプラスになることが明らかになったが，売却会社を高成長企業と低成長企業のサブサンプルに分けて分析すると，低成長企業でROAが有意なマイナス，負債比率が有意なプラスになるのに対し，高成長企業ではいずれも有意な値とはならず，負債比率に関しては低成長企業よりも高成長企業の方が統計的に有意に低いことが明らかとなった。従って，低成長企業では負債の返済の必要性に迫られて事業売却を行っている傾向が強いが，高成長企業では事業戦略上の要請（自社事業への再投資の必要性）に従って事業売却を実施している傾向があることが示唆されている。

最後に，第5章では売却会社のCARに取引当事者間の業績差が影響を与えるのではないかとの仮説を検証した。分析の結果，売却会社のROAが買収会社のROAを上回る場合には売却会社のCARが有意な正の値をとる一方で，売却会社のROAが買収会社のROAを下回る場合には売却会社のCARは統計的に有意な値にならないことが示された。このことは，売却会社の業績が買収会社の業績を上回る場合には，有利な売却条件を設定できていると市場が判断していることを示唆する結果と言える。

第6章では，日本における事業譲渡が財務業績を向上させたか否か，そして財務業績の変動に影響を与えた要因について検証を行った。その結果，第6章では以下の2点が明らかになった。

1点目は，売却会社において事業譲渡実施前の超過ROAが統計的に有意なマイナスであったのに対し実施後は統計的に有意にならず，事業譲渡の前後を通じて超過ROAが有意に上昇する一方，買収会社の超過ROAは有意な変動がなかったということである。また，両者加重平均の超過ROAの上昇が統計的に有意であることも示された。売却会社および両者加重平均については，超過ROS，超過総資産回転率ともに統計的に有意に増加しており，超過ROAの上昇は収益性，資産効率双方に支えられていることも明らかとなった。

次に，売却会社が事業売却によって得た資金の使途に応じて財務業績向上のパターンが異なるということを明らかにした。事業売却時に有利子負債が減少したサブサンプル（負債返済グループ）と有利子負債が減少しなかったサブサ

ンプル（負債非返済グループ）に分けて分析したところ，事業売却実施前の負債返済グループの財務業績は有意に低く，実施後の財務業績は統計的に有意にならないことが示された。また実施前後の財務業績を比較したところ，負債返済グループにおいては財務業績の上昇が概ね統計的に有意であることが明らかとなった。その一方で負債非返済グループに関しては，事業売却実施後において超過ROSがプラスの傾向を示したが，超過総資産回転率はむしろ事業売却実施後（t = +1）において統計的に有意なマイナスとなった。その結果，負債非返済グループの超過ROAは各年の値および実施前後の変動について統計的に有意な結果が得られなかった。

2.4 資本参加の効果

　第7章においては，資本参加が株主価値に与える影響について検証を行った。第7章の重回帰分析からは，出資比率，資本参加以前の株式の所有構造，資本参加の目的とシナジー効果および経営改善効果に関する仮説を部分的にではあるが支持する結果を得ることができた。資本参加を行う企業（AC）については，資本参加前の資本参加を受ける企業（TC）における外国人持株比率および経営者持株比率が低く，技術提携を目的とする場合およびTCの相対的規模が大きい資本参加で株価が上昇する一方で，マーケティング提携を目的とする場合には株価に対してネガティブな作用があることが明らかとなった。TCでは，ACによる出資比率が高く，ACにおけるトービンのqが高い場合において株価が上昇するということが明らかとなった。

　資金調達の有無が株主価値に与える影響については，重回帰分析からは統計的に有意な結果を得ることはできなかったが，TCのサブサンプルごとのCARを分析した結果からは，資金調達を行うグループの方が資金調達を行わないグループに比べてCARが高くなるという結果が得られた。

　これらの結果は，資本参加はTCにとっての資金調達の手段としても市場から評価されてはいるが，資本参加の結果どのような企業間連携が行われるのかという点も重要であることを示唆している。言い換えれば，資本参加を単なる資金調達としてだけ見るのではなく，M&Aの一形態として捉えるべきである

ということである。ACとTCの経営資源をどのように組み合わせることでシナジー効果を生み出すのか，資本参加を受けることによってTCの経営はどのように改善されるのかという点を株式市場は評価していると考えられる。

結局のところ，AC，TCともにパートナーとしてどのような会社を選択するかが株主価値向上の鍵を握っていると結論付けることができるだろう。今後，企業が資本参加（資本提携）を行う際には，こうした点に留意してパートナーを選択するとともに，その選択理由を市場に十分説明することが求められると考えられる。

第8章では，資本参加がACおよびTCの財務パフォーマンスに対してどのようなインパクトを持つのか実証的な分析を行った。その結果，資本参加直前の業績が相対的に低い企業への資本参加はACのその後の業績に対してネガティブなインパクトを及ぼす一方で，TCの業績に対してはポジティブに作用することが明らかとなった。また，TCの売上高成長率ならびにトービンのqはTCの超過ROA変動に対してネガティブに作用するという結果が得られた。これらは，経営改善余地の大きいTCへの資本参加が，TCの財務パフォーマンスの改善に貢献したことを示している。一方で，業績が悪い企業への資本参加は，ACの経営資源をTCに分散させることにつながるために，ACの財務業績は低下してしまうことも示唆されている。相対的に規模が大きいTCに対する資本参加がACの財務業績に対してネガティブに作用することも，こうした見方と整合的であった。

第7章では，資本参加の目的（技術提携，マーケティング提携など）が特にACの株式市場からの評価に影響を与えるという結果を得たが，財務業績の分析結果からは明確な傾向が見られなかった。しかしながら，マーケティング提携を目的とした資本参加は，ある程度ACの財務業績にプラスの効果をもたらすことが明らかとなった。お互いの流通経路の共有等を目的とした資本参加が，ACの財務業績にプラスの影響をもたらしていると考えられる。

3 本書の結論と示唆

3.1 本書で取り上げた企業再編の効果

　本書では，完全子会社化，事業譲渡および資本参加の企業価値向上効果について検証を実施した。これは，こうした企業再編が経済的合理性を有しているかどうかを明らかにするために行われた。

　その結果，完全子会社化に関しては株主価値向上および財務業績向上の双方に対してポジティブな効果があることが明らかとなった。このポジティブな効果は，買収会社および対象会社の株主価値，案件全体の株主価値および財務業績に共通して見られた。完全子会社化に関しては，株主価値および財務業績のいずれの視点から見ても経済的合理性を有しており，企業価値の向上に寄与していると結論付けることができる。

　事業譲渡案件全体としても，株主価値および財務業績の双方に対してプラスの効果があることが明らかとなった。従って，事業譲渡も株主価値および財務業績の視点から見て企業価値の向上に貢献しており，経済的合理性を有していると考えられる。

　しかしながら，事業譲渡における買収会社および売却会社それぞれに対する結果は測定指標によって違いが見られた。株主価値効果という観点では，買収会社に関してプラスの効果，売却会社に関しては明確な効果が見られないという結果となった。ただし，売却会社の業績が買収会社のそれを上回る場合には売却会社の株主価値に対してもプラスの効果が見られた。財務業績効果に関しては，買収会社においては明確な効果が観測されなかった一方，売却会社にはプラスの効果があるという結果が得られた。

　特に事業譲渡の取引に関して上述のような差異が生じた原因としては，日本の株式市場における事業売却の評価および事業買収に伴う業績向上までのタイムラグの2点が挙げられる。

　1点目は，事業売却を行う企業に対して日本の株式市場は厳しい見方をして

いるということである。米国における多くの先行研究は，事業売却を行う企業に対して株式市場がプラスの評価を行うと報告しているが，日本においては事業売却が経営上の失敗を意味するとされてきたことから，日本の株式市場は事業売却を行う企業の経営手腕に不安を抱く傾向にあるのではないかと考えられる[1]。従って，米国と比較すると日本においては事業売却に対してネガティブな評価がなされるため，結果的に株式市場は事業売却を行う企業に対してプラスの評価を行わなかったのではないかと考えられる。しかしながら事業売却の実施後に目を向けると，売却会社の財務業績は向上している。売却会社の事業リストラクチャリング等が進展したことで，比較的速やかに財務業績の改善効果が現れたものと解釈できる。

もう1つは，事業買収の財務業績向上効果が現れる期間の問題である。本書における財務業績の測定期間は，事業譲渡実施後3期分であった。事業買収に伴う財務業績向上効果がこの期間以降に現れるとすれば，今回の測定期間内ではその効果を見ることはできない。この点が，事業譲渡の買収会社サイドにおいて，株主価値向上は観測されたものの，財務業績向上が見られなかったことの理由の1つではないかと推察される。

資本参加については，特に資本参加を受ける企業において株主価値が増大するという結果が得られた。資本参加を行う企業についても一部のイベントウィンドウにおいて株主価値の増大が統計的に有意であるとの結果を得た。その一方で，資本参加は必ずしも財務業績の向上を生み出すという統計的に有意な証拠を得ることはできなかった。しかしながら，資本参加を受ける企業については，資本参加時に有意なマイナスだった超過ROAが，その後マイナスではあるものの有意ではなくなっており，ある程度の業績改善効果があったことが推察される。

前述のように，資本参加によって資本参加を行った企業に対してある程度の影響力を持つものの，通常の買収に比べてその効果が限定的であることがこのような結果につながっていると考えられる。また，株式市場からの評価に比べて中長期の財務パフォーマンスが振るわない理由としては，Chou et al.[2009]が指摘するような，一部の経営者による過剰投資の問題や投資家の将来収益に

対する過度の楽観視の可能性も挙げられよう。

3.2 株主価値向上効果と財務業績向上効果の異同

　3.1でも述べたように，完全子会社化および事業譲渡に関して案件全体としてプラスの効果があったという点は株主価値効果，財務業績効果双方において共通している。しかしながら，事業譲渡の効果を買収会社サイドおよび売却会社サイドに分けてみてみると，株主価値効果と財務業績効果の間には差異が見られた。資本参加についても株主価値の向上と財務業績とは必ずしもリンクしていなかった。これらの理由に関しては既に3.1で検討した。

　企業価値向上に影響を与える要因は，株主価値および財務業績に対してどのような効果を及ぼしていただろうか。完全子会社化において，完全子会社となる会社の親会社に対する相対的規模が大きいほど株主価値向上効果および財務業績向上効果が大きくなるといったように，両者に対して共通した項目も見られたが，むしろ目立ったのは両者に対して相反する効果を持つ要因であった。

　例えば，完全子会社化の取引で被買収企業の株主に対して支払われる買収プレミアムは，案件全体としての株主価値にはプラスの影響を及ぼす一方で，財務業績に対してはマイナスに働いていた。第4章で論じたように，本書においては株式市場の評価に関する「内部情報反映仮説」と完全子会社化後の経営統合に関する「交渉力反映仮説」を用いて買収プレミアムの影響の違いを検討した。買収会社，被買収会社が特に密接なグループ関係にある場合，株式市場は買収プレミアムに内部情報に基づいて見積もられた経営統合効果が織り込まれていると考えるため，買収プレミアムの大きさに対してポジティブな評価を行っている。一方で完全子会社化後の財務業績向上は完全親会社主導による経営改善に依存するため，完全子会社化前における親会社の支配的影響力が強い状態における完全子会社化の方が速やかに財務業績を向上させることができると考えられる。また第4章の分析によって，完全子会社化前における買収会社の持株比率が高い場合および買収会社の業績が被買収会社のそれを上回っている場合といった，親会社の交渉力が強いと判断される局面において買収プレミアムは低く抑えられることが明らかになっている。従って，完全子会社化に当た

って支払われる買収プレミアムが低い場合には，実施後の財務業績が大きく向上することとなる。

　完全子会社化に当たっての買収会社と対象会社の業種関係が株主価値向上効果と財務業績効果に与える影響に関しても食い違いが見られた。同業種間の完全子会社化が株式市場からプラスに評価される一方で，同業種間と比較して異業種間の完全子会社化の財務業績向上効果の方が高いという結果が得られている。同業種間の完全子会社化のシナジーに対して株式市場がポジティブに評価する一方，実施後の財務業績向上効果の面では異業種間の完全子会社化による相互補完関係がもたらす効果の方が高かったと見ることができる。

　また，事業譲渡の売却会社における資金の使途に関しても株主価値向上効果および財務業績向上効果に与える影響は異なるという結果が得られている。第5章においては，事業売却によって得た資金を負債の返済に充てることが期待される場合および自社事業に再投資することが期待される場合の双方において株式市場はプラスの評価をするという結果が得られた。その一方で，第6章においては，事業売却によって得た資金を負債返済に充てた場合には財務業績に対してプラスの効果があるのに対し，自社事業への再投資は財務業績に対してマイナスの効果があるという結果が得られている。このような結果が得られた理由としては，自社事業に再投資した場合の財務業績向上には時間がかかるため，今回の測定期間においてその向上効果を捉え切れていない可能性が挙げられる。

　資本参加では，出資比率が高い方が短期的な株価効果が高くなる一方で，財務業績に関しては出資比率との間に明確な関連性が見られなかった。高い出資比率は経営改善効果や提携によるシナジー効果を株式市場に期待させる一方で，少なくとも資本参加後3期までの期間ではその効果が株式市場が期待したようには現れていないことを意味している。

　上記以外の項目についても，一方（例えば，株主価値）の向上効果には影響を与えるのに対し，他方では影響を及ぼさないといった要因が多数観察されている。上述の結果を踏まえると，本書で取り上げた要因に関しては株主価値向上に与える影響と財務業績向上に与える影響が必ずしも一致しなかったと結論

付けられる。

3.3 先行研究との相違点

　本書では，日本における企業再編の効果を左右する要因を論ずるに当たり，先行研究では見られなかった新たな仮説を構築し，その検証を行った。こうした点は本書独自の貢献であると考えられる。ここでは日米の先行研究と本書の主な相違点に焦点を当てて検討する。

　まず，完全子会社化に当たって設定される買収プレミアムに関して3つの新たな視点を提示し，それに関する検証を行った。

　従来の株主価値効果研究においては，買収プレミアムは主に買収会社の株主から対象会社の株主への価値移転に関係するという「価値移転仮説」が提示されていた。本書においては，買収プレミアムは上記の価値移転にも関係するものの，完全子会社化の案件全体の付加価値と買収プレミアムの間には正の関係があることを突き止めた。その原因として本書では，完全子会社化に当たって設定される買収プレミアムには経営統合効果に関する内部情報が織り込まれていると株式市場が判断するという「内部情報反映仮説」を提示し，それを支持する検証結果を得た。さらに，その原因として密接なグループ関係のある取引当事者間で行われることが多いことを挙げ，これと整合的な証拠を得ている。

　次いで財務業績効果に関しては，買収プレミアムには完全子会社化実施以前の買収会社と対象会社の力関係が現れており，買収プレミアムが低い場合には完全子会社化実施後の経営統合が速やかに行われ財務業績向上効果が大きくなる一方で，買収プレミアムが高い場合には財務業績向上効果が低くなるという「交渉力反映仮説」を提示し，この仮説と整合的な検証結果を得た。従前の研究では，買収プレミアムが完全子会社化実施後のマネジメントおよび財務業績向上効果と因果関係を持つという点に関しては言及されていない。

　最後に，買収プレミアムが株主価値効果と財務業績効果に及ぼす影響が相反する関係にあることに言及した。本書では，こうした関係が買収プレミアムに対する株式市場の評価のメカニズムと経営における買収プレミアムの決定メカニズムの相違から生ずる可能性があることを指摘した。

事業譲渡に関しては，事業譲渡の株主価値効果と売却によって得た資金の使途との関係性について，従来の先行研究で提示されていた「効率的配置仮説」および「資金調達仮説」とは異なる仮説である「最適資金配分仮説」を提示し，これを支持する証拠を得た。日本国内の事業譲渡において，売却によって得た資金を自社事業に再投下する「攻め」の事業売却と負債の返済に充てる「守り」の事業売却の双方が株式市場から評価されているというのは従来の研究では提示されていない視点であった。併せて本書では，売却会社の成長性が高い場合には「攻め」の事業売却が，成長性が低い場合には「守り」の事業売却が株式市場からポジティブに評価されていることが示唆される実証結果も得ている。

　資本参加については，先行研究ではどちらかというと増資としての側面に焦点が当てられていたのに対し，本書ではM&Aとしての側面，言い換えれば戦略的提携を行う上での手段としての資本参加に着目し，その効果の検証を行った。その結果，資本参加における提携の目的や，期待される経営改善効果の大小によって株式市場からの評価が異なることを明らかにした。

3.4 日本における企業再編に対する示唆

　3.1および3.2でも述べたように，株式市場からポジティブに評価された企業再編が財務業績を向上させるとは限らない。完全子会社化および事業譲渡に関する分析によって導き出された主な共通メッセージの1つは，企業再編後のマネジメントが財務業績向上を実現する上で重要だということである。

　伊藤［2007］でも指摘されているように，M&Aを企業価値向上に結びつけるための重要な条件の1つは自社とM&A対象企業（または事業）の経営をうまく統合することである[2]。第4章の分析結果は，完全子会社化実施前に買収会社が対象会社に対して持っていた支配的影響力が，完全子会社化後の財務業績向上を大きく左右していることを示唆していた。いかに親会社が自社の影響力を行使して主導権を発揮し，グループ全体としての経営を最適化するかが経営統合後における財務業績向上のカギを握っていると言える。

　事業譲渡に関しては，上記の経営統合とは別の意味合いで企業再編後のマネジメントの重要性が示唆された。これまでにも述べたように，売却会社におけ

る事業譲渡の効果に対しては，売却会社が事業売却によって得た資金の使途が大きな影響を及ぼしている。これは，事業売却といういわば「事業の選択」を行った後の経営改善シナリオないしは再成長シナリオの構築と実行が企業価値を向上させていく上で重要であることを意味している。

また，当然のことながら，明確な戦略の下で企業再編を行わなければならない。第1章で検討した日本電産および小林製薬は，自社の経営戦略に整合するような形で企業再編を実行することで，高い成長性と収益性を実現していた。第7章における資本参加に対する株式市場の反応を見ても，企業再編に当たって明確な目的が提示されないような場合には，株式市場はポジティブな評価を行っていない。

以上の示唆は，企業再編を行うに当たって，①自社をあるべき姿に導くための明確な戦略の策定，②戦略を具現化するための企業再編の実施，③企業再編後のマネジメントの3点が非常に重要であることを物語っている。従って，企業再編を成功させるためには，単に企業再編そのものだけに着目するのではなく，その前後のプロセスにも大きな注意を払わなければならないと言える。

4 残された課題

本書においては，完全子会社化，事業譲渡および資本参加の企業価値向上効果を株主価値，財務業績という2つの視点から論じた。その結果，完全子会社および事業譲渡はいずれもトータルとしての株主価値および財務業績を向上させていることが示された。資本参加については，株主価値を向上させる効果が見られたが，財務業績に関しては今回の観測期間においてトータルとして向上するという証拠を得ることはできなかった。また，株主価値向上効果および財務業績向上効果に影響を与える要因は必ずしもすべて整合的ではなく，両者の間には差異があることも明らかとなった。

企業再編の効果を測定する実証研究では，株式市場の効率性を前提としてそのアナウンスメント時の株主価値変動を測定する手法が多用される。本書においても，第3章，第5章および第7章において同様の手法を用いた検証を行っ

ているが，それに加えて第4章，第6章および第8章では企業再編実施後の財務業績向上効果を測定することで，株主価値向上効果と財務業績向上効果の比較が可能となった。その結果，本章第3節で述べたような示唆を得ることができた。また，これらの企業再編における株主価値向上および財務業績向上を左右する要因に関しても明らかにすることができた。

しかしながら，いくつかの残された課題も存在する。ここでは，主な課題として以下の4点について言及しておくこととする。

まず，本書で分析対象とした企業再編が完全子会社化，事業譲渡および資本参加に限られている点である。第1章で述べたように，これらは近年行われた日本企業における企業再編において重要なポジションを占めているが，通常の合併・買収をはじめ，グループ企業同士の経営統合やジョイントベンチャー，持ち株会社の設立など，本書では取り上げることができなかった企業再編についても，今後その効果を詳細に分析していくことが必要となろう。

2点目として挙げられるのは，本書で取り上げた企業再編のサンプル数が必ずしも十分でなかった点である。これは，企業再編の動きが活発化したのが1990年代末からであったことに起因する。例えば，第4章においては完全子会社化の成功要因，失敗要因にまで踏み込んだ検証を行うために，サブサンプル等を用いたより詳細な検証を行う必要があったと考えられるが，本書ではそこまでの分析を行うことはできなかった。今後は分析期間を延ばしてサンプル数を増加させることで，より詳細な分析が行えるようになり，新たな示唆が加えられることも考えられる。

また，先の課題と関連するが，企業再編実施後の財務業績向上効果の測定に関して本書において設定した測定期間（企業再編実施後3期）の長さが十分でなかった可能性がある。本書においてはサンプル数確保の観点からこのような測定期間を設定したが，サンプル抽出期間をより長期に設定して多数のサンプルを確保することで，測定期間をより長期とすることも可能となるだろう。

最後の点として，株主価値向上効果と財務業績向上効果の間の関係性についても触れておきたい。本書においては，株主価値向上効果と財務業績向上効果の間の差異についていくつかの検討を加えてはいるが，株主価値向上効果と財

務業績向上効果の間の関係について定量的な検証の実施には至らなかった。この点に関しては，株主価値と財務業績の間の理論的整合性を論じた上で適切な測定指標間の関係を検証する必要があると考えられる。また，本書において株主価値向上効果と財務業績向上効果の間に見られた異同は，企業再編の効果に対する株式市場の「学習不足」により生じた可能性がある。そうだとすれば，今後，株式市場による「学習」が進むにつれて両者の関係性が変化していく可能性もある。

　以上に述べた課題は，本書において残された課題であるとともに，日本における企業再編の効果を探る研究を進める上での課題であると考えられる。米国と比べて日本におけるこうした実証研究は未だ端緒についたばかりであり，その重要性に鑑みれば近年活発化した企業再編の価値向上効果を検証する研究をより一層蓄積していくことが必要である。上記の点は，こうした研究を蓄積していく中で解決が求められる課題と言うこともできるだろう。

注

1) 日本企業において事業売却に対するネガティブなイメージが存在する可能性は中野・蜂谷［2003］でも指摘されている。また，こうした株式市場の評価に関する仮説は宮本［2001］において報告されている，部分売却アナウンスメント時の売却企業側の株主価値減少とも整合的である。
2) 服部［2005］は，買手企業の経営力がM&A後のシナジー実現のカギとなっていることを指摘している。

参考文献

Agrawal, A., J.F. Jaffe and G.N. Mandelker, "The Post-Merger Performance of Acquiring Firms: A Re-Examination of an Anomaly," *The Journal of Finance*, Vol.47, No.4, September 1992, pp.1605–1621.

Akerlof, G.A., "The Market for Lemons: Quality Uncertainty and the Market Mechanism," *Quarterly Journal of Economics*, Vol. 84, No.3, August 1970, pp.488–500.

Anand, B.N. and T. Khanna, "Do Firms Learn to Create Value? The Case of Alliances," *Strategic management Journal*, Vol.21, No.3, March 2000, pp.295–315.

Andrade, G., M. Mitchell and E. Stafford, "New Evidence and Perspectives on Mergers," *The Journal of Economic Perspectives*, Vol.15, NO.2, Spring 2001, pp.103–120.

Barclay, M. J., C. G. Holderness and D. P. Sheehan, "Private Placements and Managerial Entrenchment," *Journal of Corporate Finance*, Vol.13, September 2007, pp. 461–484.

Barney, J.B., *Gaining and sustaining Competitive Advantage*, 2nd ed., New Jersey: Prentice Hall, 2002（岡田正大訳『企業戦略論【競争優位の構築と持続】〔上〕〔中〕〔下〕』ダイヤモンド社, 2003年）.

Berger, P.G. and E. Ofek, "Diversification's effect on firm value," *Journal of Financial Economics*, Vol.37, No.1, January 1995, pp.39–65

Bhagat, S., M. Dong, D. Hirshleifer, R. Noah, "Do Tender Offers Create Value? New Methods and Evidence," *Journal of Financial Economics*, Vol.76, No.1, April 2005, pp.3–60.

Bradley, M., A. Desai and E.H. Kim, "Synergistic Gains from Corporate Acquisitions and their Devision between the Stockholders of Target and Acquring Firms," *Journal of Financial Economics*, Vol.21, No.1, May 1988, pp.3–40.

Campbell, J.Y., A.W. Lo, A.C. Mackinlay, *The Econometrics of Financial Markets*, New Jersey: Princeton University Press, 1997（祝迫得夫・大橋和彦・中村信弘・本多俊毅・和田賢治訳『ファイナンスのための計量分析』共立出版, 2003年）.

Caves, R.E., "Mergers, Takeovers, and Economic Efficiency: Foresight vs. Hindsight," *International Journal of Industrial Organization*, Vol.7, No.1, March 1989, pp.151–174.

Chan, S.H., J.W. Kensinger, A.J. Keown and J.D. Martin, "Do Strategic Alliances Create Value?" *Journal of Financial Economics*, Vol.46, No.2, November 1997, pp.199–221.

Cho, M.H. and M.A. Cohen, "The Economic Causes and Consequence of Corporate

Divestiture," *Managerial and Decision Economics*, Vol.18, No.5, August 1997, pp.367-374.

Chou, D., M. Gombola and F. Liu, "Long-Run Underperformance following Private Equity Placements: The Role of Gerowth Opportunities," *The Quarterly Review of Economics and Finance*, Vol.49, August 2009, pp.1113-1128.

Clark, K. and E. Ofek, "Mergers as a Means of Restructuring Distressed Firms: An Empirical Investigation," *The Journal of Financial and Quantitative Analysis*, Vol.29, No.4, December 1994, pp.541-565.

Comment, R. and G. W. Schwert, "Poison or Placebo? Evidence on the Deterrence and Wealth Effects of modern Antitakeover Measures," *Journal of Financial Economics*, Vol.39, No.1, September 1995, pp.3-43.

Das, S., P.K. Sen and S. Senguputa, "Impact of Strategic Alliances on Firm Valuation," *The Academy of Management Journal*, Vol.41, No.1, February 1998, pp.27-41.

Eckbo, B.E., "Horizontal Mergers, Collusion, and Stockholder Wealth," *Journal of Financial Economics*, Vol.11, No.1, April 1983, pp.241-273.

Fama, E.F., "Market Efficiency, Long-Term Returns, and Behavioral Finance," *Journal of Financial Economics*, Vol.49, No.3, September 1998, pp.283-306.

Franks, J., R. Harris and S. Titman, "The Postmerger Share-Price Performance of Acquiring Firms," *Journal of Financial Economics*, Vol.29, No.1, March 1991, pp.81-96.

Gleason, K., J. Madura and A.K. Pennathur, "Valuation and Performance of Reacquisitions Following Equity Carve-Outs," *The Financial Review*, Vol.41, May 2006, pp.229-246.

Harford, J., "What Drives Merger Waves?" *Journal of Financial Economics*, Vol.77, No.3, September 2005, pp.529-560.

Healy, P.M., K.G. Palepu and R.S. Ruback, "Does Corporate Performance Improve after Mergers?" *Journal of Financial Economics*, Vol.31, No.2, April 1992, pp.135-175.

Hearth, D. and J.K. Zaima, "Voluntary Corporate Divestitures and Value," *Financial Management*, Vol.13, Spring 1984, pp.10-16.

Hertzel, M., M. Lemmon, J.S. Linck and L. Rees, "Long-Run Performance following Private Placements of Equity," *The Journal of Finance*, Vol.57, No.6, December 2002, pp.2595-2617.

Hite, G.L., J.E. Owers and R.C. Rogers, "The Market for Interfirm Asset Sales: Partial Sell-offs and Total Liquidations," *Journal of Financial Economics*, Vol.18, No.2, June 1987, pp.229-252.

Jain, P.C., "The Effect of Voluntary Sell-off Announcements on Shareholder Wealth," *The Journal of Finance*, Vol.40, No.1, March 1985, pp.209-224.

Jensen, M.C. and R.S. Ruback, "The Market for Corporate Control: The Scientific Evidence," *Journal of Financial Economics*, Vol.11, No.1, April 1983, pp.5-50.

────, "Agency Costs of Free Cash Flow, Corporate Finance, and Takeovers," *The American Economic Review*, Vol.76, No.2, May 1986, pp.323-329.

────, "Takeovers: Their Causes and Consequences," *The Journal of Economic Perspectives*, Vol.2, No.1, Winter 1988, pp.21-48.

Kale, P., J.H. Dyer and H. Singh, "Alliance Capability, Stock Market Response, and Long-term Alliance Success: The Role of the Alliance Function," *Strategic Management Journal*, Vol.23, No.8, August 2002, pp.747-767.

Kang, J., A. Shivdasani and T. Yamada, "The Effect of Bank Relations on Investment Decisions: An Investigation of Japanese Takeover Bids," *The Journal of Finance*, Vol.55, No.5, October 2000, pp.2197-2218.

Kaplan, S.N. and M.S. Weisbach, "The Success of Acquisition: Evidence from Divestitures," *The Journal of Finance*, Vol.47, No.1, March 1992, pp.107-138.

Klein, A., "The Timing and Substance of Divestiture Announcements: Individual, Simultaneous and Cumulative Effects," *The Journal of Finance*, Vol.41, No.3, July 1986, pp.685-697.

Krishnamurthy, S., P. Spindt, V. Subramaniam and T. Woidtke, "Does Investor identity matter in equity issues? : Evidence from Private Placements," *Journal of Financial Intermediation*, Vol.14, April 2005, pp.210-238.

Kruse, T.A., H.Y. Park, K. Park and K. Suzuki, "Long-term Performance Following Mergers of Japanese Companies: The Effect of Diversification and Affiliation," *Pacific-Basin Financial Journal*, Vol.15, No.2, April 2007, pp.154-172.

Lang, L.H.P., R.M. Stulz and R.A. Walking, "Managerial Performance, Tobin's Q, and the Gains from Successful Tender Offers," *Journal of Financial Economics*, Vol.24, No.1, September 1989, pp.137-154.

────, A. Poulsen and R.M. Stulz, "Asset Sales, Firm Performance, and the Agency Cost of Managerial Discretion," *Journal of Financial Economics*, Vol.37, No.1, January 1995, pp.3-37.

Loughran, T. and A.M. Vijh, "Do Long-Term Shareholders Benefit from Corporate Acquisitions?" *The Journal of Finance*, Vol.52, No.5, December 1997, pp.1765-1790.

──── and J.R. Ritter, "The Operating Performance of Firms Conducting Seasoned Equity Offering," *The Journal of Finance*, Vol.52, No.5, 1997, pp. 1823-1850.

Martin, K.J. and J.J. McConnell, "Corporate Performance, Corporate Takeovers, and

Management Turnover," *The Journal of Finance*, Vol.46, No.2, June 1991, pp.671-687.

McConnell, J.J., and T.J. Nantell, "Corporate Combinations and Common Stock Returns: The Case of Joint Ventures," *The Journal of Finance*, Vol.40, No.2, June 1985, pp.519-536.

McKinsey & Company, Inc., T. Koller, M. Goedhart and D. Wessels, *Valuation: Measuring and Managing the Value of Companies, 4th edition, Hoboken,* New Jersey: John Wiley & Sons, 2005 (本田桂子監訳『企業価値評価（第4版）〔上〕〔下〕-バリュエーション：価値創造の理論と実践』ダイヤモンド社, 2006年).

Milgrom, P. and J. Roberts, *Economics, Organizational & Management,* Prentice Hall, 1992 (奥野正寛・伊藤英史・今井晴雄・西村理・八木甫訳『組織の経済学』NTT出版, 1997年).

Mitchell, M.L. and J.H. Mulherin, "The Impact of Industry Shocks on Takeover and Restructuring Activity," *Journal of Financial Economics*, Vol.41, No.2, June 1996, pp.193-229.

Montgomery, C.A. and A.R. Thomas, "Divestment: Motives and Gains," *Strategic Management Journal,* Vol.9, No.1, January 1988, pp.93-97.

Morck, R., A. Shleifer and R.W. Vishny, "Do Managerial Objectives Drive Bad Acquisitions?" *The Journal of Finance*, Vol.45, No.1, March 1990, pp.31-48.

Mulherin, J.H. and A.L. Boone, "Comparing Acquisition and Divestitures," *Journal of Corporate finance,* Vol.6, No.2, July 2000, pp.117-139.

Myers, S.C., N.S. Majluf, "Corporate Financing and Investment Decisions When Firms Have Information That Investors Do Not Have," *Journal of Financial Economics,* Vol.13, No.2, June 1984, pp.187-221.

Odagiri, H., T. Hase, "Are Mergers and Acquisitions Going to Be Popular in Japan Too?: An Empirical Study," *International Journal of Industrial Organization,* Vol.7, No.1, March 1989, pp.49-72.

Palepu, K.G., P.M. Healy and V.L. Bernard, *Business Analysis and Valuation: Using Financial Statements Second Edition,* Cincinnati, Ohio: South-Western College Publishing, 2000 (斎藤静樹監訳『企業分析入門（第2版）』東京大学出版会, 2001年).

Parrino, J.D. and R.S. Harris, "Takeovers, management replacement, and Post-Acquisition Operating Performance: Some Evidence from the 1980s," *Journal of Applied Corporate Finance,* Vol.11, No.4, Winter 1999, pp.88-97.

Patell, J.M., "Corporate Forecasts of Earnings Per Share and Stock Price Behavior: Empirical Test," *Journal of Accounting Research*, Vol.14, No.2, Autumn 1976, pp.246-276.

Rau, P.R. and T. Vermaelen, "Glamour, Value and the Post-Acquisition Performance of Acquiring Firms," *Journal of Financial Economics,* Vol.49, No.2, August 1998, pp.223-253.

Ravenscraft, D.J. and F.M. Scherer, "Life after Takeover," *The Journal of Industrial Economics,* Vol.36, No.2, December 1987（a）, pp.147-156.

—— and F.M. Sherer, *Mergers, Sell-offs, and Economic Efficiency,* Washington D.C.: The Brookings Institution, 1987（b）.

Rhodes-Kropf, M., D.T. Robinson and S. Vishwanathan, "Valuation Waves and Merger Activity: The Empirical Evidence," *Journal of Financial Economics,* Vol.77, No.3, September 2005, pp.561-603.

Roberts, J., *The Modern Firm: Organizational Design for Performance and Growth,* Oxford University Press, 2004（谷口和弘訳『現代企業の組織デザイン』NTT出版, 2005年）.

Roll, R., "The Hubris Hypothesis of Corporate Takeovers," *The Journal of Business,* Vol.59, No.2, Part 1, April 1986, pp.197-216.

Rosenfield, J.D., "Additional Evidence on the Relation Between Divestiture Announcements and Shareholder," *The Journal of Finance,* Vol.39, No.5, December 1984, pp.1437-1447.

Servaes, H., "Tobin's Q and the Gains from Takeovers," *The Journal of Finance,* Vol.46, No.1, March 1991, pp.409-419.

Shleifer, A. and R.W. Vishny, "Large Shareholders and Corporate Control," *The Journal of Political Economy,* Vol.94, No.3, Part 1, June 1986, pp.461-488.

—— and R.W. Vishny, "Management Entrenchment: The Case of Manager-Specific Investments," *Journal Financial Economics,* Vol.25, No.1, November 1989, pp.123-139.

—— and R.W. Vishny, "A Survey of Corporate Governance," *The Journal of Finance,* Vol.52, No.2, June 1997, pp.737-783.

—— and R.W. Vishny, "Stock Market Driven Acquisition," *Journal of Financial Economics,* Vol.70, No.3, December 2003, pp.295-311.

Sicherman, N.W. and R.H. Pettway, "Acquisitions of Divested Assets and Shareholders' Wealth," *The Journal of Finance,* Vol.42, No.5, December 1987, pp.1261-1273.

Sirower, M.L., *The Synergy Trap: How Companies Lose the Acquisition Game,* Free Press, 1997（宮腰秀一訳『シナジー・トラップ』プレンティスホール出版, 1998年）.

Slovin, M.B. and M.E. Sushka, "The Economics of Parent-Subsidiary Mergers: An Empirical Analysis," *Journal of Financial Economics,* Vol.49, No.2, August 1998,

pp.255-279.
Wruck, K. H., "Equity Ownership Concentration and Firm Value: Evidence from Private Equity Financings," *Journal of Financial Economics,* Vol.23 No.1, June 1989, pp. 3-28.
Yeh, T., Y. Hoshino, "Productivity and Operating Performance of Japanese Merging Firms: Keiretsu-Related and Independent Mergers," *Japan and World Economy,* Vol.14, August 2002, pp.347-366.

青木昌彦・伊丹敬之『企業の経済学』岩波書店, 1985年。
阿萬弘行「第三者割当増資と株式市場の反応について」『金融経済研究』第19号, 2003年3月, 56-71頁。
伊藤邦雄「日本におけるM&A：価値創造と株式持ち合いの検証」『フィナンシャル・レビュー』1992年10月, 1-28頁。
――『グループ連結経営』日本経済新聞社, 1999年。
――「「上場企業」を完全子会社化する日本企業の狙い」『プレジデント』第40巻第6号, 2002年4月, 125-127頁。
――・中條祐介『連結会計とグループ経営』中央経済社, 2004年。
――『ゼミナール企業価値評価』日本経済新聞出版社, 2007年。
――『ゼミナール現代会計入門（第9版）』日本経済新聞社, 2012年。
井上光太郎・加藤英明「M&A発表日の株価効果に対する要因分析」『現代ファイナンス』No.13, 2003年3月, 3-28頁。
――・加藤英明「企業買収（M&A）と株式市場の評価－日米比較－」『証券アナリストジャーナル』第42巻第10号, 2004年10月, 33-43頁。
――「日本企業のM&Aに対する株式市場の評価－大買収時代をモニタリングする視点」『企業会計』第57巻第6号, 2005年6月, 802-807頁。
――・加藤英明『M&Aと株価』東洋経済新報社, 2006年。
薄井彰「株主価値とM&A」薄井彰編『M&A21世紀 バリュー経営のM&A投資』中央経済社, 2001年, 71-111頁。
大坪稔『日本企業のグループ再編』中央経済社, 2011年。
小河光生・矢部謙介「グループ企業再編の今後の展開」『税務広報』第47巻第9号, 1999年8月, 14-20頁。
小田切弘之『日本の企業戦略と組織』東洋経済新報社, 1992年。
小沼靖『日本企業型グループ・リストラクチャリング』ダイヤモンド社, 2002年。
小本恵照「子会社公開の経済分析」『ニッセイ基礎研所報』Vol.19, 2001年9月, 46-73頁。
――「合併によって企業業績は改善したか？－財務データによるアプローチ－」『ニッセイ基礎研所報』Vol.24, 2002年7月, 1-22頁。
――「グループ連結経営の進展とその促進要因に関する実証分析」『ニッセイ基礎研

所報』Vol.29, 2003年10月, 116-143頁。
加賀谷哲之「日本企業の多角化行動と開示方針」『會計』第172巻第5号, 2007年11月, 676-691頁。
加護野忠男「「子会社化」ブームに見るグループ経営の死角」『プレジデント』第42巻第3号, 2004年2月, 97-99頁。
金崎芳輔「コーポレートファイナンスとM&A」薄井彰編『M&A21世紀 バリュー経営のM&A投資』中央経済社, 2001年, 1-34頁。
亀谷英敬「株券上場審査基準等の一部改正」『旬刊商事法務』No.1413, 1996年2月, 31-36頁。
企業会計審議会「企業結合に係る会計基準の設定に関する意見書」2003年。
菊谷達弥・齋藤隆志「完全子会社化の経済分析」京都大学ワーキングペーパー, 2006年9月 (a)。
──・齋藤隆志「事業ガバナンスとしての撤退と進出」京都大学ワーキングペーパー, 2006年11月 (b)。
金融庁「論点5 市場のあり方について (1)」『金融庁金融審議会金融分科会第一部会第28回資料2』2005年3月30日。
志馬祥紀「上場廃止は誰のためか？－親会社による上場子会社の完全子会社化に見る株主間対立」『証券経済研究』第55号, 2006年9月, 77-94頁。
胥鵬「買収防衛策イン・ザ・シャドー・オブ株式持合い」『旬刊商事法務』No.1874, 2009年8月, 45-55頁。
白銀良三「株主の立場からみた合併の効果」『企業会計』第39巻第12号, 1987年12月, 1554-1557頁。
鈴木一功「M&Aと企業パフォーマンス」『証券アナリストジャーナル』第40巻第12号, 2002年12月, 17-29頁。
──「コントロール・プレミアムに関する考察」『証券アナリストジャーナル』第43巻第7号, 2005年7月, 68-77頁。
──「M&A取引としての第三者増資」『M&Aと資本市場研究会報告書』日本経済研究センター, 2008年, 141-154頁。
千島昭宏「敵対的買収防衛策－導入による株主価値への影響－」『月刊資本市場』No.259, 2007年3月, 58-67頁。
東京証券取引所『東証要覧1995』東京証券取引所, 1995年。
──『東証要覧1996』東京証券取引所, 1996年。
──『東京証券取引所50年史資料集 制度編』東京証券取引所, 2000年。
飛田努「連結経営と企業価値創造－分社化・多角化・M&Aに関わる研究視角から導く検討課題－」『立命館経営学』第44巻第2号, 2005年7月 (a), 83-101頁。
──「子会社再編による株価効果の検証－上場子会社の完全子会社化のアナウンスメントによる株価変動－」『月刊資本市場』No.242, 2005年10月 (b), 17-28頁。

中尾友治「株券上場審査基準等の一部改正－新規上場基準の緩和等－」『旬刊商事法務』No.1517, 1999年2月, 33-37頁。

長岡貞男「合併・買収は企業成長を促すか？管理権の移転対その共有」『一橋ビジネスレビュー』第53巻第2号, 2005年9月, 32-43頁。

中野誠・蜂谷豊彦「戦略ファイナンスへの招待 事業の再構築と企業価値」『一橋ビジネスレビュー』第51巻第2号, 2003年9月, 124-139頁。

日本公認会計士協会「株式交換及び株式移転制度を利用して完全親子会社関係を創設する場合の資本連結手続」2000年。

服部暢達『実践M&Aマネジメント』東洋経済新報社, 2004年。

――『M&A最強の戦略』日経BP社, 2005年。

浜田和樹「連結グループ経営のための業績管理会計情報」『會計』第170巻第4号, 2006年10月, 500-513頁。

林伸二「合併の効果－日本企業51ケースの研究」『青山経営論集』第22巻第4号, 1988年3月, 17-41頁。

原田晃治「株式交換及び株式移転制度の概要」『JICPAジャーナル』No.534, 2000年1月, 14-26頁。

保田隆明「わが国の第三者割当増資に関する実証分析」『経営財務研究』Vol.31 No.2, 2011年12月 (a), 20-39頁。

――「第三者割当増資後の長期株価パフォーマンスと業績推移」『商学討究』第62巻第2・3号, 2011年12月 (b), 167-183頁。

丸山顕義「子会社上場について」『旬刊経理情報』No.601, 1990年10月, 4-11頁。

宮島英昭編著『日本のM&A』東洋経済新報社, 2007年。

宮本順二朗「ダイベストメントと企業価値創造」薄井彰編『M&A21世紀 バリュー経営のM&A投資』中央経済社, 2001年, 135-172頁。

村松司叙・宮本順二朗『企業リストラクチャリングとM&A』同文舘出版, 1999年。

安田荘助・松古樹美・髙谷晋介『株式交換と会社分割』日本経済新聞社, 2000年。

矢部謙介「株式交換による完全子会社化の価値創造効果」『一橋商学論叢』第1巻第2号, 2006年11月, 36-49頁（本書第3章に収録）。

――「日本における事業譲渡の価値創造効果」『企業会計』第59巻第9号, 2007年8月 (a), 1353-1363頁（本書第5章に収録）。

――「日本における完全子会社化の財務業績向上効果」『一橋商学論叢』第2巻第2号, 2007年11月 (b), 75-87頁（本書第4章に収録）。

――「グループ企業再編の役割と財務業績への影響」『一橋ビジネスレビュー』第56巻第3号, 2008年12月, 44-61頁（本書第1章, 第6章に収録）。

索　引

［数字・欧文］

1株当たり当期純利益（EPS） ……… 29

AAR（Average Abnormal Return）
　　　　　　　　………… 68, 113, 153

CAR（Cumulative Abnormal Return）
　　　　　　　　……… 68, 69, 113, 153

Divestiture ……………… 34, 43, 109

Economies of Scope ………… 27, 151
Entrenchment …………………… 29, 151
EPS ……………………………………… 29

Hubris Hypothesis ……………… 52, 72

Large Shareholder …………… 51, 150

PER ……………………………………… 29
Private Equity Financing ……… 146

ROA ………………………… 74, 92, 125

［ア行］

アセット・セール ……………………… 109
安定株主 ………………………………… 149

異業種間合併 …………………………… 49
イベント・スタディ …………………… 30

売上高平均成長率 ……………………… 75

影響力基準 ……………………………… 3

エクイティ・カーブアウト …………… 109
エントレンチメント（Entrenchment）… 29

大株主（Large Shareholder）……… 51, 150
大株主との相対譲渡 …………………… 149
親会社 …………………………………… 14
親子会社間合併 …………………… 33, 65

［カ行］

会計ビッグバン ………………………… 188
外国人投資家 …………………………… 2
会社分割制度 …………………………… 3
過剰投資 ………………………… 172, 183
価値移転仮説 ……………… 52, 73, 77, 201
合併 ……………………………………… 1
株価効果研究 …………………………… 36
株価収益率（PER）……………………… 29
株式交換 …………………………… 63, 87
株式交換制度 …………………………… 16
株式超過収益率 ………………… 68, 112, 153
株式持合い ………………… 21, 145, 188
株式を対価とした買収 ………………… 53
株主買取請求権 ………………………… 23
株主価値効果研究 ………………… iii, 30
株主価値重視の経営 …………………… 3
株主交換・移転制度 …………………… 3
株主構成 …………………… 51, 150, 155
株主上場基準 …………………………… 14
完全子会社化 ……… 2, 9, 13, 38, 57, 63, 87
管理機能の重複除去 …………………… 75

企業再編 …………………………… 1, 25
企業再編後のマネジメント …………… 202
技術革新 …………………… 20, 59, 111, 188
技術提携 …………………… 21, 146, 155

規制環境の変化……………………………3
規制緩和……………………………20, 59, 111
競合買収者……………………………………54
業績破壊効果……………………………71, 97
競争のグローバル化……………………………ii
業務提携……………………………………21, 56

グループ本社の機能………………………5
グループマネジメント……………………ii, 6
グループ連結経営……………………………3, 63

経営改善………………………………101, 180
経営改善効果………………28, 47, 116, 152, 183
経営効率……………………………47, 74, 155
経営資源の相互活用……………………………56
経営資源の補完性………………………………27
経営支配権……………………………………147
経営支配権仮説………………………………150
経営者の交代…………………………………28
経営者の保身（エントレンチメント）
　………………………………………29, 151
経営陣の交代……………………………………43
経済的合理性……………………………28, 197
現金買収…………………………………………53

交渉力反映仮説
　………………90, 97, 99, 101-103, 192, 199, 201
傲慢仮説（Hubris Hypothesis）………52, 72
効率的配置仮説
　………………34, 55, 110, 118, 123, 193, 202
子会社上場………………………6, 14, 39, 63
固定平均リターンモデル……………………30
小林製薬………………………………………10
小林豊…………………………………………11

[サ行]

最適資金配分仮説
　……119, 122, 123, 126, 128, 133, 193, 202
財務業績効果研究…………………iii, 41, 44

財務上の要請……………………………125, 139
三角合併…………………………………………17
産業内統合………………………………………43

時間を買う………………………………………ii
事業関連性……………………………89, 102
事業譲渡……………1, 18, 34, 38, 55, 58, 107, 133
事業戦略上の要請……………………126, 139
事業の関連性……………………………49, 74
事業売却…………………12, 34, 43, 109, 134
事業リストラクチャリング……………………198
事業領域の重複…………………………………70
資金調達…………………………75, 145, 151
資金調達仮説
　………35, 55, 110, 118, 122, 123, 193, 202
資金調達手段……………………………………149
資金の使途………108, 118, 133, 135, 139, 143
資源配分機能……………………………………5
自己株式処分………………………………149, 155
自己資本比率……………………………………75
資産効率の向上………………………………102
資産の効率的配置……………………117, 119
市場からの買い付け…………………………149
市場調整リターンモデル………30, 68, 112
市場モデル……………………………30, 112
シナジー…………26, 89, 102, 147, 151, 155
支配的影響力の強化……………………………70
支配力基準…………………………………i, 3
支払対価…………………………………………53
資本参加………1, 20, 35, 39, 56, 59, 145, 171
資本参加の形態………………………………148
資本政策……………………………………8, 12
資本提携………………………21, 56, 60, 145, 147
姉妹会社…………………………………………14
重回帰分析モデル………75, 92, 119, 156, 175
修正ROA………………………………………92
出資拡大…………………………………………1
出資比率…………………………………148, 154
種類別株式制度…………………………………3

索 引

純粋持株会社制度……………………… 3
上場子会社………………………… 6, 14, 63
少数株主……………………………… 6, 9, 71
情報の非対称性………………… 64, 73, 80
新株発行………………………………149, 155

垂直統合………………………………………27
水平統合…………………………………27, 49
スピン・オフ……………………………109

生産提携………………………………………155
成長性…………………………………90, 123, 129
成長のための資金調達………………43
成長の柱………………………………………116
攻めの事業売却………… 118, 129, 193, 202
全体最適……………………………………6, 187
選択と集中………………………ⅱ, 2, 63, 107
戦略管理機能…………………………………5
戦略策定調整機能……………………………5
戦略的提携……………………… 35, 56, 146

相互補完関係……………………………97, 200

[タ行]

第三者割当増資
　…35, 39, 44, 46, 59, 145, 147, 149, 171, 172
ダイベスティチャー（事業売却）………34
多角化………………………………………… 8
多角化合併……………………………………46
多角化企業……………………………………27
多重共線性………………85, 104, 131, 169, 185

中核子会社……………………………………16
中核事業………………………ⅱ, 6, 12, 13, 187
超過ROA…………………………92, 135, 174
超過ROS………………………………………92
超過修正ROS…………………………………92
超過総資産回転率……………………………92

敵対的買収…………………………21, 54, 145
敵対的買収防衛策……………………149, 151
同業種間合併…………………………………49
トービンのq……………………… 28, 47, 48

[ナ行]

内部情報…………………………………73, 80
内部情報反映仮説
　……74, 77, 80, 89, 100, 103, 191, 199, 201
永守重信……………………………………… 7

日本電産……………………………………… 6

[ハ行]

パーチェス法………………………………104
売却条件………………………………127, 129
買収…………………………………………… 1
買収プレミアム
　……………… 51, 58, 64, 72, 79, 80, 89, 96, 102
範囲の経済（Economies of Scope）
　………………………………………27, 151
範囲の不経済…………………………………27

非中核事業……………………ⅱ, 2, 4, 10, 12, 13

負債依存度………………………90, 117, 123
不採算事業………………… 107, 116, 140, 141
負債非返済グループ…………………139, 143
負債比率……………………………………125
負債返済グループ……………………139, 143
部分最適…………………………………6, 14, 71
部分売却………………………………………34
プライシング………………………………118

平均超過収益率（AAR）……… 68, 113, 153

豊富な現預金………………………………… ⅱ

217

[マ行]

マーケティング提携 ……………… 21, 146, 155
守りの事業売却 ………………… 129, 193, 202

無借金 ……………………………………… ii

持株比率 …………………………… 72, 91
持分プーリング法 …………………… 104
モニタリング仮説 …………………… 150
物言う株主 ……………………… 21, 145

[ヤ行]

友好的買収 ……………………………… 54
緩やかなM&A ……………………… 21, 187

[ラ行]

利益流出の回避 ………………………… 70
リストラクチャリング ……………… 105

累積超過収益率（CAR） ……… 68, 113, 153

レブロン判決 …………………………… 54
連結会計制度 …………………………… i
連結決算 ………………………………… i
連結決算中心主義 ………… i , 3, 6, 63
連結子会社化 …………………………… 9
連結の範囲 ……………………………… i
連結外し ……………………… i , 4, 19, 187

《著者紹介》

矢部　謙介（やべ　けんすけ）

1972年栃木県生まれ。現在，中京大学経営学部准教授。1997年，慶應義塾大学大学院経営管理研究科修士課程（MBA）修了。2008年，一橋大学大学院商学研究科博士後期課程修了。博士（商学）。三和総合研究所，ローランド・ベルガーにおける経営コンサルタントとしての勤務などを経て現職。コンサルティング会社勤務時には，大手消費財メーカー，アパレル会社，自動車メーカー，建設機械メーカーといった幅広い業種の経営戦略構築，新規事業立ち上げ，ビジネス・デューデリジェンスなどのプロジェクトに多数参画。

《検印省略》

平成25年3月1日　初版発行　　略称―企業再編価値

日本における企業再編の価値向上効果
―完全子会社化・事業譲渡・資本参加の実証分析―

著　者　矢部謙介
発行者　中島治久

発行所　同文舘出版株式会社
東京都千代田区神田神保町1-41　〒101-0051
電話 営業(03)3294-1801　編集(03)3294-1803
振替 00100-8-42935
http://www.dobunkan.co.jp

©K. YABE　　　　　　　　　製版：一企画
Printed in Japan 2013　　　印刷・製本：萩原印刷

ISBN 978-4-495-19831-2